JGH Hoppmann

Flirthoroskop

Sterne
in
flüchtiger Begegnung

ArsAstrologica

♈ *Widder*
♉ *Stier*
♊ *Zwillinge*
♋ *Krebs*
♌ *Löwe*
♍ *Jungfrau*
♎ *Waage*
♏ *Skorpion*
♐ *Schütze*
♑ *Steinbock*
♒ *Wassermann*
♓ *Fische*
☉ *Sonne*
☽ *Mond*
☿ *Merkur*
♀ *Venus*
♂ *Mars*
♃ *Jupiter*
♄ *Saturn*
☊ *Mondknoten*
⚷ *Chiron*
☾ *Lilith*
⛢ *Uranus*
♆ *Neptun*
♇ *Pluto*
Asc *Aszendent*
Dsc *Deszendent*
Mc *Medium Coeli*
☌ *Konjunktion*
⚹ *Sextil*
□ *Quadrat*
△ *Trigon*
☍ *Opposition*
⊕ *Erde*
⊗ *Glückspunkt*
☺ *FragestellerIn*
♡ *FlirtpartnerIn*

Umschlag, Buchsatz und Verlag: ArsAstrologica, Krischelstraße 13, 02826 Görlitz
Gemälde: Waltraut Geister, Jauernick-Buschbach. Zeichnung: Lorenzo Gori, Berlin
Schriften: Vollkorn Variable Font: Friedrich Althausen, Schwielowsee ISBN 978-9403623726
Lato font family: tyPoland Lukasz Dziedzic, Warszawa ♃StarFont: Anthony I.P. Owen, København

Detaillierte bibliografische Informationen sind in der Deutschen Nationalbibliothek unter dnb.d-nb.de abrufbar.

Zum Geleit

⊕

Nur für einen Augenblick

Wie sich Kontakte zu interessanten Menschen anbahnen lassen

Manchmal ist es nur ein kleiner Blick, den man Ihnen zuwirft, und Ihr Interesse ist geweckt. Sie wollen mehr erfahren. Wie ist diese Person gestrickt, wie tickt sie, was für ein Charakter verbirgt sich hinter ihrem interessanten Äußeren, und vor allem: Wie lässt sie sich erreichen, auf welchem Wege finden Sie einen Zugang zu ihr?

Die Astrologie bietet wunderbare Möglichkeiten, Intimes über einen Menschen zu erfahren, wenn man dessen Geburtsdaten kennt. Dazu reicht eine scheinbar ganz unverbindliche Frage wie z.B. »Wo bist Du eigentlich geboren, an welchem Tag, und weißt Du eigentlich Deine Geburtszeit?«

Das ist alles! Mehr ist erst einmal nicht notwendig, um eine astrologische Analyse zu starten.

Der folgende Text beginnt mit dem Aszendenten Ihres Flirts – nennen wir ihn jetzt einfach mal so. Das aufsteigende Tierkreiszeichen, und das ist der Aszendent astronomisch gesehen, sagt schon sehr viel aus über die Art und Weise, wie ein Mensch sich die Kontaktaufnahme am liebsten vorstellt. Dazu braucht es allerdings Kenntnis von der Geburtszeit.

Weiter geht es in den nun folgenden Texten mit den Lichtern (das sind Sonne und Mond), den Planeten von Merkur bis Pluto. Darauf folgen der Mondknoten (Schnittpunkt von Sonne- und Mondbahn), der Planetoid Chiron und Lilith, der schwarze Mond. Durch Deutung all dieser Gestirne in den Tierkreiszeichen, Erdraumfeldern und Aspekt-Stellungen (für Letztere wird die Geburtszeit des Flirts nicht benötigt), bekommen Sie schon eine ganze Menge treffsicherer Aussagen.

Nun möchten Sie sicherlich auch wissen, wieso dieser Mensch einen derartigen Eindruck auf Sie gemacht hat und was sich daraus in Zukunft entwickeln könnte.

Auskunft gibt die Stellung seiner Lichter und Planeten in Ihrem eigenen Horoskop. Zusätzlich erfahren Sie gleich etwas über die Wirkung, die Sie auf den anderen haben. Das lässt sich aus der Stellung Ihrer Planeten in seinem Horoskop erfahren – vorausgesetzt die Geburtszeit ist bekannt.

Sie sehen, wie bedeutend diese locker dahingeworfene Frage auf einer Party sein kann: »Zu welcher Uhrzeit bis du eigentlich geboren?«

Jedoch ist es strategisch unklug, eine derartige Neugier zu zeigen bzw. es fehlt die passende Gelegenheit. In diesem Fall dürften Sie die weiteren Deutungspassagen des Buches besonders interessieren. Dort geht es um die leichten und schweren Inter-Aspekte. Das sind astronomische Winkelverbindungen zwischen Ihren eigenen Planeten und denen dieses derzeit ach so interessanten Menschen.

Lassen Sie sich von den leichten Aspektdeutungen nicht blenden. Sie geben nur Möglichkeiten an, sind Einladungen. Aus denen kann nur etwas werden, wenn man sie auch annimmt! Obacht: Die schwierigen Planetenverbindungen zwischen Ihnen und Ihrem Flirtobjekt nicht abschrecken. Da wird es spannend, das reizt einfach zur Stellungnahme. Gegensätze ziehen sich an!

Zum Abschluss werden Sie dann noch etwas über Ihre eigenen Partnerschaftsstrukturen erfahren. Es geht hier nicht um eine ausführliche Deutung Ihres eigenen Horoskops. Vielmehr soll Sie dieser Abschnitt an Ihre manchmal auch etwas unrealistischen Idealvorstellungen von Zweisamkeit erinnern. Es sind etwas kurios formulierte Fantasien, die bitte nicht wortwörtlich zu nehmen sind! Märchenprinz und Zauberfee: Bei einem Flirt gibt es Momente, in denen beide tatsächlich erscheinen, einen klitzekleinen Moment jedenfalls.

Das unbekannte Wesen

Sternenkonstellationen des Flirtpartners

Die folgenden Passagen mögen Sie anregen, sich genauer mit ihr/ihm zu befassen. Wenn man einen Menschen zum ersten Mal kennenlernt, gibt es schon ein gewisses Bauchgefühl. Das verflüchtigt sich sofort beim näheren Kontakt. Zumeist vergisst man es dann. Manchmal erinnert man sich dann erst lange Zeit später an diesem ersten Moment.

Und man wird sich gewahr, wie viel dieses ersten Eindrucks der Wahrheit entsprach. Allerdings könnte man dann auch erkennen, dass einiges im ersten Moment Täuschung war. Wichtig ist es auf jeden Fall, genauer hinzuschauen. Dieses Flirt-Horoskop wird Ihnen helfen, den Blick für Details zu schärfen, damit Sie sich schon jetzt ein umfangreiches Gesamtbild machen können.

Sein Beziehungsmuster

Asc

Welche Rollenverteilung sich gleich zu Beginn einer Begegnung ergibt, ist den meisten Menschen überhaupt nicht bewusst – und auch nicht, dass darum schon beim allerersten Kontakt gerungen wird.

Wer ist Hammer und wer ist Amboss? Wer befiehlt und wer führt aus? Es ist wie bei einer Theaterprobe. Kostüme und Masken werden ausgegeben. Vielleicht hatten Sie als Kind einmal Puppentheater gespielt, mussten sich mit ihren Freunden darüber einig werden, wer den Kasperle spielen darf, wer die Gretel zugewiesen bekommt, und wer dann der Teufel sein muss. Ganz so ähnlich funktionieren die Spiele der Erwachsenen.

Im Horoskop zeigen der Osthorizont mit dem Aszendenten und sein Gegenpol, der Westhorizonts mit dem Deszendenten, ziemlich genau auf, welche Rolle eine Person im Leben gerne spielen möchte. Der Astrologe erkennt auch, welche Rolle dem jeweiligen Gegenüber ungefragt zuschrieben wird. Die Astrologie ist ein fantastisches Instrument, um verborgene psychologische Mechanismen zu entschlüsseln.

Asc ♈

An der langen Leine laufen lassen

Flirt lebt im Hier und Jetzt, ist entweder voll da - oder einfach weg. Dazwischen gibt es nichts, genau wie bei einem Lichtschalter: Entweder an oder aus.

Das ist absolut faszinierend und übt einen ungeheuren Reiz aus. Wie kann man bloß mit solch einem Menschen anbandeln? Lassen Sie sich von der ganzen Power nicht in die Irre führend sie/er ist im Grunde ein ganz sanfter Typ, möchte charmant und liebevoll behandelt werden. Es hat überhaupt keinen Zweck, Knall auf Fall auf sie/ihn zuzugehen. Man must das Objekt der Begierde vielmehr locken und dann passiv, aber liebreizend abwarten. Das Flirtobjekt muss stets den Eindruck haben, das Heft des Handelns in der Hand zu haben. Das bedeutet allerdings nicht, dass man alles mit sich machen lassen soll. So schnell, wie sie/er entflammt, ist das Feuer der Leidenschaft auch wieder abgeklungen. Und dann geht das Interesse möglicherweise sogar gegen null. Machen Sie es am besten wie mit einem kleinen Hund. Sie/er muss nicht unbedingt wissen, dass Sie diesen Vergleich beim Flirt im Hinterkopf haben. Kleine Hunde, egal ob weiblich oder männlich, wollen gelobt und gestreichelt werden, müssen aber auch lernen gewissen Regeln zu gehorchen. Wenn das nicht immer wieder mit einer Engelsgeduld, aber konsequent eingeübt wird, tanzt der Köter bald laut kläffend über die Tische und verwandelt das Wohnzimmer in ein Schlachtfeld.

Locken Sie also mit dem Wurstzipfel und stellen ein paar ganz einfache Regeln auf. Wenn sie/er Ihnen brav aus der Hand frisst, werden Sie beide sehr viel Spaß zusammen haben.

Asc ♉

Einen guten Plan machen

Flirt verfügt zweifelsohne über gewisse Reichtümer, sei es in Form von materiellem Besitz, persönlichen Eigenschaften oder - warum auch nicht - rein körperlichen Vorzügen. Dessen ist sich sie/er durchaus bewusst. Und das macht auch zu einem Großteil den Reiz aus. Doch so verlockend dies auch erscheinen mag: Ganz so leicht ist das Reich des Objekts der Begierde nicht zu erobern. Man muss schon strategisch vorgehen.

Sie/er wird ganz feste Vorstellungen entwickeln, wie sich ein Partner in diese Welt einzufügen habe. Daran werden Sie sich reiben müssen. Geduld ist erst einmal ganz wichtig. Viele der Ressourcen, über die sie/er verfügt, sind noch unerschlossen. Das kann auch daran liegen, da ihr/ihm die Ideen fehlen. Oder das Objekt der Begierde ist einfach zu bequem und scheut die geistigen Mühen, die man braucht, um den vorhandenen Reichtum sinnvoll zu erschließen. Zuerst einmal zeige man ihr/ihm, wie tief die Seele dieses Menschen verstanden wird, und man lasse erkennen, welch verborgene Schätze man zu heben gedenkt. Ja auch mit seiner Lust und Freude am Flirtpartner sollte man nicht hinter dem Berg halten. Schönheit braucht Komplimente, damit ein Mensch sich an ihr erfreuen kann.

Flirt schätzt Menschen, die nach Plan vorgehen. Das sollten Sie beherzigen. Zeigen Sie ihr/ihm in vielen kleinen Gesten, dass Sie nach System vorgehen, dass Sie sich planvoll heranpirschen. Kokettieren Sie mit Ihrem absichtsvollen Verhalten. Entschuldigen Sie sich für die finsteren Absichten, die Sie an den Tag legen, um sie/er ganz für sich alleine zu besitzen. Aber was können Sie denn schon dagegen tun, bei all der Leidenschaft, das Objekt der Begierde in Ihnen entfacht hat? Wenn Sie um sie/er wie ein hungriger Wolf herumstreichen, der seinen Blick vom unschuldigen Opferlamm einfach nicht lassen kann (und eben jenes Lamm Ihnen dabei auffordernd zulächelt), können Sie zum Endspurt ansetzen.

A♎ ♊

Die große weite Welt zeigen

Sie/er liebt es, von vielen Menschen umgeben zu sein und ständig jemanden kennenzulernen.

Da wird es nicht ganz leicht, einen nachhaltigen Kontakt herzustellen, der über das übliche, nichtssagende Stress-Geplapper hinausgeht. Gewisse Vertreter dieser astrologischen Konstellation, die auch bei ihr/ihm anzutreffen ist, zeigen eine derart flatterhafte Unruhe, dass es schon der Sachkunde eines erfahrenen Schmetterlingssammlers bedarf, um Jagderfolge zu verzeichnen.

Empfehlenswert ist, sich das Outfit oder zumindest den Jargon eines Weltenbummlers zuzulegen. Fragen Sie das Objekt der Begierde beispielsweise ganz schnell in drei verschiedenen Sprachen, ob der Platz am Tisch noch frei sei.

Tun Sie es möglichst elegant und weltmännisch - und natürlich keineswegs in jener Sprache, die sie/er kurz vor dieser ersten Zusammenkunft benutzte. Sollten sie zufälligerweise in der gleichen Gegend wohnen und die Flirtsituation quasi im Nachbardorf stattfinden, dann betonen Sie wenigstens, dass beispielsweise der Kaffee hier ganz anders schmecke als in der Kreisstadt. In der guten, vertrauten Provinz gilt bekanntlich schon die Welt jenseits dessen, was sich vom Kirchturm aus erkennen lässt, als Ausland.

Eminent wichtig ist es für ihr/ihm, dass sich der erste Kontakt fürchterlich kompliziert und voller Missverständnisse abspielt – Sie haben richtig gelesen! Streuen Sie weitläufig Andeutungen über Ihre Reiseerfahrungen ein, gespickt mit philosophischen Bonmots, die so abstrus wie möglich sein dürfen, bloß eines nicht: Langweilig, wenn sie/er nach 30 Sekunden weder im Handy herumzappt, noch nach anderen Gesprächspartnern Ausschau hält, haben Sie so gut wie gewonnen. Spannen Sie nun Ihr Schmetterlingsnetz auf, indem Sie thematisch vom Hölzchen zum Stöckchen kommen, sie/er wird es vor lauter Neugier gar nicht lassen können, nach diesen Informationshäppchen zu schnappen.

Asc ♋

Zurückhaltung ausüben

Sie/er möchte nicht hart angefasst werden. Ruppigkeit, sei es körperlich oder geistig im Sinne von Ironie oder intellektuell hochgeschraubten Wortspielereien, kommt gar nicht gut an. Überhaupt wird Klugschwätzerei nicht sonderlich beeindrucken. Interessant sind für sie/ihn die großen Schweiger, die selbst splitterfasernackt am FKK-Strand den Eindruck machen, als hätten Sie ihre Uniform noch nicht abgelegt. An solchen Menschen kann sich sie/er orientieren. Gut ist es überhaupt, wenn man im Gespräch mit ihr/ihm beiläufig über Prinzipien spricht – natürlich formvollendet das Objekt der Begierde ist ein derart gefühlvoller und empfindsamer Mensch, dass Regeln des zwischenmenschlichen Miteinanders einen ungeheuren Stellenwert bekommen, sie/er möchte nicht verletzt werden. Wenn gewisse Grenzen im Miteinander strikt eingehalten werden, ist der Flirtpartner bereit, als Gegenleistung ungeheuer viel zu geben.

Die Bereitschaft, zu verzichten, kommt bei ihr/ihm auch sehr gut an. Wer es wagt, für einen Flirt auch mal eine schmerzhafte Erfahrung zu erdulden, der lege sich in Sichtweite ohne Sonnenschirm unter die pralle Mittagsglut, hantiere dann gut sichtbar mit einer so gut wie leeren Cremeflasche, lasse sich dann schließlich und endlich großflächig verbraten, ohne die Miene zu verziehen. Hilfsangebote sollte er/sie nur widerwillig angenommen werden. Spätestens wenn sich unter

Ihren fürsorglichen Händen frische Sonnenmilch über Ihre ausgemergelten Hautschichten ergießt, ist der Bann gebrochen. Aus reiner Höflichkeit lassen Sie sich rundum verhätscheln und genießen schweigend.

Asc ♌

Etwas mehr Bewunderung gönnen

Flirt ist eigentlich nicht zu übersehen. Irgendwie gelingt es diesem Menschen, stets im Mittelpunkt zu stehen, sei es durch besonders prachtvolles Auftreten oder durch ein Bild des Jammers - das aber auch kaum unbeobachtet bleiben kann. Wie ist es nun möglich, solch einen charismatischen Menschen für sich einzunehmen? Geht das überhaupt, zumal wenn man nicht selbst über die gleichen Showtalente verfügt wie ihr/ihm?

So zu denken wäre schon einmal grundsätzlich falsch. Sie/er braucht Aufmerksamkeit. Und die findet sich bekanntlich mitten auf der Bühne des Lebens, dort wo man selber im Rampenlicht steht und es rundum düster ist. Doch nichts stört eine gute Show mehr, als Fans, die ebenfalls nach oben drängen oder dort unten im Zuschauerraum das Interesse auf sich lenken. Wir alle kennen die lästigen Huster im Publikum in der Konzertpause, die schändlich verhindern, dass der wohl verdiente Applaus einsetzt.

Dankbar ist das Objekt der Begierde stets für Beifall, der zum rechten Zeitpunkt kommt. Der Fan hat eine dankbare Aufgabe. Für Ihre Begeisterung ist der Flirtpartner bereit, wirklich alles zu geben. Wir wollen in diesem Zusammenhang nicht darüber diskutieren, ob ihr/ihm vielleicht als Kleinkind nicht genug Aufmerksamkeit bekam und sich deshalb jetzt von einer dramatischen Höchstleistung zur nächsten zwingt. Alle Menschen brauchen Liebe. Und für sie/ihn bedeutet dies nun einmal, im Zentrum der Bewunderung zu stehen.

Die Kunst besteht für Sie darin, genau im rechten Moment gönnerhaftes Interesse zu zeigen (oder auch zu heucheln). Optimal wäre es genau dann, wenn sich weit und breit kein anderes Publikum, keine lästigen Konkurrenz-Fans im Blickwinkel des Objekts der Begierde tummeln. Hat sie/er Ihre Bewunderung erst einmal gnädig entgegengenommen, so wird sich sie/er nichts sehnlicher wünschen, als immer mehr davon zu bekommen.

Asc ♍

Kleine Problemchen anbieten

Das Objekt der Begierde ist ungeheuer klug und gebildet. Bis ins kleinste Detail ist das ganze Leben organisiert. Von außen gesehen hat sie/er also überhaupt keine Probleme. So vernünftig ist dieser Mensch, so perfekt ist alles eingerichtet. Sie/er ist ausnahmslos hilfsbereit und bietet sich gerne an, wenn irgendwo Not am Mann ist. Man fragt sich im ersten Moment, warum dieser Mensch trotz all dieser Perfektion noch so unsicher wirkt. Der Grund: Sie/er zerbricht sich ständig den Kopf über Probleme, die erst übermorgen entstehen könnten. Die heute eventuell auftretenden Katastrophen wurden von Ihnen bereits vorgestern bewältigt. Die Wahrheit ist: Je besser Sie den Alltag organisieren, von einer umso ängstlicheren Grundhaltung muss man ausgehen.

Ganz leicht ist es, mit diesem Menschen in Kontakt zu kommen, wenn man ihn um Hilfe bittet. Ein kleines Problemchen vielleicht, bei dem man angeblich nicht weiter weiß, die Frage nach dem Weg, das Bitten um Feuer, ein gerissener Schnürsenkel, ein Stolpern auf der Tanzfläche oder der Hilferuf nach einer Kopfschmerztablette: Schon liegt das Objekt der Begierde in den Armen, fachkundig gepflegt und umsorgt. Ihr Ego wirkt umso sicherer, je stärker die Umgebung ins Chaos versinkt. Wer viel wagen will, um das Herz das Objekt der Begierde nachhaltig zu erobern, der gesteht in der Folge vor lauter Scham, dass die Landkarte versteckt im Rucksack lag, direkt neben dem Feuerzeug und dem Ersatzschnürsenkel, dass man das Stolpern auf der Tanzfläche genauso spielte wie den Migräneanfall. Vielleicht versteht sie/er den Wink mit dem Zaunpfahl und lässt sich nun frontal erobern. Ein gewisses Risiko birgt dieses Vorgehen jedoch.

Auf der sicheren Seite bewegt man sich hingegen, wenn man als Dank für die Kopfschmerz-Massage (die natürlich schlagartig alle Probleme gelöst hat), einen Drink an der Bar anbietet (natürlich voll biologisch), zu einem Kinobesuch einlädt (Problemfilme bevorzugt) oder auch ganz einfach nur ein Liedchen anstimmt. Findet sich der richtige Ton, dann lässt sich sie/er in Nullkommanichts hypnotisieren!

Asc ♏

Mut zeigen

Flirt liebt Helden, ohne Zweifel. Zwar gehört sie/er selbst nicht unbedingt zu den Mutigsten. Verbal kann den Flirtpartner schon Härte zeigen, gerne auch mit einer gewissen Spitze. Sie/er liebt es zuweilen sogar, Spannungen zwischen Menschen aufzubauen und kleine Intrigen zu spinnen. Wer da keine guten Nerven hat, wird vor Grausen das Weite suchen. Doch dienen dem Flirtpartner all diese wohldurchdachten Spielchen, die auch ganz schnell leicht abschätzig wirken können, sodass man sich wirklich unangenehm fühlt, nur zum Herstellen von Harmonie und Frieden – oder zumindest dem, was sie/er dafür hält.

Lassen Sie sich von diesen Neckereien nicht abschrecken. Begreifen Sie lieber, dass sich hinter all dem provokativen Auftreten ein im Grunde ziemlich ängstlicher Mensch verbirgt, der nach einem starken, wagemutigen Partner sucht. Dann haben Sie eine ganze Menge verstanden. Zeigen Sie einfach, dass Sie Power haben, dass Sie weder Gott noch Teufel fürchten. Lassen Sie ruhig Ihre Muskeln spielen. Werden Sie mal laut - nur zum Scherz natürlich. Und lassen Sie sich vom Objekt der Begierde auch mal in die Schranken weisen (oder spielen Sie wenigstens zum Schein mit). Man muss bei ihr/ihm Flirt nicht unbedingt total ästhetisch auftreten. Leistungsbereitschaft, das ist wichtig. In gewissen Situationen mal den Beschützer spielen. Etwas gemeinsam unternehmen. Den Partner auf Händen tragen (mal zum Spaß am Strand ausprobieren, das kann den Flirt-Quotienten sprunghaft nach oben treiben), artistische Einlagen bieten, schwere Lasten wuchten, mit Feuer und Flamme hantieren: All dies gibt sie/er das Gefühl, in Ihnen einen starken Beschützer gefunden zu haben.

Asc ♏

Genuss ermöglichen

Sie/er strahlt etwas Magisches aus, eine Mischung aus Faszination, Geheimnis und Grusligkeit - ja doch, schon ... Solch einen Menschen einzuwickeln scheint schwierig, zumindest auf den ersten Blick. Doch im Grunde ist es ganz leicht sie/er lebt in einer eigenen Gedankenwelt.

Beziehungen sind für sie/ihn derart wichtig, dass sie nur unter bestimmten Voraussetzungen eingegangen werden. Wer mit dem Flirt in engem Kontakt stehen, darf nichts dagegen haben, mit Haut und Haaren aufgefressen zu werden. Die Kunst besteht darin, sie/ihn die Lust am Knabbern beizubringen, ohne sich vollständig verschlingen zu lassen. Wem es gelingt, sich sie/er gegenüber als appetitliches Häppchen zu präsentieren, hat den Anfang gemacht. Man wuchere mit seinen Pfunden, entweder körperlich oder finanziell, trage sie üppig zur Schau. Das Wasser muss dem Flirtpartner bei Ihrem Anblick im Munde zusammen laufen, symbolisch zumindest. Erstaunlicherweise wirkt auf sie/ihn eine gewisse Trägheit oder sogar Faulheit total anregend. Man präsentiere sich als (scheinbar) ahnungsloses Opfer und beobachte aus den Augenwinkeln, wie sie/er auf Lauerstellung geht. Keinesfalls darf sich sie/er als Jäger selbst beobachtet fühlen! Das Raubtier will unerkannt bleiben, bis zum allerletzten Moment! Bringen Sie sich also in Beuteposition. Sobald sie/er die Fährte aufgenommen hat, lassen Sie ruhig hier und da lustvoll an sich knabbern. Ach, und übrigens: Eifersucht wirkt in gewissen Maßen auf dem Flirt durchaus stimulierend. Zeigen Sie sich also ruhig als Objekt, das von vielen begehrt wird. Beißt sie/er endlich genussvoll an (und auch nur deshalb, weil anderen die Beute nicht gegönnt wird), müssen Sie nur noch dafür sorgen, dass hernach noch etwas von Ihnen übrig bleibt. Das ist dann allerdings wirklich schwer.

ASC ♐

Kontakte vermitteln

Flirt ist von Natur aus großzügig und positiv eingestellt. Keinesfalls jedoch darf die Bewegungsfreiheit eingeschränkt werden, weder räumlich durch ständiges Hocken an einem Platz, noch zeitlich durch Festlegen auf einen strengen Terminplan, weder durch Besitzansprüche noch durch Eifersüchteleien. Damit sind auch schon die Grenzen festgelegt, innerhalb derer man mit ihr/ihm in Kontakt treten darf. Weitere Einschränkungen gibt es eigentlich nicht, höchstens noch eine. Sie/er legt die Richtung fest, im Großen und Ganzen jedenfalls. Das muss man akzeptieren. Darüber lässt sich nicht diskutieren. Die Richtung kann sich auf die religiöse und philosophische Orientierung beziehen, auf geschäftliche Pläne, auf Bildung, aber auch ganz speziell auf die Frage, wie offen eine Beziehung sein darf und sein sollte.

Was bleibt da noch übrig, wo sind die Anknüpfungspunkte, und sei es auch nur für einen ganz kleinen Flirt mit ihr/ihm? Zeigen Sie erst einmal, wie gut Sie sich mit den Dingen des Alltags auskennen. So gezielt sie/er den Blick auch in die Ferne richten kann, so schwerfällt es doch, das Nächstliegende zu begreifen. Für die vielen guten Ideen, die sie/er hat, fehlt es allzu häufig an konkreten Umsetzungsmöglichkeiten sie/er kann daran verzweifeln und erwartet zwangsläufig von einem Partner, dass der dann hilft. Zum Beispiel: Es gibt etwas zu organisieren. Oder: Kontakte, die rein theoretisch ja vorhanden sein müssten, real aber nicht existieren, müssen vermittelt werden. Sie/er kann, gerade was diese Alltagsdinge betrifft, ziemlich tollpatschig sein. Wer da findig in die Bresche springen kann, steigt im Ansehen des Flirtpartners sofort ungemein. Über das Hintertürchen des praktischen Realisierens ist der Flirtpartner dann auch im Grunde ziemlich schnell bereit, die festgelegten Ziele zu korrigieren. Beispiel: Kommt beim Small Talk die Rede auf die Südsee, und dass sie/er jetzt dort am liebsten in einer Strandbar Campari schlürfen würde, so können Sie das mit dem Campari ja schnell an der nächsten Tankstelle organisieren. Fehlt nur noch die Südsee-Strandbar. Die wäre dann (rein vorläufig natürlich und nur als Vorschlag, dient sie/er gibt natürlich die Richtung vor) bei Ihnen zu Hause am Sofatisch improvisierbar. Wollen wir wetten, dass sie/er nicht abgeneigt ist?

Asc ♉

Ruhig etwas bemuttern

Sie/er ist ständig von Pflichten erfüllt, muss sich um das Wesentliche kümmern. Das gilt natürlich auch im Urlaub, wenn planmäßig die höchsten Berge erklommen werden wollen. Beim Urlaub an der See tut es auch ein dominanter Platz auf einer Sanddüne. Der wird dann zur täglichen Gymnastik genutzt, vorzugsweise für Yoga. Es kann dort auch ungestört berufliche Fachliteratur gepaukt werden. Solche Menschen sind eigentlich stets mit wichtigen Dingen beschäftigt. Überall und immer bauen sie ihren Arbeitsplatz auf. Sogar das Tischchen im Café wird wie von selbst zum Büro. Klug ist es, sich solchen Menschen gegenüber erst einmal dumm zu stellen sie/er mag es ungemein, wenn man Interesse zeigt für die wichtigen Dinge, die da gerade an der Eigernordwand, auf der Sanddüne von Arcachon oder einer Kaffeebar in London stattfinden. Zwar habe man (was rein geheuchelt ist) nicht die Spur einer Ahnung, um was für wichtige Dinge es dabei geht, doch faszinierend sei es schon, womit sich sie/er da beschäftige. Ahnungslosen Kinderaugen kann den Flirtpartner selten widerstehen, gerade wenn Ihre Richtlinienkompetenz abgefragt wird. Ganz wichtig: Um was immer sich das Gespräch fortan dreht, gehen Sie niemals in Widerspruch und reagieren Sie keineswegs mit Ironie. Dann ist der Ofen sofort aus! Bleiben Sie besser bei Ihrem staunend-ahnungslosen Blick. Und dann beginnen Sie, die leckeren Käse- und Wurstbrötchen (die Sie zusammen mit anderen Spezereien natürlich im Vorfeld dieser Aktion sorgsam in Ihrer voluminösen Tasche deponiert hatten) auszupacken. Beißen Sie herzhaft ab und bieten Sie rein zufällig sie/er auch etwas davon an. Sagen Sie entschuldigend, dass Sie wieder einmal viel zu viel dabei hätten, was Sie alleine gar nicht aufessen können. Wenn sich sie/er jetzt als hungrig outet, ist der Fisch am Haken.

Asc ♒

Helden gesucht

Flirt ist ein wirklich unterhaltsamer Mensch mit ständig neuen Ideen, vorzugsweise drüber, wie sich die Umwelt und die Mitmenschen noch mehr beglücken ließen. Zudem strahlt sie/er eine große Unabhängigkeit aus. Das macht neugierig. Doch wie ist es möglich, sich solch einem fantastischen Menschen zu nähern, der doch anscheinend die Freiheit per se verkörpert und so gut wie niemanden zu brauchen scheint? Man kann sich an den Gruppenaktivitäten beteiligen, in die sie/er verwickelt ist. Nun, das mag ein gangbarer Weg sein. Doch wie schafft man den Sprung von der lockeren Kumpanei zum ganz persönlichen Flirt-Abenteuer?

So idealistisch, der Welt zugewandt und selbstlobend ihr/ihm auch auftritt: Was den Partnerwunsch betrifft, so sucht der Flirtpartner doch stets nach einer ganz und gar ausgeprägten Persönlichkeit, kraftvoll und charismatisch. Man sollte sein Licht nicht unter den Scheffel stellen, wenn man sie/er den Hof macht. Ganz im Gegenteil! Dramatisch vorgetragene Balz-Arien, bei denen eventuelle Mitbewerber in aller Öffentlichkeit gnadenlos aus dem Weg geräumt werden, sind hier angebracht. Man zeige also seine Talente - oder zumindest, was man für solche hält. Es kommt nicht unbedingt auf die perfekte Leistung an. Ganz im Gegenteil: Auch ein großartig zur Schau gestelltes Scheitern kann imponieren. Sie/er ist allzeit bereit, Heldenmut zu honorieren. Nach erfolgreich durchkämpfter Schlacht lindert sie/er gerne die Wunden, so groß sie auch sein mögen. Ohne Kampfgetöse dort draußen in der ach so bösen Welt geht es aber nicht. Man suche sich also gut sichtbar ein paar (hoffentlich nicht wirklich) gefährliche Drachen und Furien. Die besiegt man dann mit Feuer und Schwert, mit theatralischen Gesten, gut sichtbar für alle. Sie/er wird Sie süß belohnen, wenn Sie die Menschheit, die Welt und bitteschön auch die gesamte Galaxis gerettet haben (was Sie dann fortan mindestens dreimal pro Woche tun müssen).

ASC ♓

Im Alltag Hilfestellung geben

Sie/er ist eine Pflanze, die am besten in leicht schattiger Lage bei milden Temperaturen gedeiht. Knalliges Sonnenlicht weckt in ihr/ihm genauso Fluchtinstinkte wie bitterer Frost. Man sollte sich dieser scheuen Person also möglichst nicht im Frontalangriff nähern. Das schockt nur, macht jegliche Flirtatmosphäre zunichte.

Empfehlenswert ist es, sich indirekt und unter Gebrauch einer Tarnkappe an den Flirtpartner heranzupirschen. Gute Gelegenheit bietet sich bei einer gemeinsamen Arbeitssituation oder sonst einer Tätigkeit, die man aus Pflicht zusammen verrichtet. Dort ist genug Zeit, sich gegenseitig zu beschnuppern. Man kann über alles Mögliche reden und sich über vielerlei Dinge nahekommen, ohne sich gegenseitig sofort die Liebe erklären zu müssen. Sie/er kommuniziert am liebsten durch die Blume, also über indirekte Gesten und Handreichungen. Bietet es sich an, dass Sie auf einer Party beispielsweise zusammen mit ihr/ihm den Abwasch machen oder etwas aufgeräumt bzw. organisiert werden muss, so sollten Sie sich sofort zur Verfügung stellen.

Ganz hervorragend eignen sich Kinoveranstaltungen oder Filmvorführungen. Man sitzt nebeneinander, schaut sich kaum an und tauscht so gut wie keine Worte aus, kommuniziert aber permanent miteinander, quasi telepathisch. Ebenfalls optimal sind dunkle Räume oder Plätze in der Natur. Es dürfen sich in der Umgebung ruhig viele Menschen aufhalten. Dann kann man vorerst immer noch so tun, als stehe oder sitze man rein zufällig neben einander, beispielsweise beim Betrachten des Sonnenuntergangs.

Wenn Sie irgendwann - und das kann sehr schnell sein - eine gemeinsame Sprache jenseits der Worte gefunden haben, dann ist es Zeit, sich sie/er durch eine kleine, aber deutliche Geste richtig zu nähern. Ihre Reaktion wird eindeutig ausfallen. Stillschweigen kann als Einverständnis interpretiert werden.

Seine Energien

☉☽☿♀♂♃♄⛢♆♇☊♇☾⚷

Die vielen Seiten des Flirtpartners

Im Folgenden erfahren Sie, wie sie/er mit den Kräften umgeht, welche Ausdrucksmöglichkeiten zur Verfügung stehen, welche Vorlieben und Neigungen es gibt. Dies heißt natürlich keineswegs, dass Sie sich dem unterwerfen müssen, aber sie erhalten wertvolle Tipps, wenn es darum geht, die Sympathien und das Interesse dieses Menschen zu erwecken. Jede vermeintliche Stärke beinhaltet natürlich auch eine entsprechende Schwäche, die im Schattenbereich liegt. Diese gilt es natürlich nicht schamlos auszunutzen, vielmehr sind die folgenden Beschreibungen auch als Hinweis zu sehen, wie man mit den Macken des anderen liebenswert umgehen sollte.

Sonne

☉

Wie sich sie/er beim Stolz packen lässt

Die Stellung der Sonne im Tierkreis ist das, was man gemeinhin als „das Sternzeichen“ kennt, wobei es zwischen den astronomisch berechneten Sternzeichen oder Sternbildern am Himmel und den für die Astrologie relevanten Zeichen auf der Ekliptik, dem Tierkreis, einen gewissen rechnerischen Unterschied gibt. Die Tierkreiszeichen entstehen aus einer exakten Zwölfteilung des Sonnenlaufs innerhalb eines Jahres, exakt von Frühlingspunkt zu Frühlingspunkt. Unser Zentralgestirn ist dabei zwar das bedeutendste Element, aber auch alle anderen Planeten und sonstigen Horoskopfaktoren werden gemäß ihrer Position auf dem Tierkreis gedeutet.

Die Sonne hat sehr viel mit Selbstbewusstsein und mit Stolz zu tun. Möchte man einem Menschen die Führung überlassen – und sei es auch nur scheinbar, um ihm einfach mal näher zu kommen – dann macht man ihm am klugerweise Angebote, die seiner Sonnenstellung im Tierkreis entsprechen.

☉ ♈

Kraftstoß

Ein mit dieser astrologischen Konstellation geborener Mensch funktioniert in gewisser Weise wie ein Automotor: Entweder er springt an oder er springt nicht an. Dazwischen gibt es so gut wie gar nichts. Widder können selten beeinflussen, ob das Feuer der Lebensenergie gerade in Ihnen lodert oder ob es gerade mal wieder versiegt ist. Deshalb können und müssen Sie ganz aus ihrem eigenen Willen heraus handeln. Abwarten und auf die Belange der Umwelt Rücksicht zu nehmen, das liegt ihnen nicht. Ihre Energie kann nicht gespeichert, sondern nur in sinnvolle Bahnen umgelenkt werden, wenn sie im Moment vorhanden ist.

☉ ♉

Ruhepol

Ein mit dieser astrologischen Konstellation geborener Mensch sammelt alle Energien in sich, um Stück für Stück immer mächtiger zu werden. In der Ruhe liegt seine Kraft. Stress irritiert ihn, bringt ihn aus dem Rhythmus, lässt ihn stolpern und gereizt werden, sodass er letztlich nicht anders kann, als zu explodieren. Lässt man ihn hingegen genüsslich vor sich hin trotten, ist er ein friedliches und freundliches Kraftpaket, das sich gerne auch hier und dort hinlenken lässt, schwere Lasten auf sich nimmt und gar stattlich anzuschauen ist.

☉ ♊

Wendig

Ein mit dieser astrologischen Konstellation geborener Mensch kennt sich gut aus und hat eine schnelle Auffassungsgabe. Seine Energie kreist ständig und sein Geist ist lebhaft wie ein Schmetterling. Man sollte ihn nicht einfangen wollen oder ihn zwingen, bei einer einzigen Sache zu verharren. Er braucht die Bewegung, holt sich damit ständig frische Luft, tankt sich auf durch seine Kapriolen und bleibt bei guter Laune, wenn er mal hierhin und mal dorthin flattert, seine Schwätzchen hält, dann weiterzieht und schließlich zurückkehrt, um von seinen Erlebnissen zu erzählen.

☉ ♋

Alchemie

Ein mit dieser astrologischen Konstellation geborener Mensch verfügt über eine kreisende Energie, die ständig Eindrücke von der Außenwelt im Inneren verarbeitet, Schicht um Schicht wie ein einem alchemistischen Prozess, wie wenn eine Suppe verrührt wird und langsam aber stetig ein immer stärkerer Brei aus Erinnerungen den Kern der Persönlichkeit entstehen lässt. Aus diesem Grunde sollte man ihn auch nicht zwingen, das gewohnte Umfeld abrupt zu verlassen. Schließlich bildet die Umwelt einen Teil der Persönlichkeit. Ständige Wechsel könnten verhindern, dass sich Wurzeln bilden, und diese werden unbedingt gebraucht. Stattdessen gebe man diesem Menschen etwas oder jemanden, das oder den er umsorgen und beschützen kann. Das macht ihn stärker und lässt in ihm die besten Seiten zum Vorschein kommen.

☉ ♌

Glutofen

Ein mit dieser astrologischen Konstellation geborener Mensch braucht eine kontinuierlich lodernde Flamme in Inneren, die ihn wärmt und nährt wie ein Töpferofen, in dem Schalen und Krüge langsam aber stetig immer härter und widerstandsfähiger werden, bis schließlich und endlich die Farben der Glasur leuchtend zu schimmern beginnen.

Irritieren sollte man solche Menschen nicht, denn sie selbst sind von der inneren Glut abhängig, ständig in Sorge, dass sie einmal nicht mehr in der notwendigen Stärke brennen möge. Dann verlieren sie ihr Selbstvertrauen, können nicht mehr strahlen und die Welt mit ihrer eigenen Herzenswärme beglücken.

☉ ♍

Filigran

Ein mit dieser astrologischen Konstellation geborener Mensch ist sich seiner niemals sicher, innerlich nervös und ständig auf der Hut. Seine Energie ist in einen komplizierten Mechanismus eingebettet, in dem alles perfekt auf einander abgestimmt sein muss, damit er optimal funktioniert. Gleich einem hochgezüchteten System ist er in der Lage, komplizierteste Verrichtungen zu erledigen, die absolutes Spezialwissen erfordern. Solch ein System ist anfällig, kann bei geringsten Störungen ins Stolpern kommen. Deshalb sorgen sich solche Menschen auch ständig um Probleme, die vielleicht auftreten könnten - und natürlich niemals wirklich auftreten, eben weil sie sich schon im Vorfeld um deren Lösung gekümmert haben.

☉ ♎

Jongleurskunst

Ein mit dieser astrologischen Konstellation geborener Mensch versucht ständig, seine verschiedensten Energien in ausgewogener Balance zu halten. Dabei gibt es zwei Zustände. Der eine, mit dem Gleichgewicht einer Kugel am Boden einer Schale vergleichbar, ist stabil und hat minimales Potenzial, führt zu Phlegma und letztendlich Erstarrung. Der andere Zustand ähnelt einer Kugel auf der Spitze einer Nadel, instabil und von maximalem Potenzial, bewirkt positiven Stress, erfordert ständige geistige Wachheit.

Man sollte Menschen bewundern, die gleich einem Balanceakt auf der Spitze einer Nadel ständig um ihren imaginären Mittelpunkt kreisen, und nicht versuchen, sie durch harte Stöße aus dem Lot zu bringen. Schönheit und Harmonie beinhalten stets großes Bemühen, so mühelos das von außen auch erscheinen mag.

☉ ♏

Risikobehaftet

Ein mit dieser astrologischen Konstellation geborener Mensch holt seine Energie aus den Tiefen der Psyche, dort wo es dunkel und manchmal auch furchteinflößend ist. Alle Kraft muss auf ein Ziel gerichtet werden. Nur so lässt sich in den Abgrund zur Quelle steigen. Ein guter Plan ist vonnöten, denn der Abstieg kann gefährlich sein und es darf kein Fehler gemacht werden. Alle Ressourcen müssen gebündelt werden. Nur so ist die Angst vor der Angst zu besiegen.

Aus diesem Grunde gehen in diesem Zeichen geborene Menschen vorsichtig vor. Ihre Pläne offenbaren sie nicht gerne. Ob sie auf ihrem Abstieg wirklichen Monstern begegnen oder nur Spukbildern ihres eigenen Unbewussten, das wissen sie selbst nicht. Haben sie sich erst einmal entschieden, führen sie Ihren Plan auf jeden Fall aus, ohne Rücksicht auf Verluste oder sich selbst. Treue Weggefährten schätzen sie über alles. Sind sie erfolgreich in ihrer Nachtreise, dann verwandeln sie scheinbar Schlechtes in Gutes, wird der von ganz unten geholte

Schlamm zu fruchtbarem Dünger, auf dem neuen Leben entstehen kann. s V

Hoffnung

Ein mit dieser astrologischen Konstellation geborener Mensch lässt sein Feuer im Wind der Hoffnung wehen, bringen Lebensklugheit und manchmal sogar Weisheit in die Welt. Solche Menschen sorgen dafür, dass die Flamme der Hoffnung immer neu entfacht wird, wohl wissend um ihre eigenen Selbstzweifel, die sie niemals ganz besiegen, sondern immer nur dämpfen können, indem sie anderen eben jenen Mut machen, den sie selber gar nötig brauchen.

Und so sollte man diese Menschen niemals mit dem Gift des Zweifels anstecken. Sie kennen sehr gut die Probleme des Lebens - vielleicht in einem noch größeren Umfang, als man es erahnen kann. Gerade in schwierigen Situationen halten sie ihr Licht hoch, um sich und auch ihren Weggefährten, die möglicherweise schon längst am Aufgeben sind, den Weg über die dunklen Klippen der Gegenwart hinauf zu einer erhofft besseren Zukunft zu weisen. Gleich mittelalterlichen Seefahrern gelingt es ihnen dann und wann, die Mannschaft dann vom Meutern abzuhalten, wenn fast alle Vorräte aufgebraucht sind und noch immer keine Küste am Horizont erscheint. In dieser Haltung wurden ganze Kontinente entdeckt!

☉ ♑

Verantwortung

Ein mit dieser astrologischen Konstellation geborener Mensch verdichtet seine Energien immer stärker, bis alle Materie zusammengepresst ist und unter dem enormen Druck funkelnde Diamanten entstehen. Für solch einen Prozess braucht man viel Zeit und darf die eigenen Kräfte nicht an Nebensächlichkeiten vergeuden.

Auch wenn es von außen so aussieht, als ob Menschen mit der Sonne in diesem Tierkreiszeichen kühl und hart sind, so ist in der Regel wohl eher das Gegenteil der Fall. Gerade weil sie um ihre Launenhaftigkeit und Weichheit wissen, weil ihnen die eigenen Emotionen immer wieder einen Streich spielen, geben sie sich so viel Mühe, unpersönlich und objektiv zu wirken. Es ist das Wissen um die eigene Zerbrechlichkeit, die einen Steinbock dazu bringt, sich den Härten des Lebens zu stellen.

Und sein großes Mitgefühl mit allem, was er liebt, lässt ihn streng werden. Denn nur so, meint er, lassen sich eigene Schwächen überwinden und Großes erreichen.

☉ ♒

Überblick

Ein mit dieser astrologischen Konstellation geborener Mensch schwebt gleich einem Vogel hoch oben in den Lüften, um sich von dort einen Gesamteindruck zu verschaffen, der unten in den Niederungen der Alltagsgeschäfte schwerlich gewonnen werden kann. Seine Energie zieht dieser Mensch aus den warmen Aufwinden, die ihn weit tragen lassen, und seine Leichtigkeit rührt daher, dass er bereit ist, große Entbehrungen auf sich zu nehmen, um ja nicht plump und fett am Boden kleben zu bleiben. Wer ahnt, welche guten Ideen solche Menschen aus ihrer überragenden Perspektive entwickeln können, der bringt ihnen Achtung entgegen und erfreut sich an ihrer Zurückhaltung. Einen Menschen mit der Sonne im Wassermann in die Niederungen der manchmal recht krass erscheinenden Realität herabzuzwingen, das ist, als ob man einem stolzen Vogel die Flügel stutzt. Er wird um sich hacken und schleunigst das Weite suche. Legt man hingegen hin und wieder ein paar Körner auf die Fensterbank, kann man sich immer wieder an seinem Gezwitscher und Singsang erfreuen.

☉ ♓

Berauschend

Ein mit dieser astrologischen Konstellation geborener Mensch schöpft seine Kraft aus den endlosen Weiten der Meere. Es ist ein ständiges Rauschen und Strömen. Nur erfahrene Schwimmer können es wagen, in den tosenden Fluten zu baden, ohne für immer vom Sog der Strudel hinfort gerissen zu werden. Keineswegs sollte man solch einen Menschen an die Leine nehmen, er würde sich im Strom der Gezeiten verheddern und die eleganten Schwimm- und Tauchbewegungen vergessen. Meeresgötter und Seejungfrauen sind die einzigen Gefährten von Menschen mit der Sonne im Fische-Zeichen, wenn sie sich wirklich in ihrem Element befinden. Man kann draußen am Ufer stehen und staunen, welch enorme Kräfte die Elemente freisetzen, und man wird bei deren Anblick entweder in Furcht oder in Verzückung geraten. Für einen Moment vergisst man das eigene erbärmliche Ich mit all seinen Nöten und Ängsten und Eitelkeiten. Man will eins werden und verschmilzt zu einer großen Masse namens Mensch.

Mond

☽

Auf welche Weise der Flirtpartner gerne mitmacht

Wenn die Sonne im Horoskop nach alter chinesischer Lehre dem Chi entspricht, also dem Strom der Lebenskraft, dann dürfte dem Mond zum Cheng zuzuordnen sein, einem Gefäß, das in der Lage ist, eben jene Energie zu speichern und in sich kreisen zu lassen. Ein aus zwei Anführern bestehendes Paar wird sich kaum auf eine gemeinsame Richtung einigen können, und ein aus zwei Mitmachern bestehendes Grüppchen kommt niemals von der Stelle. Denn schließlich wartet jeder darauf, dem anderen zu folgen. Die Verteilung der Rollen ist also unabdingbar für ein gutes gemeinsames Fortkommen. Möchten Sie das Objekt der Begierde dazu bringen, Ihnen gemäß der alten astrologischen Weisheit „Mond macht mit" zu folgen, dann lesen Sie aufmerksam die folgende Passage.

☽ ♈

Flammenwerfer

Diese Person will richtig durchgeschüttelt werden, braucht ganz deutliche Anstöße, um in Wallung gebracht zu werden. Ist das Feuer erst einmal entfacht, gibt es kein Halten mehr.

☽ ♉

Prachtstück

Diese Person möchte ganz in Ruhe genießen, sinnlich und ganz genüsslich, Stück für Stück. Sie lässt sich nicht auf jeden ein. Schließlich weiß sie, was man an ihr hat.

☽ ♊

Wortreich

Diese Person braucht ständig geistige Nahrung, die sie verdauen kann, frisst Nachrichten wie Pferde ihr Heu. Man darf den Gesprächsfluss niemals versiegen lassen, wenn man sie erobern will.

☽ ♋

Gourmet

Bei dieser Person geht die Liebe eindeutig durch den Magen. Wenn man selbst nicht zu den großen Kochkünstlern zählt, dann schleppe man wenigstens die besten Zutaten vom Wochenmarkt heran und präsentiere die Beute mit liebevollem Blick. Sie wird schon etwas draus zusammenköcheln.

☽ ♌

Großes Theater

Diese Person hat einen Hang zum Dramatischen. Es ist nicht leicht, ihr zumindest zeitweilig die Führung abzunehmen. Da muss man schon wirklich etwas zu bieten haben. Einfacher ist es da schon, sich zum Bewunderer ihrer imponierenden Gefühlsdramatik aufzuschwingen.

☽ ♍

Hilfsbereit

Diese Person ist ihren eigenen Wahrnehmungen gegenüber misstrauisch und braucht einen Spiegel, ein Gegenüber, das ihr hilft, aus der Selbstreflexion herauszukommen. Ganz beruhigt ist sie jedoch erst, wenn man ihr eine nützliche Aufgabe zukommen lässt.

☽ ♎

Spiegelverkehrt

Diese Person spiegelt sich so sehr in ihrem jeweiligen Gegenüber, dass sie ganz schnell selber nicht mehr weiß, wer oder was sie nun eigentlich ist. Klare, eindeutige Signale und ein bisschen Egozentrik: Schon ist sie ungeheuer beeindruckt und zeigt, was ihr gefällt und was ihr nicht gefällt.

☽ ♏

Schwarz-weiß

Diese Person sammelt das Dunkle und Verborgene in ihrer Seele, sieht nur Licht und Schatten, kann ungeheuer treu, aber auch äußerst nachtragend und besitzergreifend werden: erbitterter Feind oder opferbereiter Freund.

☽ ♐

Amazone

Diese Person will auf jeden Fall ihren Freiraum zugestanden bekommen, lässt sich vielleicht für einen Moment ein, sucht dann aber schnell das Weite. Man lasse sie ziehen. Dankbar für so viel Toleranz kommt sie gerne zurück und wird zum klugen Ratgeber.

☽ ♑

Kaktus

Diese Person kann scheinbar nicht viel aufnehmen und kann Eindrücke nur in ganz kleinen Portionen verarbeiten. Man überfordere sie nicht, denn dann zieht sie sich nur zusammen und verschließt sich. Auf Dauer wird sie zum treuen Weggefährten.

☽ ♒

Partygast

Diese Person ist für alle ungewöhnlichen Sachen zu haben und vor allem in der Öffentlichkeit ein schillernder Begleiter. Doch so hingebungsvoll ihre Auftritte auch sind, so schnell geht sie auch wieder auf Distanz, um den Wind der Freiheit zu atmen.

☽ ♓

Nachtschattengewächs

Diese Person ist so sensibel und kann sich derartig schnell in einen anderen Menschen hinein fühlen, dass sie sich selbst darüber vergisst und jegliche Konturen verliert. Man gebe ihr Schatten, auf dass diese zarte Pflanze nicht im grellen Sonnenlicht verdorrt.

Merkur

☿

Wofür sich sie/er stets interessieren wird

Merkur ist der Götterbote unter den Planeten. Ihn kümmert es nicht unbedingt, ob eine Sache sinnvoll ist oder unabdingbar. Stolz und Eitelkeit sind ihm eher lästig, und zu persönlich sollte man ihm auch nicht kommen. Merkur schätzt eine neutrale Ebene und ist stets für Neuigkeiten und allerneueste Nachrichten aufgeschlossen. Bloß eines darf man nicht: Den Planetengott langweilen!

Wenn Sie Ihr Flirtobjekt erst einmal ganz unverbindlich beschnuppern wollen, mit ihm in Kontakt treten möchten, ohne sofort tiefere Absichten offenbaren zu müssen, dann klinken Sie sich am besten auf dessen neutrale Merkur-Energie ein!

☿ ♈

Tacheles

So jemand sagt klar heraus, was Sache ist, hält mit seiner Meinung nicht hinter dem Berg und will auch entsprechend behandelt werden. Wer eine andere Auffassung hat, wird ärgstens bekämpft und zugleich auch wegen seines Eigensinns geachtet.

☿ ♉

Bäuerlich

So jemand hat es gerne praktisch, vermeidet so gut wie möglich komplizierte Wortwendungen und Satzgebilde, denkt wie ein Bauer und möchte im Grunde Rüben zählen, anstatt intellektuelle Diskurse zu führen. Wem er vertraut, dem vermacht er die dicksten Kartoffeln zu einem absoluten Schnäppchenpreis.

☿ ♊

Wissbegierig

So jemand will alles wissen - und wenn es auch absolut banal ist. Neuigkeiten werden bevorzugt. Nichts ist uninteressanter als die Tageszeitung von gestern. Je häufiger im Gespräch das Thema gewechselt wird, desto besser. Nichts geht ihm über ein gesundes Halbwissen.

☿ ♋

Allgemeinplätze

So jemand spricht in Mundart, zeigt schon durch seine Wortwahl, wo er herkommt und auf wen er sich überhaupt einlassen will. Man rede am besten über Familienangelegenheiten oder über das Wetter, also über all die Dinge, die man so rausplappert, wenn Worte eigentlich unwichtig sind.

☿ ♌

Sensationell

So jemand interessiert sich nicht für Inhalte. Es kommt einzig und allein darauf an, wie man etwas sagt. Dramatisch muss es sein, unterhaltsam in jeder Zehntelsekunde. Sonst wird gnadenlos weggezappt.

☿ ♍

Feldstudie

So jemand interessiert sich für jedes Detail. Probleme stören nicht. Ganz im Gegenteil: Nichts ist faszinierender als beispielsweise die gemeinsame Analyse der psychologisch soziologisch schichtenspezifischen Problemfälle, die so rumlaufen dort in der Strandbar, in der Sie gerade gemeinsam Ihren Wellnessdrink nehmen. Derart hochgebildet kommt man sich schnell näher.

☿ ♎

Jein!

So jemand sieht die Dinge eigentlich immer von zwei Seiten - oder sehen Sie das anders? Man muss halt das Für und Wider abwägen. Kein Wunder, dass es zu keiner Entscheidung kommt. Notfalls entscheidet man sich erst mal für eine Stärkung an der Bar. Doch für welchen Drink soll man sich bloß entscheiden?

☿ ♏

Gegenprojektion

So jemand hat immer einen gewissen Unterton in der Stimme, liebt die feinen Spitzen und beleidigt einen schon mal - was man aber bitteschön als Ausdruck des Interesses auffassen sollte! Steigt man darauf ein, ist man eingewickelt und kann sich nicht mehr voneinander lösen.

☿ ♐

Global gesehen

So jemand macht Andeutungen, die durchaus weitschweifig sein und vom Hölzchen zum Stöckchen führen könnten. Man weiß schon, worauf der andere hinaus will - auch wenn man im Grunde keinen blassen Schimmer davon hat, worüber eigentlich gesprochen wird.

☿ ♑

Man sagt halt so

So jemand wählt die Worte mit Bedacht und will vor allem, dass die Form gewahrt wird. Ja im Grunde ist das auch schon alles. Merkwürdig altertümliche Floskeln und Allgemeinplätze, die alles und nichts aussagen, dekorieren den angenehmen Gesprächsverlauf.

☿ ♒

Cool

So jemand hat natürlich auch eine Meinung. Aber das ist eigentlich unwichtig und man sollte ihn nicht darauf festnageln. Von außen betrachtet, von einer höheren Warte aus gesehen, steht man der ganzen Angelegenheit sowieso distanziert gegenüber. Man will locker bleiben und bloß nicht uncool wirken.

☿ ♓

Andeutungsweise

So jemand redet nicht, sondern vermittelt Sinneseindrücke! Und wer nicht fühlt, was gemeint ist, der wird letztendlich sowieso nicht verstehen, worum es geht. Keinesfalls soll dies verletzend wirken. Man will halt nur andeuten, in etwa. Alles klar, oder?

Venus

♀

Auf welche Weise sich sie/er umgarnen lässt

Natürlich weist Venus, die Planetengöttin der Liebe, den Königsweg zur Gunst des Flirts. Doch Vorsicht! Selbst wenn dieser Planet im klassischen Sinne zu den weiblichen Gestirnen gehört, so heißt das doch lange nicht, dass nur der weibliche Part eines Flirts diese Rolle übernehmen darf. Je nachdem, wie stark die anderen Elemente des Horoskops gelebt werden, kann es durchaus auch erfolgreich sein, von männlicher Seite aus mit den Strategien der Venus zum Erfolg zu kommen.

♀ ♈

Kapitulation

Flirt liebt starke und grelle Farben über alles, laute harte Rockmusik, scharfes Essen und heiße Tänze, sowie alles, war derart aufreizend weiblich ist, dass man sich einfach geschlagen geben muss.

♀ ♉

Sättigung

Flirt liebt einen kraftvollen, aber langsamen, stampfenden Rhythmus über alles, die gedeckten Farben der Natur, sowie einfache, aber reichhaltige Hausmannskost, bequeme Kleidung und erdverbundene Mädels und Burschen.

♀ ♊

Nonstopverbindung

Flirt liebt schlank machende, schnell einzunehmende Kost über alles, praktische und sportlichen Kleidung, Wechsel-Anoraks mit zwei verschiedenen Außenstoffen, kabellosen Internetzugang überall unterwegs und einen nie abreißenden Strom von SMS-Nachrichten.

♀ ♋

Verdauungs-Päuschen

Flirt liebt die Pause, in der man erst mal ruhig was zu essen zu sich nimmt und die aufwühlenden Sinneseindrücke der vergangenen Minuten verdauen kann, über alles – besonders dann, wenn im Grunde noch rein gar nichts passiert ist.

♀ ♌

Jet-Set

Flirt liebt eine auffällige Kleidung mit gut sichtbaren Etiketten allseits bekannter Nobelmarken über alles, Schminke und Goldkettchen, gerne auch Cabriolets oder Geländewagen mit verchromten Stoßstangen und natürlich einen Platz in der VIP-Lounge, wo sprudelnder Champagner gereicht wird.

♀ ♍

Notfallkoffer

Flirt liebt praktische Jacken mit möglichst viel Taschen über alles, Sicherheitsnadeln und Papiertaschentücher, Navis auch auf Strecken, die schon hundertmal befahren wurden, gründliche Vor- und Nachbereitung sowie Migränetabletten, falls trotz allem mal was schief gehen sollte.

♀ ♎

Etwas Luxus bitte

Flirt liebt vorteilhafte Kleidung, mit der sich unschöne Fettpölsterchen geschickt verbergen lassen über alles, und natürlich Verehrer, die einen auf Händen tragen und zudem bereit sind, etwaig anstehende Schönheitsoperationen klaglos zu finanzieren.

♀ ♏

Tiefste Leidenschaft

Flirt liebt über alles, dass das Blut schon beim Anblick eines schönen Körpers in den Adern zu kochen beginnt. Ersatzweise reicht auch der Blick in die glänzenden Kontoauszüge des Objekts der Begierde aus, um schwach zu werden.

♀ ♐

Honorarkonsul

Flirt liebt unhaltbare Versprechungen über alles, den Duft der großen weiten Welt, Liebesschwüre in Form von Opernarien, fremdländische Namen und Doktortitel, die meinetwegen auf Pump gekauft sein können - das braucht ja keiner zu wissen.

♀ ♑

Aufsteiger

Flirt liebt grau melierte Schläfen und echte Adelstitel über alles, zudem Handküsse, das kleine Schwarze mit dem dazugehörigen Diamantcollier bzw. klein karierte Tweedjackets, wie sie nur Millionäre tragen, die als solche nicht erkannt werden wollen, sündhaft teure Nobelrestaurants, bei denen die Portionen auf dem vorgewärmten Teller mit dem Opernglas gesucht werden müssen, und natürlich auch die Bemerkung, dass früher alles besser war.

♀ ♒

Hochgestylt

Flirt liebt das absolut coole Szenerestaurant, das gerade erst eröffnet hat, über alles, Discos nachts um 5, Experimente im Bett, schräges Outfit, total verrückte Freunde, elektronische Schnürsenkel oder Digitalohrringe als Überraschungsgeschenk.

♀ ♓

Sehnsucht

Flirt liebt die Verhinderung und den Abschiedsschmerz, bevor eine Affäre überhaupt begonnen hat, über alles, dazu eingebildete Krankheitsgeschichten, die sich durch Handauflegen heilen lassen, sowie einen ganz bestimmten Duft, der allerdings gar nicht so leicht zu finden ist.

Mars

♂

Was sie/er unter Mut versteht

Der Kriegsgott unter den Planeten ist im Grunde kein wirklich böser Geselle. Er will halt, dass etwas geschieht, nicht irgendwann und nicht nach langen Bedenken oder zögerlich, sondern jetzt und hier und bitteschön sofort, ohne rumzuzaudern. Ein Flirt über die Mars-Energie anzufangen ist gar nicht verkehrt. Sie finden in dieser Tierkreis-Position Hinweise, was Sie mit diesem Menschen am besten anstellen können, wann Sie ihm die Initiative überlassen sollten und wofür sich dieser Mensch am liebsten bewundern lässt. So kommt man sich näher!

♂ ♈

Bahn frei!

Dieser Mensch will sich abreagieren, komme was wolle. Man lenke seine gewaltige Kraft, wann immer sie ausbricht, in sinnvolle Bahnen. Dann haben alle ihren Spaß.

♂ ♉

Arbeitstier

Dieser Mensch will seine Kraft für sich behalten. Man stelle sich auf seinen Rhythmus ein und lasse ihn für sich arbeiten, langsam und beständig.

♂ ♊

Flatterhaft

Dieser Mensch will ständig in Bewegung sein. Man lasse ihm seinen Aktionsdrang und versuche geduldig, dem Ganzen eine Richtung zu geben.

♂ ♋

Knetmaschine

Dieser Mensch will sich in vertrauter Umgebung ausagieren. Tröpfeln Sie ihm Massageöl in die Hand oder lassen Sie ihn einen Teig kneten.

♂ ♌

Heldenhaft

Dieser Mensch will vor allem, dass man sieht, was er tut. Bewundern Sie seinen Heldenmut, auch wenn er ihn nur einsetzt, um endlich wieder mal den Mülleimer runter zu bringen.

♂ ♍

Hilfsbereit

Dieser Mensch will sich nützlich machen. Geben Sie ihm eine Aufgabe, die möglichst kompliziert ist. Er wird Ihnen dankbar sein.

♂ ♎

Lässig

Dieser Mensch will im Grunde nicht viel tun. Geben Sie ihm die Fernbedienung in die Hand und lassen Sie ihn den Sender wählen. Das ist schon mühselig genug.

♂ ♏

Spürnase

Dieser Mensch will herumwühlen, so tief wie möglich. Verbergen Sie etwas vor ihm. Ist sein Interesse erst einmal geweckt, geht er der ganzen Angelegenheit leidenschaftlich auf den Grund.

♂ ♐

Große Taten

Dieser Mensch will große Aktionen, darunter ist er nicht zu haben. Egal ob es um eine Weltreise geht oder nächtens eine Riesenpizza besorgt werden muss: Er ist dabei!

♂ ♑

Gipfelstürmer

Dieser Mensch will sich auf wichtige Dinge konzentrieren. Und davon gibt es ja bekanntlich nicht viele auf dieser Welt. Bieten Sie ihm eine Bergwanderung an oder lassen Sie ihn zumindest die wackelige Dachantenne reparieren.

♂ ♒

Überflieger

Dieser Mensch will seine Kraft nur für außergewöhnliche Dinge einsetzen. Bieten Sie ihm einen Bankraub an oder schicken Sie ihn in die Videothek, damit er einen dieser ganz abstrusen Gangsterfilme organisiert.

♂ ♓

Rettungsschwimmer

Dieser Mensch will die Welt im Rausch erleben. Nehmen Sie ihn mit auf eine Sauftour oder gehen Sie nachts mit ihm an den Strand.

Jupiter

♃

Was für sie/ihn einen Sinn ergibt

Jeder Mensch hat eine großzügige Seite, zieht gerne mal seine Spendierhosen an, zeigt sich großzügig und tolerant. So auch ihr/ihm.

Nutzen Sie diese Informationen, wenn Sie Vertrauen aufbauen wollen. Achtung: Nehmen Sie den guten Willen. Nicht alles, was versprochen wird, kann auch eingehalten werden. Aber das ist doch für den allerersten Anfang nicht so hundertprozentig wichtig, oder?

♃ ♈

Aufbruchsstimmung

Es kommt gut an, dem anderen die Initiative zu überlassen und ihn vorangehen zu lassen - in welche möglicherweise blödsinnige Richtung es auch immer gehen mag.

♃ ♉

Platzhirsch

Es kommt gut an, dem anderen sein Revier zu überlassen und seine Grenzen zu akzeptieren - auch wenn diese natürlich letztendlich überschritten werden müssen, wenn es überhaupt zu einer wirklichen Begegnung kommen soll.

♃ ♊

Wortführerschaft

Es kommt gut an, dem anderen das Wort zu überlassen - auch wenn er ständig von Thema zu Thema springt und vielleicht im Grunde gar nicht viel zu sagen hat.

♃ ♋

Sippenhaft

Es kommt gut an, dem anderen in seinem eigenen Reich zu begegnen, auf Vertrautes zu setzen und an Heimatgefühle zu appellieren - obwohl man sich von diesem ganzen Familienclan vielleicht überhaupt nicht adoptieren lassen will.

♃ ♌

Sensationslust

Es kommt gut an, dem anderen bei allem und jedem zu applaudieren, sich begeistert und überrascht zu zeigen, die Einzigartigkeit des Dargestellten zu bewundern - auch wenn man hin und wieder das Gähnen kaum unterdrücken kann.

♃ ♍

Zweckmäßigkeit

Es kommt gut an, dem anderen in seiner Wohlorganisiertheit und Aufgeräumtheit Anerkennung zu zollen - auch wenn man hin und wieder eine Sterilität verspürt, die einen zu der unausgesprochenen Frage verleitet, ob sich denn fortan überhaupt nichts Überraschendes mehr ereignen wird.

♃ ♎

Dekorationswut

Es kommt gut an, den anderen für seinen erlesenen Geschmack und die adrette Anordnung beispielsweise der Kissen auf dem Sofa oder den Nippes in der Vitrine über den Klee zu loben - auch wenn man das alles im Grunde nur für totalen Kitsch hält.

♃ ♏

Kontrollzwang

Es kommt gut an, sich vom anderen beherrschen zu lassen, blindes Vertrauen entgegenzubringen und alle Pläne als genial einzustufen - auch und gerade, wenn man langfristig natürlich vorhat, das Steuer selbst zu übernehmen.

♃ ♐

Ideengeberschaft

Es kommt gut an, den anderen für seine Weltgewandtheit zu bewundern und ihm bei allen großartigen Projekten, die angestoßen werden, Genialität zu bescheinigen - auch wenn sich wahrscheinlich kaum etwas von diesem ganzen Quatsch in die Realität umsetzen lässt.

♃ ♑

Ehrenämter

Es kommt gut an, dem anderen Respekt und Achtung für ausgezeichnete Verdienste zum Wohle der Gesellschaft entgegenzubringen - auch wenn einem das eine oder andere davon ein bisschen sehr klein und billig erscheinen mag.

♃ ♒

Idealbilder

Es kommt gut an, dem anderen den Idealismus abzukaufen, ihn als Modernist und Freigeist zu schätzen - auch wenn man sich innerlich fragt, ob es sich denn da nicht hauptsächlich um Hirngespinste handelt.

♃ ♓

Traumtänzer

Es kommt gut an, dem anderen für seine Selbstlosigkeit und tiefes Mitgefühl zu danken - auch wenn man hin und wieder den Eindruck hat, dass das meiste davon doch nur Warmduscherei ist.

Saturn

♄

Wo es der Flirt ganz genau nimmt und zugleich als unangenehm empfindet

Jeder Mensch hat auch seine Grenzen und mag es, wenn diese respektiert werden. Ein förmliches Auftreten, bei dem man beispielsweise nicht „Du“, sondern „Sie“ zu einander sagt - oder aber ganz bewusst etwas Distanz von einander hält - kann manchmal schneller zu einem tieferen Kontakt führen als eine plump hervorgebrachte Anmache. Andererseits möchte sie/er aber keineswegs, dass jemand von außen kommt und einem die eigenen Prinzipien auf übertriebene Weise vorspielt. Das klingt paradox. Doch wer möchte schon im Grunde die eigene Verklemmtheit auch noch am anderen ertragen.

♄ ♈

Eingekerkert

Als absolut unangenehm wird es sie/er empfinden, wenn man starre Regeln aufstellt, die keine Spontanität mehr zulassen und einem das Gefühl von Handlungsunfähigkeit geben.

♄ ♉

Ausgeplündert

Als absolut unangenehm wird es sie/er empfinden, wenn man geizig und kleinlich ist, sich vielleicht sogar am Besitz anderer vergreifen will, sich als Schnorrer entpuppt.

♄ ♊

Maulkorb

Als absolut unangenehm wird es sie/er empfinden, wenn man dem anderen den Mund verbietet und Regeln aufstellt, was gesagt werden darf und was nicht.

♄ ♋

Kloß im Hals

Als absolut unangenehm wird es sie/er empfinden, wenn man mit dem Essen rumgeizt, strenge Tischregeln aufstellt und sogar zu Hause Manieren verlangt, wie sie eigentlich nur bei offiziellen Festbanketten üblich sind.

♄ ♌

Ausgebuht

Als absolut unangenehm wird es sie/er empfinden, wenn man mit Applaus geizt und jedes bisschen Lebensfreude mit Ansprüchen erstickt, die vielleicht für Opernstars und Nachrichtensprecher gelten, aber im privaten Bereich nun wirklich nichts zu suchen haben.

♄ ♍

Verklemmt

Als absolut unangenehm wird es sie/er empfinden, wenn der ganze Alltag derart organisiert wird, dass vor lauter Sterilität jegliche Lebendigkeit verschwindet und einem einfach nur alles total peinlich ist.

♄ ♎

Zwangsetikettiert

Als absolut unangenehm wird es sie/er empfinden, wenn die Kleideretikette dies und das vorschreibt, auf ganz bestimmte Umgangsformen total Wert gelegt wird und im Grunde zwischenmenschlich überhaupt nichts mehr läuft.

♄ ♏

Portioniert

Als absolut unangenehm wird es sie/er empfinden, wenn sexuell alles nur nach vorgegebenem Muster stattfindet, sorgsam portioniert und häppchenweise als Belohnung für angebliches Wohlverhalten. Wie soll das noch Spaß machen?

♄ ♐

Kleingemacht

Als absolut unangenehm wird es sie/er empfinden, wenn ständig belehrt wird und Vorträge gehalten werden. Neunmalkluge Besserwisser, die einem Dinge erklären, die man sowieso schon weiß, sind für jeden ein Graus.

♄ ♉

Zurechtgewiesen

Als absolut unangenehm wird es sie/er empfinden, wenn man auf Formalien pocht und die eigene Position ständig hervorkehren muss. Es gibt Wichtigeres, als permanent zu klären, wer hier das Sagen hat.

♄ ♒

Gruppenzwang

Als absolut unangenehm wird es sie/er empfinden, wenn man sich edel, selbstlos und politisch korrekt outet und ständig auf Regeln pocht, die angeblich für das Wohlergehen der Menschheit unumgänglich sind.

♄ ♓

Sterilisiert

Als absolut unangenehm wird es sie/er empfinden, wenn man sich für derart feinfühlig hält, dass die leiseste Unstimmigkeit schon Schuldgefühle auslöst und man sich in seiner eigenen Haut überhaupt nicht mehr wohl fühlt.

Uranus

♅

Welche Überraschungen sie/er liebt

Viele langfristige Bindungen haben ihren Ursprung in einer ganz plötzlichen, vollkommen unerwarteten Situation. Stress und vielleicht sogar Gefahr können bewirken, dass man sich ungeheuer nahekommt. Welche Abenteuer auf Ihren Jahrgang eine besondere Faszination ausüben, erfahren Sie nun im nächsten Abschnitt.

♅ ♈

Überraschungsangriff

Dieser Jahrgang will wirklich etwas erleben, gibt sich mit lauen Versprechungen oder abwiegelnden Hinhaltetaktiken nicht mehr zufrieden. Bevorzugte Strategie ist der Überraschungsangriff.

♅ ♉

Vorwärtsverteidigung

Dieser Jahrgang will am Besitz teilhaben, ob man damit nun einverstanden ist oder nicht. Zäune und Grenzen werden nur dann akzeptiert, wenn es sich um die eigenen handelt. Bevorzugte Strategie ist die Verteidigung des eigenen Reviers mit allen nur erdenklichen technischen Errungenschaften.

♅ ♊

Technikbesessen

Dieser Jahrgang ist geradezu technikbesessen und erfindet jeden Tag etwas Neues. Dabei kann es schon mal zu Störungen kommen, Funkensprühen ist ganz normal. Bevorzugte Strategie ist das Experiment.

♅ ♋

Schicksalsgemeinschaft

Dieser Jahrgang wartet nicht ab, bis man ihm eine Heimat gibt, sondern nimmt sie sich einfach. Familien bestehen aus Stückwerk. Man ist weniger der Abstammung halber als aus Notwendigkeit und ob gleicher Interessen vereint. Bevorzugte Strategie ist die Schicksalsgemeinschaft.

♅ ♌

Künstlergenie

Dieser Jahrgang erkennt die alten Autoritäten nicht mehr an, lehnt jede Eitelkeit ab und setzt sich doch selbst allzu gerne an die Spitze der Avantgarde. Bevorzugte Strategie ist jene des Künstlergenies.

♅ ♍

Teilzeitarbeiter

Dieser Jahrgang lehnt die alltägliche Monotonie strikt ab und will keinesfalls im Takt des Fließbands seine Lebenszeit vergeuden. Bevorzugte Strategie ist jene des Teilzeitarbeiters.

♅ ♎

Partnertausch

Dieser Jahrgang kann mit einer festen Zweierbeziehung wenig anfangen und geht am Liebsten zweigleisig vor. Bevorzugte Strategie ist das Bäumchen-wechsle-dich-Spiel.

♅ ♏

Rollentausch

Dieser Jahrgang experimentiert vorzugsweise dort, wo die Verhaltensweisen vor vorne herein festgelegt sind. Bevorzugte Strategie ist die sexuelle Revolution.

♅ ♐

Vielgötterei

Dieser Jahrgang kann mit überkommenen religiösen Konzepten überhaupt nichts anfangen und wechselt die Götter wie andere das Hemd. Bevorzugte Strategie ist der philosophische Diskurs.

♅ ♑

Berufsrevoluzzer

Dieser Jahrgang stellt Autoritäten und Staatsformen von vorne herein infrage, ist allzeit bereit, auf die Barrikaden zu steigen. Bevorzugte Strategie ist der Protestmarsch auf der Straße.

♅ ♒

Technofreak

Dieser Jahrgang hat die technische Revolution auf seine Fahnen geschrieben und ist bereit, sich selbst so gut wie eben möglich durch Roboter ersetzen zu lassen. Bevorzugte Strategie ist die Verkabelung von allem mit allem.

♅ ♓

Pixelträume

Dieser Jahrgang möchte die eigenen Träume mit der Macht des Verstandes verwirklichen - und sei es auch nur durch exzessiven Aufenthalt in virtuellen Welten. Bevorzugte Strategie ist das Verweilen im Cyberspace.

Neptun

♆

Was sie/er ohne große Worte spürt

Jeder Mensch hat einen siebten Sinn. Wenn man sich auf diese Energie einklinken kann, reicht ein Blick oder eine leichte Berührung - und der Zugang zum Herzen des anderen ist gefunden. So funktioniert es mit der Energie Neptuns. Aber Obacht: Da dieser Planet sehr lange in einem Tierkreiszeichen steht, kann seine Wirkung auf das Individuum selten genau lokalisiert werden.

♆ ♈

Energiefunke

Die meisten Menschen dieses Jahrgangs sehnen sich nach einem Funken Energie, der ihre Adern durchströmt, ausgelöst durch ein großes Gefühl, das sie mit vielen anderen teilen.

♆ ♉

Abendmahl

Die meisten Menschen dieses Jahrgangs sehnen sich nach Wohlstand und Sicherheit, sind gerne bereit, mit anderen ihr Brot und ihren sonstigen Besitz zu teilen.

♆ ♊

Kontaktwunsch

Die meisten Menschen dieses Jahrgangs sehnen sich nach Kontaktmöglichkeiten, wollen mit anderen in Austausch treten und sich selbst mitteilen können.

♆ ♋

Heimatwunsch

Die meisten Menschen dieses Jahrgangs sehnen sich nach einer Heimat, in der sie ihrer Bestimmung nachgehen und frei von Konkurrenzdenken existieren können.

♆ ♌

Starallüren

Die meisten Menschen dieses Jahrgangs sehnen sich nach Anerkennung, möchten einmal selbst im Rampenlicht stehen und die Augen des gesamten Publikums auf sich spüren.

♆ ♍

Traum von Normalität

Die meisten Menschen dieses Jahrgangs sehnen sich danach, in vernünftigen und gesicherten Verhältnissen zu leben, ganz einfach einer Arbeit nachzugehen und dafür auch ein entsprechendes Einkommen zu empfangen.

♆ ♎

Traumhochzeit

Die meisten Menschen dieses Jahrgangs sehnen sich nach einer absolut romantischen Ehe, einem Leben in Harmonie und Schönheit.

♆ ♏

Verschmelzungssehnsüchte

Die meisten Menschen dieses Jahrgangs sehnen sich nach traumhaft-erotischen Kontakten, voller Leidenschaft und inniger Nähe.

♆ ♐

Paradiesvorstellung

Die meisten Menschen dieses Jahrgangs sehnen sich nach einem paradiesischen Leben im Luxus, gesponsert von potenten Gönnern.

♆ ♑

Vaterträume

Die meisten Menschen dieses Jahrgangs sehnen sich nach liebevollen Vaterfiguren, die für alles und jeden Verständnis aufbringen, und die bereit sind, große Opfer zu bringen.

♆ ♒

Traum-Community

Die meisten Menschen dieses Jahrgangs sehnen sich nach einer weltumspannenden Gemeinschaft, in der großes Verständnis existiert und jedermanns Bedürfnis gratis befriedigt wird.

♆ ♓

Südseeparadies

Die meisten Menschen dieses Jahrgangs sehnen sich danach, zurück zu sich selbst zu finden an einem paradiesischen Plätzchen weit draußen in der Natur.

Pluto

♇

Wie Sie mit ihr/ihm in die Tiefe gehen wollen

Dieser Planet steht ebenfalls sehr lange in einem einzigen Tierkreiszeichen. Spürt man seine tiefenpsychologische Wirkung beim anderen, dann müssen dennoch mehrere andere Lichter oder Planeten in bestimmten Horoskop-Aspekten hinzutreten, um bei einer ganz speziellen Flirt-Situation voraussagbare Erfolge erreichen zu können.

Generell gilt, dass man über gemeinsame Geheimnisse oder das Ansprechen eines sorgsam gehüteten Tabus auf der Pluto-Ebene in eine magische Flirt-Situation kommen kann.

♇ ♈

Kampfgeist

Diese ganze Generation ist bereit, bis ins Letzte zu kämpfen, wenn es sich denn wirklich lohnt.

♇ ♉

Machtvoller Besitz

Diese ganze Generation spürt, welche Macht durch Besitz erlangt werden kann, und ist bereit, dafür alles zu geben.

♇ ♊

Macht der Technik

Diese ganze Generation ist von Technik begeistert und spürt die Macht, die man durch sie erlangen kann.

♇ ♋

Seelengrund

Diese ganze Generation sucht nach Heimat in ihrer urtümlichsten Form, ist bereit, alles dafür zu geben.

♇ ♌

Größenwahn

Diese ganze Generation ist bereit, ihren Stolz zu opfern, wenn es um eine höhere Sache geht, von der man selbst ein Teil ist.

♇ ♍

Analysewahn

Diese ganze Generation analysiert und kritisiert bis ins Letzte hinein, wenn sie spürt, dass es denn sein muss.

♇ ♎

Schönheitskult

Diese ganze Generation ist bereit, absolut alles für die Schönheit und eine glückliche Zweierbeziehung zu geben.

♇ ♏

Opferbereitschaft

Diese ganze Generation ist bereit, für eine sichere und feste Bindung alles zu geben, bis hin zur Selbstverleugnung.

♇ ♐

Grenzenlosigkeit

Diese ganze Generation ist bereit, für ein großzügiges Leben, in dem man Grenzen von Kultur und Zivilisation überschreitet, alles zu geben.

♇ ♉

Sicherheit

Diese ganze Generation ist bereit, für Sicherheit und Stabilität innerhalb erreichter Grenzen alles zu geben - und auch die entsprechenden Opfer in Kauf zu nehmen.

♇ ♒

Idealismus

Diese ganze Generation ist bereit, für ein idealistisches Leben, wie immer dieses auch geartet sein mag, alles zu geben.

♇ ♓

Naturliebe

Diese ganze Generation ist bereit, alles zu geben für ein Leben in der Abgeschiedenheit der Natur, sei sie in der Außen- oder der Innenwelt.

Mondknoten

☊

Wie sie/er positiv voranschreiten will

Der aufsteigende Mondknoten innerhalb der Mondknotenachse im Horoskop zeigt stets eine Lebenseinstellung und Lebenssituationen an, auf die sich der Horoskopeigner hinzubewegen möchte. Gelingt es Ihnen, Ihren Flirtpartner auf dieser Ebene anzusprechen bzw. ihm diesbezüglich etwas zu bieten, dann haben Sie beim ihm auf jeden Fall einen Stein im Brett. Ob sich das dann ausbauen lässt, zeigen gemeinsame Gestirnsverbindungen beispielsweise von Sonne und Mond oder von Venus und Mars.

☊ ♈

Action

Richtig Freude bereiten Sie diesem Flirtpartner, wenn Sie ihn mit Leuten zusammen bringen, die nicht nur phlegmatisch rumhängen, sondern ganz aktiv etwas unternehmen, mutig sind und das Abenteuer lieben.

☊ ♉

Reichtum

Richtig Freude bereiten können Sie diesem Flirtpartner, wenn Sie ihn mit Leuten zusammen bringen, die wohlhabend sind, die über Besitz verfügen und einem das Gefühl geben, selbst auch etwas wert zu sein.

♌ ♊

Kommunikativ

Richtig Freude bereiten können Sie diesem Flirtpartner, wenn Sie ihn mit Leuten zusammen bringen, die sich gerne austauschen, das Gespräch lieben und gerne auf andere Menschen zugehen.

♌ ♋

Heimat

Richtig Freude bereiten können Sie diesem Flirtpartner, wenn Sie ihn mit Leuten zusammen bringen, die Familiensinn haben und Geborgenheit schaffen können, und bei denen man sich von Anhieb an gut aufgehoben fühlt.

♌ ♌

Extrovertiert

Richtig Freude bereiten können Sie diesem Flirtpartner, wenn Sie ihn mit Leuten zusammen bringen, die gerne aus sich heraus gehen, eine gute Show lieben und zeigen, was in ihnen steckt.

♌ ♍

Service

Richtig Freude bereiten können Sie diesem Flirtpartner, wenn Sie ihn mit Leuten zusammen bringen, die den Alltag gut im Griff haben, organisieren können, gebildet und bescheiden sind, einem gerne ihre Hilfe anbieten.

♌ ♎

Kultur

Richtig Freude bereiten können Sie diesem Flirtpartner, wenn Sie ihn mit Leuten zusammen bringen, die sich für Kultur und Geistvolles interessieren, die das Wahre, Gute und Schöne lieben, die Gemeinsamkeit als Bereicherung empfinden.

♌ ♏

Tiefgang

Richtig Freude bereiten können Sie diesem Flirtpartner, wenn Sie ihn mit Leuten zusammen bringen, die Tiefgang haben und keine Angst vor Tabus haben, mit denen man über Hintergründe sprechen kann, und die Geheimnisse lieben.

♌ ♐

Weitsicht

Richtig Freude bereiten können Sie diesem Flirtpartner, wenn Sie ihn mit Leuten zusammen bringen, die einen weiten Horizont haben, mit denen man auf Reisen gehen kann, die tolerant und verständnisvoll sind, die ihrem Leben einen Sinn geben wollen.

♌ ♑

Ernsthaftigkeit

Richtig Freude bereiten können Sie diesem Flirtpartner, wenn Sie ihn mit Leuten in Kontakt bringen, die sich auch für die ernsten Dinge des Lebens interessieren, die an Politik und Karriere interessiert sind, die gerne Verantwortung übernehmen.

♌ ♒

Idealismus

Richtig Freude bereiten können Sie diesem Flirtpartner, wenn Sie ihn mit Leuten in Kontakt bringen, die einen Funken Idealismus besitzen, die die Gemeinschaft und weltumspannende Ideen lieben, die gerne auch etwas abgeben und ihr Vermögen teilen.

♌ ♓

Abgeschiedenheit

Richtig Freude bereiten können Sie diesem Flirtpartner, wenn Sie ihn mit Leuten zusammen bringen, die die Stille und Abgeschiedenheit lieben, ihre eigene Wahrheit leben wollen, feinsinnig und sensibel sind.

Chiron

⚷

Wo sie/er gewisse Macken und Schwachpunkte hat

Erstaunlicherweise kann man anderen Menschen am besten bei jenen Problemen helfen, die man auch sein Eigen nennt. Dies ist das Geheimnis des Planetoiden Chiron. Der folgende Abschnitt zeigt sowohl, in welchen Lebensbereichen das Objekt der Begierde am Unsichersten ist, als auch, ob sie/er Erfahrungen in der Helferrolle hat.

⚷ ♈

Offenbarungseid

Richtig weh tut es dieser Person, wenn man von ihr verlangt, dass sie ihren eigenen Willen erklären soll, dass Sie persönlich Stellung bezieht, dass sie selbst vorne weggeht und nicht anderen zu folgen braucht.

⚷ ♉

Mittellos

Richtig weh tut es dieser Person, wenn sie das Gefühl hat, dass man ihr die Hosen runter zieht, dass sie ihre gesamte Barschaft und ihren gesamten Besitz offen legen muss und dass sie sich am Ende dieses ganzen entwürdigenden Prozesses quasi nackt vorkommt.

⚷ ♊

Sprachfehler

Richtig weh tut es dieser Person, wenn man von ihr verlangt, dass sie sich klar und eindeutig ausdrückt, dass sie die richtigen Worte gebraucht und keinerlei Fehler in ihrer Aussprache zu erkennen sind.

⚷ ♋

Entwurzelt

Richtig weh tut es dieser Person, wenn sie an ihre Familie und ihre Herkunft denken muss, wenn es tief in die Vergangenheit geht und die Kindheit zur Sprache kommt, wenn nach Heimat gesucht wird.

⚷ ♌

Ausgelacht

Richtig weh tut es dieser Person, wenn sie in den Mittelpunkt gezerrt wird und in aller Öffentlichkeit etwas produzieren muss, wenn alle Augen auf sie gerichtet sind und die Gefahr besteht, peinlich zu wirken und der Lächerlichkeit anheimzufallen.

⚷ ♍

Ersetzbar

Richtig weh tut es dieser Person, wenn sie nicht mehr gebraucht wird und ihr der Eindruck vermittelt wird, vollkommen nutzlos zu sein, überflüssig in dieser Welt, austauschbar und ersetzlich.

⚷ ♎

Demaskiert

Richtig weh tut es dieser Person, wenn man von ihrer Attraktivität nicht mehr überzeugt ist, Falten im Gesicht erkennbar sind, die Gesichtszüge nicht mehr makellos erscheinen, der Blick in den Spiegel das wahre Alter preisgibt.

⚷ ♏

Ruderlos

Richtig weh tut es dieser Person, wenn man ihr die Kontrolle entzieht, sie sich ausgeliefert fühlt einem Spiel, auf das sie keinen Einfluss hat, oder wenn ihr die Schachfiguren des Lebens nicht mehr gehorchen.

⚷ ♐

Luft raus

Richtig weh tut es dieser Person, wenn man ihr den Schneid nicht mehr abkauft, ihre Visionen verblassen, die Hoffnung auf eine bessere Zukunft mit niemandem mehr geteilt werden kann.

⚷ ♑

Degradiert

Richtig weh tut es dieser Person, wenn man ihre Autorität nicht mehr anerkennt, die Nachfolger schon auf der Schwelle stehen, alles bislang Erreichte scheinbar wertlos ist.

⚷ ♒

Desillusioniert

Richtig weh tut es dieser Person, wenn man ihren Idealismus nicht würdigt, Gemeinschaftssinn durch Eigeninteressen zerstört wird, Engagement für andere nichts mehr zählt, sich Humorlosigkeit und tumber Stumpfsinn breitmachen.

⚷ ♓

Katerstimmung

Richtig weh tut es dieser Person, wenn Träume sich als Schäume herausstellen, der Kampf jeder gegen jeden beginnt, Mitleid keinen Wert mehr hat, sich nach dem Rausch Ernüchterung breitmacht.

Lilith

⚸

Auf welche Weise sie/er zugegebenermaßen etwas nerven könnte

Wenn Sie wahre Leidenschaft lieben, es gerne dramatisch haben und unbedingt mal so richtig die Sau durchs Dorf scheuchen wollen, dann sprechen Sie die Lilith-Seite des Objekts der Begierde an. Hier ist der Sinn für das Furienhafte geborgen, hier können Gefühle gleich Vulkanausbrüchen hervortreten, hier fordert die innere Natur empört ihr Recht. Auf Dauer könnte es allerdings zugegebenermaßen ... Siehe oben! Doch lassen Sie sich nicht gleich abschrecken. Schließlich ist die Sinnlichkeit dieser Konstellation für einen abenteuerlichen Flirt trotz allem – oder gerade deshalb - absolut optimal.

⚸ ♈

Krach

Wenn das Objekt der Begierde mal so richtig genüsslich rumzicken will, dann wird auf den Putz geschlagen und gewaltig Krach gemacht. Bloß in Deckung gehen! Das Gewitter zieht schnell weiter.

⚸ ♉

Rumbocken

Wenn das Objekt der Begierde mal so richtig genüsslich rumzicken will, dann wird gebockt auf Teufel kommt raus, dann wird so lange die Luft angehalten, bis man klein bei gibt. Widerstand zwecklos!

⚸ ♊

Quasselstrippe

Wenn das Objekt der Begierde mal so richtig genüsslich rumzicken will, dann wird gequasselt und gequatscht ohne Ende. Einfach nur Abnicken, Ja und Amen sagen. Alles andere bringt wirklich nichts.

☾ ♋

Beleidigte Leberwurst

Wenn das Objekt der Begierde mal so richtig genüsslich rumzicken will, dann wird auf beleidigt getan, dass einem das kalte Grausen kommt. Alles zugeben und Besserung geloben - auch wenn man sich absolut nichts vorzuwerfen hat!

☾ ♌

Szenen

Wenn das Objekt der Begierde mal so richtig genüsslich rumzicken will, dann werden in aller Öffentlichkeit Szenen gemacht, dass der Mob einem an die Gurgel zu gehen droht - auch wenn man selbst besagtem Objekt höchstens mal ›ne Erbse unter die siebte Matratze gelegt hat und sonst überhaupt gar nichts niemals nicht keineswegs geschehen ist.

☾ ♍

Rumkrittelei

Wenn das Objekt der Begierde mal so richtig genüsslich rumzicken will, dann wird rumgekrittelt an allem und jedem, dann kann man ihm wirklich nichts rechts machen. Man bekenne sich schuldig, weil man auf dem Küchentisch rumkrümelt und Wasserflecken auf der Spüle hinterlassen hat. Solcherart wirklich unentschuldbar!

☾ ♎

Nierenkollaps

Wenn das Objekt der Begierde mal so richtig genüsslich rumzicken will, dann hagelt es kleine spitze Bemerkungen, die auf Dauer an die Nieren gehen und einfach das Klima vergiften. Man zeige sich devot und kaufe kleine Geschenke im Juwelierladen - selbstverständlich nicht zu billige!

☾ ♏

Scheiterhaufen

Wenn das Objekt der Begierde mal so richtig genüsslich rumzicken will, dann verfolgen einen dunkle Augen in die Nacht und es hilft überhaupt nichts, wenn man vor Grausen die Bettdecke über den Kopf zieht. Freiwillig auf den Scheiterhaufen steigen und dort oben um Erlösung winseln: Das ist die einzig praktikable Lösung.

☾ ♐

Selbstjustiz

Wenn das Objekt der Begierde mal so richtig genüsslich rumzicken will, dann wird mit Feuer und Schwert Gerechtigkeit ausgeübt, gehen Richter und Henker eine Personalunion ein, werden Urteile nicht nur gefällt, sondern umgehend vollstreckt. Man plädiere auf Unzurechnungsfähigkeit!

☾ ♑

Befehl von oben

Wenn das Objekt der Begierde mal so richtig genüsslich rumzicken will, dann geht es ganz streng zu. Anweisungen ist strikt Folge zu leisten. Widerspruch wird im Keim erstickt. Man nehme untertänigst Haltung an und erwarte weitere Anweisungen.

☾ ♒

Nervensäge

Wenn das Objekt der Begierde mal so richtig genüsslich rumzicken will, dann wird Stress gemacht, bis der Herzkasperl naht und vor lauter Zuckungen alle Beruhigungspillen verschüttgehen. Man atme tief durch und spiele Blitzableiter.

☾ ♓

Delirium

Wenn das Objekt der Begierde mal so richtig genüsslich rumzicken will, dann kann der Jammer kein Ende nehmen, dann fließen die still in sich hinein geweinten Tränen in Bächen, dann ist mal wieder Land unter und beten hilft auch gar nimmer nichts mehr - aber ein guter Schnaps vielleicht schon.

Seine Stärken und Schwächen

△⚹☌□☍

Aspektkonfiguration

Aus astrologischer Sicht zeigt sich gerade im Wechselspiel der Planetenkräfte innerhalb eines Horoskops, wie die verschiedensten Persönlichkeitsanteile eines Menschen miteinander harmonieren bzw. Spannungen bilden.

Sobald es zu einer näheren Partnerschaft gekommen ist, verschwinden die Konturen. Man projiziert Charaktereigenschaften des anderen auf sich selber, wird man Teil des Systems, hat die Rolle des Beobachters verloren, gestaltet selbst die innere Struktur des anderen mit.

Im Folgenden wollen wir aus kritischer Distanz schildern, wie sie/er mit der Fülle seiner unterschiedlichsten Persönlichkeitsanteile klar kommt. Versuchen Sie, diese Aspektstruktur der Planetenkräfte zu verstehen - und vergewissern Sie sich dabei stets, dass Sie selbst über genauso viele Planeten in Ihrem eigenen Horoskop verfügen und es Ihnen selbst bestimmt auch nicht immer leicht fällt, Ihre eigenen unterschiedlichen Energien in Balance zu halten.

Trigone

△

Große Talente, die genutzt werden sollten

Generell gilt der sich über 120 Tierkreisgrade erstreckende Trigonaspekt als die günstigste Kombination zweier Planetenenergien. Sie/er hat hierbei die Möglichkeit, mehrere Kräfte harmonisch zu vereinen. Oft werden solche Chancen jedoch nicht ausreichend genutzt. Hilfreich könnten Sie sein, indem Sie sanft dabei helfen, diesen großen Schatz zum Glänzen zu bringen.

☉ △ Asc

Sonniger Auftritt

Flirt kann sich wunderbar in Szene setzen, verfügt über eine große Durchsetzungskraft, ist mehr als Fair in der Partnerschaft.

☉ △ Mc

Strahlender Aufstieg

Ganz leicht und unverkrampft setzt sie/er die ganze Persönlichkeit für die Karriere ein.

☉ △ ☽

Teamwork

Bestens kann den Flirtpartner kooperieren, d.h. sich einerseits als Chef in den Mittelpunkt setzen, wenn der Partner mitspielt, oder aber ebenso willig zum Mitläufer werden - ja nachdem, was gerade gewünscht ist.

☉ △ ♂

Konkurrenzlos

Ganz locker und unverkrampft arbeiten bei ihr/ihm die junge und die alte Generation zusammen.

☉ △ ♃

Kollegialität

Über ein so großes Selbstbewusstsein verfügt ihr/ihm, dass eifersüchtige Konkurrenzkämpfe kaum zu erwarten sind.

☉ △ ♄

Kontinuität

Es ist die Leichtigkeit, mit welcher sie/er Verantwortung übernimmt und dann auch bei der Sache bleibt, die imponiert.

☉ △ ♅

Freisinnig

Etwas Rebellisch-Unkonventionelles ist sie/er zu eigen, das zu einer erstaunlichen Kreativität führt.

☉ △ ♆

Elastisch

Mit einem ganz feinen Gespür setzt sich sie/er in den Mittelpunkt, und niemand hat daran etwas auszusetzen.

☉ △ ♇

Machtvoll

Es geht etwas Dunkles, Tiefsinniges von Ihnen aus, das aber nicht bedrohlich wirkt, da sie/er mit den verborgenen Kräften umzugehen weiß.

☉ △ ☊

Vernetzt

Flirt strahlt eine ungeheuer natürlich Autorität aus, auch deshalb, weil man sofort spürt, über welche wichtigen Kontakte sie/er verfügt.

☉ △ ⚷

Therapeutisch

Kleine oder auch große Störungen werden von Ihnen geschickt überspielt oder aber so behandelt, dass man nicht mehr unter ihnen leiden muss.

☉ △ ☾

Bodenständig

Flirt kann derart locker mit den eignen Gelüsten und Trieben umgehen, dass es ein Vergnügen ist.

☽ △ Asc

Gemütlich

Es ist für sie/ihn ein Leichtes, Wärme und Geborgenheit in eine Beziehung zu bringen.

☽ △ Mc

Unterstützend

Ob Beruf oder Familie, sie/er gehört zu jenen Menschen, die immer gerne dabei sind und sich wunderbar einfügen können.

☽ △ ☿

Verständnisvoll

Nichts Menschliches und allzu Menschliches gibt es, über das man mit ihr/ihm nicht locker reden kann.

☽ △ ♀

Unkomplizierter Genuss

Wenn es darum geht, wirklich Spaß am Leben zu haben, dann ist sie/er ein Mensch, den man unbedingt an seiner Seite haben sollte.

☽ △ ♂

Handfest

Mit ihr/ihm kann man Pferde stehlen. Wenn das kein Angebot ist!

☽ △ ♃

Wohlbefinden

Immer wieder findet sie/er Möglichkeiten, eine wohltuende und vertrauensstiftende Atmosphäre zu schaffen.

☽ △ ♄

Treue

Emotional hat sie/er einen langen Atem. Wenn einmal eine Nähe aufgebaut ist, wird alles getan, um die Verbindung nicht mehr abreißen zu lassen.

☽ △ ♅

Leichte Verbindung

Besonders über die Ferne kann den Flirtpartner gut emotionale Beziehungen aufbauen.

☽ △ ♆

Sensitivität

Es ist fast so, als ob ihr/ihm einen siebten Sinn hätte. Verständnis entsteht auch ohne große Worte.

☽ △ ♇

Tiefgang

Was im Dunklen geschieht, brauchen Sie nicht zu verbergen, denn groß ist das Einfühlungsvermögen.

☽ △ ☊

Immer dabei

Wie von selbst klinkt sich sie/er in Gruppenaktivitäten ein, ohne Komplikationen und mit viel Freude.

☽ △ ⚷

Sorgend

Für die kleinen Nöte und Sorgen hat sie/er jederzeit Verständnis und reicht mehr als einmal eine helfende Hand.

☽ △ ☾

Urweiblich

In vielen Situationen, die archaisch-mütterliche Kräfte erfordern, auch wenn es wirklich schwierig wird, kann sich sie/er problemlos zurechtfinden.

☿ △ Asc

Klare Worte

Intellektuell kann sich sie/er wunderbar durchsetzen und findet die richtigen Worte, was das tägliche Miteinander ungeheuer vereinfacht.

☿ △ MC

Richtige Ansprache

Im Beruf und auch in der Familie hilft es ungemein, dass sie/er stets die Kommunikation offen hält und nach den besten Möglichkeiten sucht, sich miteinander zu verständigen.

☿ △ ♀

Charmantes Geplauder

Ein sachliches Gespräch mit ihr/ihm kann leicht in einem Flirt enden.

☿ △ ♂

Energisch

Überlegen und klar kann sie/er handeln, weil die ganze Energie nach logischen Gesichtspunkten eingesetzt wird.

☿ △ ♃

Großer Horizont

Flirt gelingt es, in großen Zusammenhängen zu denken, Meinung mit Faktenwissen zu verbinden.

☿ △ ♄

Sachverstand

Sehr lange und ausdauernd kann den Flirtpartner die geistige Konzentration bei einer einzigen Sache halten. Dies zeigt sich auch im Verfassen von E-Mails, Briefen und manchmal sogar Büchern.

☿ △ ♅

Blitzmerker

Ungeheuer schnell kann den Flirtpartner eine Situation erfassen. An Witz und Ironie mangelt es nicht.

☿ △ ♆

Intuitives Verständnis

Der Umgang mit Worten ist für sie/ihn eine Kunst. Auf die sanften Zwischentöne wird besonderer Wert gelegt.

☿ △ ♇

Wahrheiten

Besondere Fähigkeiten entwickelt ihr/ihm, wenn es darum geht, Hintergründe einer Situation geistig zu erfassen und so genannte Tabus anzusprechen.

☿ △ ☊

Allgemeinplätze

Geschickt ergreift sie/er das Wort in Gruppen und auf Versammlungen, kann sich stets der Zustimmung sicher sein.

☿ △ ⚷

Heilende Worte

Fehler und Störungen sind für sie/ihn kein Problem. Es kommt nur darauf an, eine Situation klug zu analysieren. Und das kann den Flirtpartner zweifelsohne.

☿ △ ☾

Urtümliche Worte

Gerade jene Aspekte des Lebens, die bedrohlich erscheinen und doch ganz existenziell für ein tiefes Wohlergehen wichtig sind, spricht sie/er auf eine ganz besonders geschickte Art und Weise an.

♀ △ Asc

Liebreizend

Eine gute Stimmung schaffen, sich charmant durchsetzen und sein jeweiliges Gegenüber mit einbeziehen, das kann ihr/ihm.

♀ △ Mc

Hohe Diplomatie

Flirt weiß sich stets korrekt zu kleiden und kann im Beruf so auftreten, dass sich alle Türen öffnen.

♀ △ ♂

Kraftvolle Lust

Allen sinnlichen Vergnügungen geht sie/er energisch nach. Das verbreitet rundum Freude.

♀ △ ♃

Verwöhnaroma

Ein riesiges Vergnügen bereitet es ihr/ihm, Lustbarkeiten auf einander zu häufen - und das genau im rechten Maße, ohne Verschwendung oder Überdruss zu bewirken.

♀ △ ♄

Stilvolle Eleganz

Zur rechten Zeit das Richtige anziehen, entsprechend dem, was die Gesellschaft verlangt, elegant auftreten, mit höflicher Distanz Nähe herstellen: Das gelingt sie/er ganz besonders gut.

♀ △ ♅

Witzig

Ausnahmen bestätigen die Regel, besonders wenn es um die Liebe geht, sie/er ist stets bereit, etwas Lustiges und Witziges zu erleben.

♀ △ ♆

Streicheleien

Ganz sanft und feinfühlig kommt man sie/er am besten nahe.

♀ △ ♇

Magische Erotik

Flirt ist auch nicht abzuschrecken, wenn es in der Liebe etwas eng und schwitzig wird - ganz im Gegenteil.

♀ △ ☊

Gemeinsam genießen

In Gesellschaft fühlt sich sie/er stets wohl. Dort werden schnell neue Kontakte aufgebaut, ist es ganz einfach schön.

♀ △ ⚷

Wellness-Oase

Flirt hat überhaupt nichts dagegen, mal so richtig analysiert oder therapiert zu werden. Alles, was der Gesundheit dient, kann doch wohl auch Spaß machen – oder etwas nicht?

♀ △ ☾

Deftigst

Es kann auch schon mal etwas scheinbar abwegig zugehen, wenn sie/er Lust empfinden möchte.

♂ △ Asc

Überwältigend

Flirt kommt, sieht und siegt. Das ist die bevorzugte Strategie, zumal wenn der Partner davon mitgerissen wird.

♂ △ Mc

Arbeitseinsatz

Im Beruf und in der Familie kann den Flirtpartner große Leistungen bringen, und das auch noch mit Spaß und Freude.

♂ △ ♃

Wagemutig

Die großen Abenteuer locken den Flirtpartner nur allzu sehr. Und da keine wirklich unnötigen Gefahren eingegangen werden, ist der Erfolg fast schon garantiert.

♂ △ ♄

Athletisch

Es macht ihr/ihm wirklich Spaß, schwierige Aufgaben anzugehen. Ausdauer und Vorsicht garantieren den Erfolg.

♂ △ ♅

Schnelligkeit

Gerade über lange Distanz kann den Flirtpartner durchschlagende Wirkungen erzielen. Blitzartiges Reaktionsvermögen und Zugang zu moderner Technik machen erfolgreich.

♂ △ ♆

Schwungvoll

Es ist der richtige Rhythmus, gepaart mit großer Sensibilität, was sie/er so erfolgreich alle Kämpfe durchstehen lässt.

♂ △ ♇

Strategisch

Flirt setzt die eigenen Kräfte notfalls bis an die Grenzen ein. Eine kluge Strategie tut ihr Übriges, dass so gut wie jeder Gegner besiegt wird.

♂ △ ☊

Ansteckende Energie

Besonders in Gruppen zeigt sich das besondere Talent (, Mut zu machen und eine allgemeine Schaffensfreude zu entzünden.

♂ △ ⚷

Noteinsatz

Überall dort, wo es schwierige Probleme zu bewältigen gibt und man einfach nicht mehr weiter weiß, packt sie/er tatkräftig an und lindert die Sorgen.

♂ △ ☾

Kraftvolle Natur

Auch und gerade in schwierigen und scheinbar schicksalhaften Situationen kann den Flirtpartner zupackend handeln und sich durchsetzen.

♃ △ Asc

Jovialer Auftritt

Mit Optimismus und durch Verbreiten guter Laune setzt sie/er die eigenen Interessen und die des Partners elegant durch.

♃ △ MC

Großzügigkeit

Speziell im Beruf kann den Flirtpartner weltgewandt auftreten und erlangt das Wohlwollen wichtiger Persönlichkeiten.

♃ △ ♄

Maßvoll

Ohne den Sinn für das Machbare zu verlieren gelingt es dem Flirtpartner immer wieder, Großes zu erreichen.

♃ △ ♅

Innovativ

Neuesten Erkenntnissen gegenüber zeigt sich sie/er stets aufgeschlossen und schafft dadurch ständig ein positives Geistesklima.

♃ △ ♆

Musikalität

Ein starker Feinsinn und eine große Intuition lassen sie/ihn Dinge erreichen, von denen andere nur zu träumen wagen.

♃ △ ♇

Organisationskraft

Der Kontakt mit den Mächtigen dieser Welt macht dem Flirtpartner keine Angst. Ganz im Gegenteil: Alle Chancen werden genutzt.

♃ △ ☊

Populär

In Gesellschaft kann sie/er den eigenen Optimismus am besten ausspielen und so öffentliche Anerkennung erlangen.

♃ △ ⚷

Kluge Einstellung

Aus Fehlern zu lernen: Das ist eine Ihrer großen Stärken.

♃ △ ☾

Naturliebe

Alles, was ursprünglich ist und auch so bleiben sollte, genießt Ihren ganz besonderen Schutz.

♄ △ Asc

Stabiles Auftreten

In zwischenmenschlichen Beziehungen zeigt sie/er so viel an Verantwortungsgefühl, dass ein kalkulierbares Miteinander garantiert ist.

♄ △ MC

Stattlich

Stets gelingt es ihr/ihm, die Form zu wahren und eine Funktion verantwortungsvoll auszukleiden.

♄ △ ♅

Fortschrittlich

Veränderungen werden bei ihr/ihm in kleinen Schritten vorgenommen, ohne das Bestehende zu gefährden.

♄ △ ♆

Elegant

Es gibt bei ihr/ihm immer einen Platz für Träume und Sehnsüchte. Und es wird alles getan, damit auch Einiges davon Wirklichkeit werden kann.

♄ △ ♇

Durchgreifend

Veränderungen werden Sie gezielt und gründlich vorgenommen, mit langem Atem.

♄ △ ☊

Stabilisierend

Flirt übt auf Gruppen einen beruhigenden Einfluss aus, hält notwendige Distanz und wirkt als stabilisierender Faktor.

♄ △ ⚷

Notwendigkeiten

Wenn es darum geht, eine problematische Situation zu erkennen, dann sollte man auf Ihr realistisches Urteil setzen.

♄ △ ☾

Ernsthaft

Dem Willen der Natur wird sich sie/er stets fügen und sich bemühen, stabilisierend und beschützend einzuwirken.

♅ △ Asc

Überraschende Offenheit

Es gelingt ihr/ihm immer wieder, durch heiteres und intelligentes Auftreten eine gute Beziehung herzustellen.

♅ △ Mc

Narrenfreiheit

Die modernen und innovativen Ideen, die sie/er speziell im Berufsleben immer wieder ins Spiel bringt, fördern die Karriere ganz ungemein.

⛢ △ ♆

Hippiekultur

In Ihrer Generation werden immer wieder neue Experimente gewagt, die das soziale Zusammenleben sanft, aber grundlegend verändern.

⛢ △ ♇

Medienkultur

Gedanken und Meinungen werden in der Generation, in welcher sie/er aufwuchs, ständig ausgetauscht und führen zu immer stärkerer gesellschaftlicher Vernetzung.

⛢ △ ☊

Ausnahmezustand

Es gelingt ihr/ihm, frischen Wind in Gruppenprozesse zu bringen, wodurch sich die Menschen wieder näher kommen.

⛢ △ ⚷

Lehrreiche Erfahrungen

Auf ganz unkonventionelle Weise hilft ihr/ihm, Fehler aufzuspüren und Probleme zu lösen.

⛢ △ ☾

Sonderwege

Den eigenen im Grunde ganz natürlichen Bedürfnissen und Trieben kann den Flirtpartner auf eine ganz besondere Art und Weise Ausdruck verleihen.

♆ △ Asc

Mystisch

Auf eine seltsam feinsinnige Weise schafft es der Flirtpartner immer wieder, im direkten Kontakt zu verzaubern.

♆ △ Mc

Außenseiterposition

In der Familie und auch im Beruf setzt der Flirtpartner ganz besonders auf Fingerspitzengefühl. Und das kommt sehr gut an.

♆ △ ♇

Intuitiv

Mit einer ganzen Generation teilt sie/er den Wunsch, ab und zu über sich hinauszuwachsen und mit der ganzen Menschheit zu verschmelzen.

♆ △ ☊

Weltumspannend

Ein besonderes Gespür für die Wünsche so ziemlich aller Menschen komm dem Flirtpartner besonders in Gruppenaktivitäten zu gute.

♆ △ ⚷

Lindernd

Für die großen und kleinen Leiden der Mitmenschen hat sie/er immer ein offenes Ohr.

♆ △ ☾

Alchemie

Der inneren Stimme folgend geht sie/er ab und zu ganz spontanen und irrationalen Impulsen nach, was angenehm und inspirierend wirkt.

♇ △ Asc

Beeindruckend

Gleich beim ersten Kontakt gelingt es ihr/ihm, sein jeweiliges Gegenüber tief zu berühren und einen dauerhaften Eindruck zu hinterlassen.

♇ △ MC

Machtbewusst

Um seinen eigenen Zielen näher zu kommen, geht sie/er äußerst strategisch vor, was sich auch langfristig als nützlich erweist.

♇ △ ☊

Gruppentier

In der Gemeinschaft zeigt sie/er viel Geschick, vor allem wenn es um das Steuern gruppendynamischer Prozesse geht.

♇ △ ⚷

Transformationsprozesse

Flirt weiß oft ganz genau, welche grundlegenden Veränderungen ein Mensch vollziehen muss, um wirklich gesund zu werden.

♇ △ ☾

Ursuppe

Wie mit einem magischen Hexentrunk gelingt es dem Flirtpartner hin und wieder, tiefe Kräfte zu wecken und nützlich einzusetzen.

☊ △ Asc

Im Einklang

In Gruppenprozesse kann sich sie/er gut einbringen und auch ganz persönliche Kontakte herstellen.

♌ △ MC

Im Kollegenkreis

Wenn es darum geht, Frieden und Harmonie in Beruf und Familie zu schaffen, dann kann den Flirtpartner besonderes Geschick beweisen.

♌ △ ⚷

Gruppenheilung

Gerade unter vielen Menschen fühlt sich sie/er ganz besonders wohl und spürt, wie Probleme und Ängste immer kleiner werden.

♌ △ ☾

Massenekstase

Mal so richtig die Seele durchspülen unter Freunden und Gleichgesinnten, das tut ihr/ihm wirklich gut.

⚷ △ Asc

Heilende Begegnung

Es ist immer wieder erstaunlich, wie leicht sie/er im persönlichen Kontakt die eigenen Fehler und Macken nimmt, und wie sehr das auch bei seinem jeweiligen Gegenüber Hemmungen abbaut.

⚷ △ MC

Heilende Berufung

Es scheint zu Ihren Aufgaben zu gehören, in Familie und Beruf menschliche Fehler und Nöte zu erkennen und entsprechend heilsam zu wirken.

⚷ △ ☽

Gesundungsprozesse

Im Kontakt auch mit den ungewöhnlichsten Menschen gelingt es ihr/ihm, einen positiven Austausch herzustellen.

☽ △ Asc

Tabuloser Umgang

Derart locker weist sie/er auf die eigenen Gelüste und Leidenschaften hin, dass es richtig Spaß macht, darauf einzugehen.

☽ △ MC

Außergewöhnliche Position

In puncto Beruf und Familie hat sie/er Möglichkeiten zur Hand, die zwar für die meisten Menschen undenkbar sind, aber dennoch zum Erfolg führen.

Sextile

⚹

Kleine Chancen, die oft übersehen werden

Planeten, die in einem Winkel von 60 Tierkreisgraden voneinander entfernt sind, haben eine günstige Wirkung auf einander, gleich zwei Nachbarn, die nahe bei einander wohnen - zwar nicht zu nahe, um sich gegenseitig auf die Füße zu treten, aber auch nicht derart weit voneinander entfernt, als dass man sich vergessen würde. Es kann sein, dass sie/er es vollkommen selbstverständlich findet, in jenen Lebensbereichen, die Sie berühren, leicht und einfach zu agieren. Dann fehlt etwas von dem Druck, den es braucht, um wirklich etwas Großes entstehen zu lassen. Das Glück drängt sich halt nicht auf.

☉ ⚹ Asc

Sonnige Präsentation

Flirt kann sich wunderbar in Szene setzen, verfügt über große Durchsetzungskraft, ist mehr als Fair in der Partnerschaft.

☉ ⚹ Mc

Strahlend aufsteigen

Ganz leicht und unverkrampft setzt sie/er die ganze Persönlichkeit für die Karriere ein.

☉ ⚹ ☽

Gemeinsam voran

Bestens kann den Flirtpartner kooperieren und sich als Chef zeigen, dann aber auch willig zum Mitläufer werden, je nachdem, was vom Partner gewünscht wird.

☉ ⚹ ♂

Ohne Konkurrenz

Ganz locker und unverkrampft arbeiten die junge und die alte Generation bei ihr/ihm zusammen.

☉ ⚹ ♃

Unter Kollegen

Über ein so großes Selbstbewusstsein verfügt ihr/ihm, dass eifersüchtige Konkurrenzkämpfe kaum zu erwarten sind.

☉ ⚹ ♄

Kontinuierlich

Es ist die Leichtigkeit, mit welcher sie/er Verantwortung übernimmt und dann auch bei der Sache bleibt, die imponiert.

☉ ⚹ ♅

Mit Freisinn

Etwas Rebellisch-Unkonventionelles ist dem Flirtpartner zu eigen, das zu einer erstaunlichen Kreativität führt.

☉ ⚹ ♆

Elastizität

Mit einem ganz feinen Gespür setzt sich sie/er in den Mittelpunkt, und niemand hat daran etwas auszusetzen.

☉ ⚹ ♇

Voller Macht

Es geht etwas Dunkles, Tiefsinniges von Ihnen aus, das aber nicht bedrohlich wirkt, da sie/er mit den verborgenen Kräften umzugehen weiß.

☉ ⚹ ☊

Kontaktet

Flirt strahlt eine ungeheure natürliche Autorität aus, auch deshalb, weil man sofort spürt, über welche wichtigen Kontakte sie/er verfügt.

☉ ⚹ ⚷

Gute Therapie

Kleine oder auch große Störungen werden von Ihnen geschickt überspielt oder aber so behandelt, dass man nicht mehr unter ihnen leiden muss.

☉ ⚹ ⚸

Am Boden bleibend

Flirt kann derart locker mit den eignen Gelüsten und Trieben umgehen, dass es ein Vergnügen ist.

☽ ⚹ Asc

Mit Gemüt

Es ist für sie/ihn ein Leichtes, Wärme und Geborgenheit in eine Beziehung zu bringen.

☽ ⚹ Mc

Unterstützung liefernd

Ob Beruf oder Familie, sie/er gehört zu jenen Menschen, die immer gerne dabei sind und sich wunderbar einfügen können.

☽ ⚹ ☿

Großes Verständnis

Nichts Menschliches und allzu Menschliches gibt es, über das man mit ihr/ihm nicht locker reden kann.

☽ ⚹ ♀

Komplikationslos genießen

Wenn es darum geht, wirklich Spaß am Leben zu haben, dann ist sie/er ein Mensch, den man unbedingt an seiner Seite haben sollte.

☽ ⚹ ♂

Immer dabei

Mit ihr/ihm kann man Pferde stehlen. Wenn das kein Angebot ist!

☽ ⚹ ♃

Sehr zum Wohl

Immer wieder findet sie/er Möglichkeiten, eine wohltuende und vertrauensstiftende Atmosphäre zu schaffen.

☽ ⚹ ♄

Sehr treu

Emotional hat sie/er einen langen Atem. Wenn einmal eine Nähe aufgebaut ist, wird alles getan, um die Verbindung nicht mehr abreißen zu lassen.

☽ ⚹ ♅

Gut verbunden

Besonders über die Ferne kann den Flirtpartner gut emotionale Beziehungen aufbauen.

☽ ⚹ ♆

Angenehm sensibel

Es ist fast so, als ob ihr/ihm einen siebten Sinn hätte: Verständnis entsteht auch ohne große Worte.

☽ ⚹ ♇

In die Tiefe gehend

Was im Dunklen geschieht, brauchen Sie nicht zu verbergen, denn groß ist das Einfühlungsvermögen.

☽ ⚹ ☊

Gemeinsamkeiten

Wie von selbst klinkt sich sie/er in Gruppenaktivitäten ein, ohne Komplikationen und mit viel Freude.

☽ ⚹ ⚷

Fürsorge

Für die kleinen Nöte und Sorgen hat sie/er jederzeit Verständnis und reicht eine helfende Hand.

☽ ⚹ ⚸

Mit urweiblicher Kraft

In vielen Situationen, die archaisch-mütterliche Kräfte erfordern, kann sich sie/er problemlos zurechtfinden.

☿ ⚹ Asc

Mit klaren Worten

Intellektuell kann sich sie/er wunderbar durchsetzen und findet die richtigen Worte, was das tägliche Miteinander ungeheuer einfach macht.

☿ ⚹ M©

Richtig ansprechend

Im Beruf und auch in der Familie hilft es ungemein, dass sie/er stets die Kommunikation offen hält und nach den besten Möglichkeiten sucht, sich miteinander zu verständigen.

☿ ⚹ ♀

Charmant plaudernd

Ein sachliches Gespräch mit ihr/ihm kann leicht in einem Flirt enden.

☿ ⚹ ♂

Mit viel Kraft

Überlegen und klar kann den Flirtpartner handeln, weil die ganze Energie nach logischen Gesichtspunkten eingesetzt wird.

☿ ⚹ ♃

Weiter Blick

Flirt gelingt es, in großen Zusammenhängen zu denken, Meinung mit Faktenwissen zu verbinden.

☿ ⚹ ♄

Die Sache verstehend

Sehr lange und ausdauernd kann den Flirtpartner die geistige Konzentration bei einer einzigen Sache halten. Dies zeigt sich auch im Verfassen von E-Mails, Briefen und manchmal sogar Büchern.

☿ ⚹ ♅

Blitzschnell begreifend

Ungeheuer schnell kann den Flirtpartner eine Situation erfassen, an Witz und Ironie mangelt es nicht.

☿ ⚹ ♆

Intuitiv verstehend

Der Umgang mit Worten ist für sie/ihn eine Kunst. Auf die sanften Zwischentöne wird besonders Wert gelegt.

☿ ⚹ ♇

Geistige Erfassung

Besondere Fähigkeiten entwickelt ihr/ihm, wenn es darum geht, Hintergründe einer Situation geistig zu erfassen und so genannte Tabus anzusprechen.

☿ ⚹ ☊

Allgemeine Zustimmung

Geschickt ergreift sie/er das Wort in Gruppen und auf Versammlungen, kann sich stets der Zustimmung sicher sein.

☿ ⚹ ⚷

Mit Worten heilen

Fehler und Störungen sind für sie/ihn kein Problem. Es kommt nur darauf an, eine Situation klug zu analysieren. Und das kann den Flirtpartner zweifelsohne.

☿ ⚹ ⚸

Sprache des Lebens

Gerade jene Aspekte des Lebens, die bedrohlich erscheinen und doch ganz existenziell für ein tiefes Wohlergehen wichtig sind, spricht sie/er auf eine ganz besonders geschickte Art und Weise an.

♀ ⚹ Asc

Liebe und Reiz

Eine gute Stimmung schaffen, sich charmant durchsetzen und sein jeweiliges Gegenüber mit einbeziehen, das kann der Flirtpartner.

♀ ⚹ Mc

Diplomatisches Vorgehen

Flirt weiß sich stets korrekt zu kleiden und kann im Beruf so auftreten, dass sich alle Türen öffnen.

♀ ⚹ ♂

Kraft und Lust

Allen sinnlichen Vergnügungen geht sie/er energisch nach. Das verbreitet rundum Freude.

♀ ⚹ ♃

Verwöhnend

Ein riesiges Vergnügen bereitet es ihr/ihm, Lustbarkeiten zu kombinieren, und das genau im rechten Maße, ohne Verschwendung oder Überdruss zu bewirken.

♀ ⚹ ♄

Mit Stil

Zur rechten Zeit das Richtige anziehen, entsprechend dem, was die Gesellschaft verlangt, elegant auftreten, mit höflicher Distanz Nähe herstellen: Das gelingt dem Flirtpartner ganz besonders gut.

♀ ⚹ ♅

Gewitzt

Ausnahmen bestätigen die Regel, besonders wenn es um die Liebe geht, sie/er ist stets bereit, etwas Lustiges und Witziges zu erleben.

♀ ⚹ ♆

Streichelnd

Ganz sanft und feinfühlig kommt man sie/er am besten nahe.

♀ ⚹ ♇

Magisch und Erotisch

Flirt ist auch nicht abzuschrecken, wenn es in der Liebe etwas eng und schwitzig wird - ganz im Gegenteil.

♀ ⚹ ☊

Gemeinsamer Genuss

In Gesellschaft fühlt sich sie/er stets wohl. Dort werden schnell neue Kontakte aufgebaut, ist es ganz einfach schön.

♀ ⚹ ⚷

Eine Oase der Lust

Flirt hat überhaupt nichts dagegen, mal so richtig analysiert oder therapiert zu werden. Alles, was der Gesundheit dient, kann doch wohl auch Spaß machen, oder?

♀ ⚹ ☾

Deftige Gelüste

Es kann auch schon mal etwas scheinbar abwegig zugehen, wenn sie/er Lust empfinden will.

♂ ⚹ Asc

Überwältigender Auftritt

Flirt kommt, sieht und siegt. Das ist die bevorzugte Strategie, zumal wenn der Partner davon mitgerissen wird.

♂ ⚹ Mc

Einsatz für die Arbeit

Im Beruf und in der Familie kann den Flirtpartner große Leistungen bringen - und das auch noch mit Spaß und Freude.

♂ ⚹ ♃

Wagend und mutig

Die großen Abenteuer locken den Flirtpartner nur allzu sehr. Und da keine wirklich unnötigen Gefahren eingegangen werden, ist der Erfolg fast schon garantiert.

♂ ⚹ ♄

Athletischer Krafteinsatz

Es macht dem Flirtpartner wirklich Spaß, schwierige Aufgaben anzugehen. Ausdauer und Vorsicht garantieren den Erfolg.

♂ ⚹ ♅

Schnell voran

Gerade über lange Distanz kann den Flirtpartner durchschlagende Wirkungen erzielen. Blitzartiges Reaktionsvermögen und Zugang zu moderner Technik machen erfolgreich.

♂ ⚹ ♆

Mit viel Schwung

Es ist der richtige Rhythmus, gepaart mit großer Sensibilität, was sie/er so erfolgreich alle Kämpfe durchstehen lässt.

♂ ⚹ ♇

Strategische Durchsetzung

Flirt setzt die eigenen Kräfte notfalls bis an die Grenzen ein. Eine kluge Strategie tut ihr Übriges, dass so gut wie jeder Gegner besiegt wird.

♂ ⚹ ☊

Energie steckt an

Besonders in Gruppen zeigt sich das besondere Talent (, Mut zu machen und eine allgemeine Schaffensfreude zu entzünden.

♂ ⚹ ⚷

Einsatz in der Not

Überall dort, wo es schwierige Probleme zu bewältigen gibt und man einfach nicht mehr weiter weiß, packt sie/er tatkräftig an und lindert die Sorgen.

♂ ⚹ ☾

Die Kraft der Natur

Auch und gerade in schwierigen und scheinbar schicksalhaften Situationen kann den Flirtpartner zupackend handeln und sich durchsetzen.

♃ ⚹ Asc

Jovial auftretend

Mit Optimismus und durch Verbreiten guter Laune setzt sie/er die eigenen Interessen und die des Partners elegant durch.

♃ ⚹ MC

Großzügig positionieren

Speziell im Beruf kann den Flirtpartner weltgewandt auftreten und erlangt das Wohlwollen wichtiger Persönlichkeiten.

♃ ⚹ ♄

Mit Maß

Ohne den Sinn für das Machbare zu verlieren gelingt es dem Flirtpartner immer wieder, Großes zu erreichen.

♃ ⚹ ♅

Innovationen wagen

Neuesten Erkenntnissen gegenüber zeigt sich sie/er stets aufgeschlossen und schafft dadurch ständig ein positives Geistesklima.

♃ ⚹ ♆

Mit Musik und Eleganz

Ein starker Feinsinn und eine große Intuition lassen sie/ihn Dinge erreichen, von denen andere nur zu träumen wagen.

♃ ⚹ ♇

Organisatorische Kraft

Der Kontakt mit den Mächtigen dieser Welt mach dem Flirtpartner keine Angst. Ganz im Gegenteil: Alle Chancen werden genutzt.

♃ ⚹ ☊

Populistisch

In Gesellschaft kann den Flirtpartner den eigenen Optimismus am besten ausspielen und so öffentliche Anerkennung erlangen.

♃ ⚹ ⚷

Klugheit

Aus Fehlern zu lernen, das ist eine der großen Stärken.

♃ ⚹ ☾

Die Natur lieben

Alles, was ursprünglich ist und auch so bleiben sollte, genießt den ganz besonderen Schutz.

♄ ⚹ Asc

Stabilität vermittelnd

In zwischenmenschlichen Beziehungen zeigt sie/er so viel an Verantwortungsgefühl, dass ein kalkulierbares Miteinander garantiert ist.

♄ ⚹ MC

Ein stattliches Auftreten

Stets gelingt es ihr/ihm, die Form zu wahren und eine Funktion verantwortungsvoll auszukleiden.

♄ ⚹ ♅

Dem Fortschritt verpflichtet

Veränderungen werden bei ihr/ihm in kleinen Schritten vorgenommen, ohne das Bestehende zu gefährden.

♄ ⚹ ♆

Eleganz

Es gibt bei ihr/ihm immer einen Platz für Träume und Sehnsüchte, und es wird alles getan, damit auch einiges davon Wirklichkeit werden kann.

♄ ⚹ ♇

Tief durchgreifend

Veränderungen werden gezielt und gründlich vorgenommen, mit langem Atem.

♄ ⚹ ☊

Stabilität bewirken

Flirt übt auf Gruppen einen beruhigenden Einfluss aus, hält notwendige Distanz und wirkt als stabilisierender Faktor.

♄ ⚹ ⚷

Das Notwendige erkennen

Wenn es darum geht, eine problematische Situation zu erkennen, dann sollte man auf Ihr realistisches Urteil setzen.

♄ ⚹ ☾

Mit Ernsthaftigkeit

Dem Willen der Natur wird sich sie/er stets fügen und sich bemühen, stabilisierend und beschützend einzuwirken.

♅ ⚹ Asc

Überraschend offen

Es gelingt es dem Flirtpartner immer wieder, durch heiteres und intelligentes Auftreten eine gute Beziehung herzustellen.

♅ ⚹ Mc

Die Freiheit eines Narren

Die modernen und innovativen Ideen, die sie/er speziell im Berufsleben immer wieder ins Spiel bringt, fördern die Karriere ganz ungemein.

⛢ ⚹ ♆

Kultur der Hippies

In Ihrer Generation werden immer wieder neue Experimente gewagt, die das soziale Zusammenleben sanft, aber grundlegend verändern.

⛢ ⚹ ♇

Mediale Kultur

Gedanken und Meinungen werden in der Generation, in welcher sie/er aufwuchs, ständig ausgetauscht und führen zu immer stärkerer gesellschaftlicher Vernetzung.

⛢ ⚹ ☊

Zustand der Ausnahme

Es gelingt ihr/ihm, frischen Wind in Gruppenprozesse zu bringen, wodurch sich die Menschen wieder näher kommen.

⛢ ⚹ ⚷

Aus Erfahrung lernen

Auf ganz unkonventionelle Weise hilft ihr/ihm, Fehler aufzuspüren und Probleme zu lösen.

⛢ ⚹ ☾

Sonderbare Wege gehend

Die eigenen im Grunde ganz natürlichen Bedürfnissen und Trieben kann den Flirtpartner auf eine ganz besondere Art und Weise Ausdruck verleihen.

♆ ⚹ Asc

Mit Mystik

Auf eine seltsam feinsinnige Weise schafft et sie/er immer wieder, im direkten Kontakt zu verzaubern.

♆ ⚹ Mc

Position eines Außenseiters

In der Familie und auch im Beruf setzt sie/er ganz besonders auf Fingerspitzengefühl. Und das kommt sehr gut an.

♆ ⚹ ♇

Mit Intuition

Mit einer ganzen Generation teilt sie/er den Wunsch, ab und zu über sich hinauszuwachsen und dann mit der ganzen Menschheit zu verschmelzen.

♆ ⚹ ☊

Die Welt umspannen

Ein besonderes Gespür für die Wünsche so ziemlich aller Menschen kommt sie/er besonders in Gruppenaktivitäten zu gute.

♆ ⚹ ⚷

Sorgen lindern

Für die großen und kleinen Leiden der Mitmenschen hat sie/er immer ein offenes Ohr.

♆ ⚹ ☾

Alchemistische Wege

Der inneren Stimme folgend geht sie/er ab und zu ganz spontanen und irrationalen Impulsen nach, was angenehm und inspirierend wirkt.

♇ ⚹ Asc

Eindruck machen

Gleich beim ersten Kontakt gelingt es ihr/ihm, sein jeweiliges Gegenüber tief zu berühren und einen dauerhaften Eindruck zu hinterlassen.

♇ ⚹ Mc

Der Macht bewusst sein

Um seinen eigenen Zielen näher zu kommen, geht sie/er äußerst strategisch vor, was sich auch langfristig als nützlich erweist.

♇ ⚹ ☊

In der Gruppe agieren

In der Gemeinschaft zeigt sie/er viel Geschick, vor allem wenn es um das Steuern gruppendynamischer Prozesse geht.

♇ ⚹ ⚷

Prozesse der Transformation

Flirt weiß oft ganz genau, welche grundlegenden Veränderungen ein Mensch vollziehen muss, um wirklich gesund zu werden.

♇ ⚹ ☾

Urtümliche Kraft

Wie mit einem magischen Hexentrunk gelingt e. Sie/er hin und wieder, tiefe Kräfte zu wecken und nützlich einzusetzen.

☊ ⚹ Asc

Einklang herstellend

In Gruppenprozesse kann sich sie/er gut einbringen und auch ganz persönliche Kontakte herstellen.

☊ ⚹ Mc

Im Kreis der Kollegen

Wenn es darum geht, Frieden und Harmonie in Beruf und Familie zu schaffen, dann kann den Flirtpartner besonderes Geschick beweisen.

☊ ⚹ ⚷

Heilung in der Gruppe

Gerade unter vielen Menschen fühlt sich sie/er ganz besonders wohl und spürt, wie Probleme und Ängste immer kleiner werden.

☊ ⚹ ☽

Ekstase der Massen

Mal so richtig die Seele durchspülen unter Freunden und Gleichgesinnten, das tut sie/er wirklich gut.

⚷ ⚹ Asc

In der Begegnung heilen

Es ist immer wieder erstaunlich, wie leicht sie/er im persönlichen Kontakt die eigenen Fehler und Macken nimmt, und wie sehr das auch bei seinem jeweiligen Gegenüber Hemmungen abbaut.

⚷ ⚹ MC

Im Beruf heilen

Es scheint zu Ihren Aufgaben zu gehören, in Familie und Beruf menschliche Fehler und Nöte zu erkennen und entsprechend heilsam zu wirken.

⚷ ⚹ ☾

Prozess der Gesundung

Im Kontakt auch mit den ungewöhnlichsten Menschen gelingt es ihr/ihm, einen positiven Austausch herzustellen.

☾ ⚹ Asc

Umgang ohne Tabus

Derart locker weist sie/er auf die eigenen Gelüste und Leidenschaften hin, dass es richtig Spaß macht, darauf einzugehen.

☾ ⚹ MC

Position am Rande

In puncto Beruf und Familie hat sie/er Möglichkeiten zur Hand, die zwar für die meisten Menschen undenkbar sind, aber dennoch zum Erfolg führen.

Konjunktionen

☌

Wie in der Enge des Mutterbauchs

Sicherlich ist es ein Glück, ein Zwillings-Geschwisterchen zu haben. Bereits im Mutterbauch kann man sich über Einsamkeit wirklich nicht beklagen. Die Schattenseite der Medaille ist, dass einem bereits dort einiges weggefressen wird - und sei es auch nur das nährende Nabelschnur-Blut.

So ungefähr muss man sich die Auswirkungen einer Planetenkonjunktion vorstellen. Zwei Gestirne stehen im Horoskop, im Idealfall null Grad voneinander entfernt. Im Idealfall vereinen sich die Kräfte beider zu einem großen Ganzen. Doch meistens tritt die Energie des einen Planeten zugunsten des anderen in den Hintergrund. Wer mit Konjunktionen im Horoskop geboren ist, gilt als kraftvoll und zugleich einseitig. Andere Menschen projizieren nur allzu oft ihre geliebten oder möglicherweise auch ungeliebten Planeteneigenschaften auf diesen Menschen. Es ist auch für sie/ihn nicht leicht, aus der Projektionsfalle herauszukommen.

☉ ☌ Asc

Unmittelbar

Ganz spontan und unmittelbar ist ihr/ihm. Im Hier und Jetzt wird der Wille spontan umgesetzt. Das fasziniert entweder - oder geht ganz gehörig auf die Nerven.

☉ ☌ Mc

Maßgeblich

Am Liebsten steht sie/er ganz oben an der Spitze einer Hierarchie. Alles hat sich danach zu orientieren.

☉ ☌ ☽

Neumond

Flirt ist etwas einseitig in der persönlichen Ausrichtung, hat Schwierigkeiten, sich in andere Menschen hineinzuversetzen.

☉ ☌ ☿

Subjektiv

Flirt setzt mit so großem Willen seine Gedanken durch, dass hin und wieder die Sicherungen durchbrennen können.

☉ ☌ ♀

Selbstverliebtheit

Was sie/er für schön und gut hält, das möge doch bitteschön auch für andere Menschen gelten.

☉ ☌ ♂

Energisch

Zuerst einmal und vor allem setzt sie/er die eigenen Interessen durch. Dafür steht eine Menge Kraft zur Verfügung.

☉ ☌ ♃

Prachtvoll

Gerne setzt sich sie/er groß in Szene, liebt prächtige Auftritte und zeigt sich in gönnerhaften Posen.

☉ ☌ ♄

Zurückhaltend

Es fällt ihr/ihm nicht leicht, im Mittelpunkt zu stehen. Wenn es denn überhaupt sein muss, dann doch bitte in öffentlicher oder zumindest maßgeblicher Position.

☉ ☌ ♅

Clown

Die Rolle des Unterhalters und Sonderlings liegt sie/er am besten. Und es macht am meisten Spaß, die Anderen mit witzigen Einfällen zu überraschen.

☉ ☌ ♆

Hypnose

In der Maske einer Traumfee oder eines Illusionisten kann den Flirtpartner sich am besten ausdrücken. Ansonsten ist die Empfindsamkeit einfach zu groß, als dass das wahre Gesicht gezeigt werden könnte.

☉ ☌ ♇

Magie

Flirt braucht zwischen sich und der Welt einen Plan bzw. ein Konzept, verbirgt sein eigentliches Wesen gerne hinter machtvollem Zauber. Nur selten ist genug Mut vorhanden, sich unverhüllt zu zeigen.

☉ ☌ ☊

Vorwärts gerichtet

In der Öffentlichkeit und in der Bewegung auf neue Ziele hin kann den Flirtpartner am leichtesten Selbstbewusstsein zeigen. Der Blick zurück wird so gut möglich vermieden.

☉ ☌ ⚷

Heilend

Am besten geht es dem Flirtpartner beim Umsorgen und Pflegen von Schwachen und Kranken, wenn von eigenen Schwächen und Fehlern am leichtesten abgelenkt werden kann.

☉ ☌ ⚸

Rebellion

Die Natur, natürliche Bedürfnisse und Leidenschaften sind für sie/ihn ganz besonders wichtig. Und in der trotzigen Zurschaustellung all dessen kann der Flirtkontakt ganz besonders glänzen.

☽ ☌ Asc

Beeindruckbar

Was sie/er gerade fühlt, welche Laune momentan im Vordergrund steht, wie sie/er auf eine Situation oder einen Menschen reagiert, das ist ganz offensichtlich erkennbar.

☽ ☌ MC

Förmlich

In einer öffentlichen Institution ist sie/er am besten in der Lage, Wärme und Mitgefühl zu zeigen. Dort entsteht auch so etwas wie eine zweite Heimat.

☽ ☌ ☿

Emotionaler Ausdruck

Gedanken sind bei ihr/ihm ganz stark an Gefühle gekoppelt. Und so verläuft die Argumentation oft nicht logisch und linear, sondern kreisförmig, in Spiralen und verspielten Windungen.

☽ ☌ ♀

Schön gemütlich

Auch wen, sie/er versucht, Geborgenheit und Erotik zusammen zu bringen, so wird in der Realität doch meist das eine zugunsten des anderen zurückstehen müssen.

☽ ☌ ♂

Burschikos

Rau, aber herzlich geht es bei ihr/ihm zu. Gefühle müssen ganz einfach ihren Weg finden. Da wird nicht lange gefackelt. So schnell wie Streit ausbrechen kann, ist er auch schon wieder vergessen.

☽ ☌ ♃

Fernweh

Nirgendwo oder überall zu Hause sein, das ist die Alternative, vor die sich sie/er manchmal gestellt fühlt. Vertrauen ist ganz wichtig zum Wohlfühlen.

☽ ☌ ♄

Trocken

Immer wieder muss sich sie/er bemühen, Einsamkeitsgefühle zu überwinden und Wärme annehmen zu können.

☽ ☌ ♅

Berührungsscheu

Geborgenheit entsteht für sie/ihn immer nur in ganz flüchtigen Momenten. Und wenn sich wirkliche Nähe zu entwickeln scheint, dann begibt sich sie/er selbst auf die Flucht.

☽ ☌ ♆

Zerfließend

Ganz nahe am Wasser gebaut ist ihr/ihm. Der Wunsch, sich Gefühlsregungen hinzugeben, kann zu einer Sucht ausarten, sodass die Ich-Grenzen vollkommen verschwinden.

☽ ☌ ♇

Dunkel

Gefühle von Schuld und Sühne spielen in Ihrem Leben eine große Rolle. Eine enge emotionale Bindung wird auf jeden Fall angestrebt, mit allen Konsequenzen.

☽ ☌ ☊

Übereinstimmung

Wenn eine positive Entwicklung absehbar ist und viele Menschen darin involviert sind, fühlt sich sie/er im Allgemeinen sehr wohl.

☽ ☌ ⚷

Verlassenheitsgefühle

Dem Ideal einer in sich ruhenden Persönlichkeit, die aus der Kraft der eigenen Identität heraus ganz entspannt im Leben steht, wir der Flirtpartner selten entsprechen können.

☽ ☌ ☾

Gestörtes Urvertrauen

Flirt wird immer wieder zu den ursprünglich, wild-archaischen Quellen der Psyche zurückkehren müssen, um sich seiner selbst sicher zu sein.

☿ ☌ Asc

Geschwätzig

Small Talk ist etwas, das sie/er absolut schätzt, am liebsten aus dem eigenen Munde. Zuhören können ja die anderen. Sie/er gibt den Ton an.

☿ ☌ Mc

Große Töne

Richtlinienkompetenz ist etwas, das sie/er sehr schätzt, vor allem im Ansprechen von scheinbar ganz wichtigen Dingen. Nebensächlichkeiten lasse man bitteschön außen vor.

☿ ☌ ♀

Geplapper

Über ganz unverbindliches Gerede kommt man sie/er schnell näher. Charmant muss es zugehen. Und nicht zu viel Tiefgang bitteschön.

☿ ☌ ♂

Action

Laut kann es schon mal hergehen, wenn sie/er das Wort ergreift. Nicht alles, um das gestritten wird, ist wortwörtlich zu nehmen.

☿ ☌ ♃

Bildersprache

In ein Gleichnis kann den Flirtpartner noch am besten die eigenen Gedanken kleiden. Nicht das Detail ist wichtig, nicht das, was man sagt, sondern eher das, was gemeint ist.

☿ ☌ ♄

Auserlesen

Flirt legt die Worte gerne auf die Goldwaage, bevor sie den Mund verlassen, und entscheidet sich im Zweifelsfall dafür, Stillschweigen zu bewahren.

☿ ☌ ♅

Aussetzer

Die Gedanken sprudeln bei ihr/ihm so schnell heraus, dass die Zunge mit dem Tempo nicht hinterherkommt.

☿ ☌ ♆

Singend

Es sind mehr Ahnungen denn logische Sinnzusammenhänge, die sie/er mitteilen möchte. Wo Worte nicht ausreichen, da bieten sich andere Wege der Mitteilung an, beispielsweise Lied und Gesang.

☿ ☌ ♇

Geheimnisse

Manchmal liegt ein gewisser Schatten auf den Worten (. Dann muss man ganz genau hinhören. Wichtig ist vor allem das, vorüber nicht gesprochen wird.

☿ ☌ ☊

Austausch bringt weiter

Wenn sich sie/er in der Gesellschaft wohlfühlt und mit den richtigen Menschen in Kontakt kommt, dann stimmt einfach alles.

☿ ☌ ⚷

Kompliziert

Wen sie/er sich zu exakt ausdrücken möchte, findet die Zunge oft nicht die richtigen Worte. Das Ganze sollte mit Humor genommen werden.

☿ ☌ ☾

Urtümliche Ausdrucksweise

Zu gewissen Zeiten neigt sie/er dazu, sich recht eigenwillig auszudrücken. Die Worte kommen dann tief aus dem Inneren und können anfangs doch ganz schön provozieren.

♀ ☌ Asc

Charmanter Angriff

Wenn sie/er bei guter Laune ist und sich selbst wirklich mag, dann bekommt das die Umgebung in Nullkommanichts mit - ob sie will oder nicht!

♀ ☌ Mc

Förmlichkeit

Es ist so, als ob sich sie/er ständig wie ein Politiker in der Öffentlichkeit bewegt. Kleidung und Auftreten haben immer etwas Förmliches, entsprechen gutem Standard.

♀ ☌ ♂

Zänkisch

Liebe und Hass liegen bei ihr/ihm ungeheuer nahe zusammen. Ein Streit kann schnell im Bett enden, ein romantischer Flirt aber auch zu wütender Auseinandersetzung führen.

♀ ☌ ♃

Voll Genuss

Flirt liebt es üppig. Ein Genuss häuft sich auf den anderen. Es kann einfach nicht genug geben. Was gibt es schöneres!

♀ ☌ ♄

Klassischer Stil

Flirt hat eine ganz besondere Meinung darüber, was schön und was harmonisch zu sein hat. Darüber lässt sich mit ihr/ihm nur schwerlich diskutieren.

♀ ☌ ♅

Fernliebe

Freiheit spielt für sie/ihn eine derartig große Rolle, dass kaum für längere Zeit ein harmonischer Kontakt entsteht, es sei denn, auf große Distanz.

♀ ☌ ♆

Zerschmelzend

Zart und feinsinnig hat es der Flirtpartner am liebsten. Da reicht ein einzelner Mensch als Adressat kaum aus. Die ganze Welt will umarmt werden.

♀ ☌ ♇

Gequetscht

Flirt liebt es, ganz eng und intensiv berührt zu werden, ein wenig unter Druck zu stehen und wirklich gemeint zu werden.

♀ ☌ ☊

Immer schöner

Es tut ihr/ihm gut, Charme und Diplomatie zu wagen, sich freundlich auf die Menschen zuzubewegen, ein lächelndes Gesicht zu zeigen.

♀ ☌ ⚷

Schöne Macken

Etwas scheint immer zu fehlen, nie sind Sie schön genug. Es liegt auch an diesem übermäßigen Bemühen. Es ist doch kein Mensch makellos!

♀ ☌ ☾

Charme mit Biss

Eine Vorliebe fürs Hexenhafte zeichnen den Flirtpartner aus. Ganz urtümliche Triebe lauern unter der kultivierten Fassade.

♂ ☌ Asc

Kriegerisch

Flirt gibt seinen Impulsen stets unmittelbar nach, muss seine Energie, wann immer sie auftritt, sofort abreagieren.

♂ ☌ Mc

Beherrscht

Im Beruf und in öffentlichen Funktionen kann sich sie/er am besten durchsetzen. Das Formelle ist dafür der beste Rahmen.

♂ ☌ ♃

Weite Sprünge

Ihre Energie geht in die Weite, in den Raum. Schnell stellt sich Optimismus ein. Doch genauso schnell erlahmt die Kraft wieder.

♂ ☌ ♄

Widerstandsorientiert

Lange braucht ihr/ihm, um in Schwung zu kommen, schwerfällt es, sich durchzusetzen. Doch was erst einmal begonnen ist, wird auch bis zum Ende durchgeführt.

♂ ☌ ♅

Befreiungsaktion

Lange passive Phasen, in denen nichts geschieht, werden bei ihr/ihm von blitzartigen Aktionen durchbrochen, in denen sich all die aufgestaute Energie entlädt.

♂ ☌ ♆

Rauschhaft

Flirt handelt rein intuitiv. Es ist kaum möglich, eine klare Linie zu finden. Wenn die Kraft dann vorhanden ist, wird sie wie in einem Rausch ausgelebt.

♂ ☌ ♇

Schattenkrieger

Das Dunkle, das Verborgene reizt den Flirtpartner ganz besonders zum Handeln. Wenn ein Plan vorhanden ist, bündelt sich die ganze Energie.

♂ ☌ ☊

Etwas wagen

Wo die Angst ist, da geht es lang. Sie/er muss immer wieder von neuem wagen, Mut zu entwickeln.

♂ ☌ ⚷

Heilerkraft

Störungen und Fehler regen den Flirtpartner zu Taten an. Es werden geradezu die Probleme gesucht. Viel Kraft steht zur Verfügung, wenn Hilfe benötigt wird.

♂ ☌ ☾

Unfug

Scheinbar unlogisch ist das Vorgehen (. Unterdrückte Triebe und Leidenschaften brechen auf, fordern nach Befriedigung.

♃ ☌ Asc

Großzügiges Auftreten

In die Weite hinaus geht die Bewegung bei ihr/ihm. Räume werden geöffnet, Vertrauen aufgebaut, Optimismus verbreitet.

♃ ☌ Mc

Jovial

In einer öffentlichen Funktion kann den Flirtpartner am besten zeigen, welche positiven Kräfte im eignen Inneren Schlummern. Die Rolle des Gönners und Förderers wird am liebsten eingenommen.

♃ ☌ ♄

Ausgewogen

Das rechte Maß ist die Handlungsmaxime (: Weder Geiz noch Verschwendung, keine Kleinkrämerei, aber auch keine überbordende Großspurigkeit.

♃ ☌ ♅

Luftig

Die Kraft des positiven Denkens ist für Ihren Jahrgang ganz real existent. Ob sich die Realität allein durch positives Denken verbessern lässt, bleibt dennoch fraglich.

♃ ☌ ♆

Weltumspannend

Hoffnungen und Wünsche und der ganz unmittelbare Glaube an das Gute im Menschen, das prägt alle Menschen im Alter (. Naivität oder positive Magie, das ist hier die Frage.

♃ ☌ ♇

Bedingungslos

Blindes Vertrauen, riesengroße Hoffnungen und die Vermutung, dass sich ungeheure Schätze überall verborgen finden, das ist ein Grundgefühl aller in Ihrem Jahrgang geborenen Zeitgenossen.

♃ ☌ ☊

Aufwärts

Vertrauen und Zuversicht sind Eigenschaften, die sie/er stets von Neuem entwickeln muss und die helfen, eine positive Aufwärtsentwicklung im Leben zu schaffen.

♃ ☌ ⚷

Orientierung

Gerade weil der Flirtpartner sich selbst oft genug in scheinbar aussichtslosen Situationen befindet, ist es für sie/ihn so gut möglich, anderen Menschen in Krisensituationen eine Orientierung zu bieten.

♃ ☌ ☾

Naturgewalten

Groß ist bei ihr/ihm der Wunsch, den ganz urgewaltigen Trieben und Leidenschaften eine adäquate Ausdrucksmöglichkeit zu verleihen.

♄ ☌ Asc

Diszipliniert

Ein bisschen gehemmt ist sie/er schon, wird das aber selten zugeben. Stattdessen wird sich eine strenge Maske übergestülpt, ernst und fruchtbar wichtig getan. Bloß nicht davon abschrecken lassen!

♄ ☌ Mc

Amtlich

Manchmal kann es einem so vorkommen, als ob ihr/ihm ständig im Dienst wäre und es überhaupt kein Privatleben gäbe. Die Form muss auf jeden Fall gewahrt werden, Verantwortung wird großgeschrieben.

♄ ☌ ♅

Spagat

Ihr Jahrgang wird sich niemals seiner Sache sicher sein, stets experimentieren, Neues wagen und zugleich das Alte bewahren wollen.

♄ ☌ ♆

Alternativen

In Ihrer Generation gibt es Menschen, die versuchen, das Paradies auf Erden zu schaffen, oft daran scheitern, es hin und wieder aber auch ein kleines Stückchen schaffen.

♄ ☌ ♇

Grundsätzlich

Einige Menschen, die in Ihrem Geburtsjahr zur Welt kamen, sehen das Leben mit all seinen Schattenseiten überdeutlich und müssen aufpassen, dass darüber die Lebenslust nicht abhandenkommt.

♄ ☌ ☊

Disziplin wagen

Immer dann, wenn sie/er nicht mehr weiter weiß, ist es angesagt, sich wieder mehr um das Wesentliche zu kümmern. In dieser Richtung geht es immer gut weiter.

♄ ☌ ⚷

Hakelig

So sehr sich sie/er auch um Kontinuität und reibungslose Abläufe kümmert: Immer kommt das Leben mit all seinen kleinen und großen Unwägbarkeiten dazwischen.

♄ ☌ ☾

Gallig

Je mehr sich sie/er an äußeren Konventionen ausrichtet und die Stimme der Natur in sich unterdrückt, desto schwerer fällt es, ganz einfach das Leben so zu genießen, wie es nun einmal ist.

♅ ☌ Asc

Blitzüberfall

Lange kann sie/er in phlegmatischen Phasen verharren, teilnahmslos an der Seite stehen. Doch dann bricht der Freiheitswunsch hervor und jedermann ist vollkommen überrascht.

♅ ☌ MC

Sonderrolle

Innerhalb einer konventionellen Berufsstruktur wird sich sie/er niemals wohlfühlen. Entweder kommt es zu Karrierebrüchen, oder ein besonderer Freiraum macht es möglich, Verantwortung zu tragen – was nur auf den ersten Blick paradox erscheint.

♅ ☌ ♆

Grenzenlos

Die Generation der Menschen, zu denen sich sie/er zählen kann, ist einem gesellschaftlichen Umfeld groß geworden, das sich ständig veränderte, und sucht immer wieder nach dem eigenen Standpunkt.

♅ ☌ ♇

Meinungskampf

In Ihrer Generation existieren vollkommen gegensätzliche Lebensauffassungen, die miteinander konkurrieren und sich gegenseitig fast ausschließen.

♅ ☌ ☊

Ans Licht

Im Zweifelsfall tut sie/er gut daran, Neues zu wagen und alte bzw. erstarrte Verhaltensweisen und Konventionen hinter sich zu lassen.

♅ ☌ ⚷

Hilflosigkeit

Viele kleine Fehler und Problemchen könnten dem Flirtpartner auf die Nerven gehen. Es ist eine große Kunst, die eigene Unsicherheit zu überwinden und selber zum Ausgleich einmal in die Helferrolle zu schlüpfen.

♅ ☌ ☾

Vogelfrei

Die innere Natur gebietet es ihr/ihm, sich von Konventionen zu lösen und leidenschaftlich zu leben, auch wenn dabei manchen Verletzungen zugefügt werden könnten.

♆ ☌ Asc

Im Schatten

Flirt ist derart sensibel und empfänglich, dass das Gefühl dafür, was man selber eigentlich ist und wofür es sich zu kämpfen lohnt, vollkommen vergessen werden kann.

♆ ☌ MC

Traumziel

Wenn sich sie/er genau überlegt, was eigentlich erstrebenswert wäre und welche Rolle in der Gesellschaft passend wäre, dann verschwimmt der Blick für das, was in der Realität machbar zu sein scheint.

♆ ☌ ☊

Weicher werden

Es tut dem Flirtpartner immer gut, sich den musischen und feinsinnigen Bereichen des Lebens zu widmen, intellektuellen Ballast abzuwerfen.

♆ ☌ ⚷

Leidensfähig

Flirt strebt nach Hingabe und Mitgefühl, ist derart sensibel, dass es schon fast wieder ungemütlich werden kann.

♆ ☌ ☾

Wilde Natur

Eine derartige Ursprünglichkeit, wie sie sie/er fasziniert, lässt sich kaum über längere Zeit im großen Stil verwirklichen.

♇ ☌ Asc

Röntgenblick

Ihr Auftreten kann manchen Zeitgenossen Angst machen, so sehr fühlt man sich berührt, erkannt und durchschaut.

♇ ☌ Mc

Das ganz Große

Ohne Plan geht sie/er nicht an die Öffentlichkeit. Dazu ist die Unsicherheit einfach zu groß. Wichtige Positionen werden angestrebt, Rolle und Person werden eins.

♇ ☌ ☊

Verwandlung

Ist für sie/ihn mal wieder kein anderer Weg zu finden, dann muss losgelassen werden von altem Ballast, ist es Zeit für die Schlange, sich zu häuten.

♇ ☌ ⚷

Schmerzhafte Operation

Regeneration ist für sie/ihn äußerst wichtig. Sie muss hin und wieder stattfinden, um tief verkrustete Schlacken zu lösen.

♇ ☌ ☾

Angst vor der Natur

Die Quelle der Kraft liegt für sie/ihn oft so sehr im Verborgenen, dass es eines radikalen Wandels bedarf, um zu ihr vorzustoßen.

☊ ☌ Asc

Stellung nehmen

Wenn sie/er in gewissen Situationen nicht mehr weiß, wohin die Richtung gehen soll: Sich selbst anschauen, sich zeigen und Mut entwickeln, die eigenen Interessen endlich mal wieder in den Vordergrund zu stellen.

☊ ☌ Mc

Hinaus

Nach Zeiten der Entspannung gibt es immer nur eine Richtung, in die sich sie/er hin entwickeln muss, um die eigene Persönlichkeit reifen zu lassen: Der Weg in die Öffentlichkeit.

☊ ☌ ⚷

Scheinbare Schwächen

Schmerz darf nicht vermieden werden, eher im Gegenteil: Wann immer möglich sollte sie/er die Konfrontation mit den eigenen Ängsten und Fehlern wagen. So schlimm wird es dann gar nicht. Ganz im Gegenteil!

☊ ☌ ☾

Leidenschaftlicher werden

Hat sie/er in der Vergangenheit auch immer wieder vermieden, das Animalische im eigenen Charakter zu verdrängen, so ist dies doch nicht der Weg. Die Lust gilt es zu entdecken!

⚷ ☌ Asc

Sympathisch unperfekt

Es sind gerade die kleinen Macken, die sie/er so liebenswert machen. Stress macht lediglich der Versuch, alles immer noch perfekter und perfekter erscheinen zu lassen.

⚷ ☌ MC

Fehlerhaft

Am besten funktioniert sie/er in einer Position, in der man sich um Fehler und Probleme kümmert, denn nichts stört sie/er mehr als die eigene Unvollkommenheit. Dementsprechend groß ist die Fähigkeit, Störungen im Außen aufzuspüren.

⚷ ☌ ☽

Unvereinbarkeit

Wenn sie/er nach Heilung sucht, dann ist die nächste Verletzung nicht weit. Irgendwann wird dann begriffen, dass genau so die Selbstheilungskräfte am stärksten aktiviert werden können.

☽ ☌ ASC

Schicksalsbote

Flirt zeigt in der äußeren Erscheinung schon, dass es sich hier um einen besonderen Menschen handelt. Vorsicht ist geboten, Naivität fehl am Platze.

☽ ☌ MC

Naturgesetz

Man darf von Ihnen keine Fairness im herkömmlichen Sinne erwarten. Wer hingegen mehr über seine eigenen natürlichen Bedürfnisse und die der anderen erfahren möchte, wird auf seine Kosten kommen.

Quadrate

□

Man steht sich selbst im Wege und kann doch Großes leisten

Der Abstand von 90 Tierkreisgraden im Horoskop wird als problematisch angesehen. Zu unterschiedlich sind die an diesem Aspekt beteiligten Planeten im Tierkreis platziert. Das führt in der Regel dazu, dass der Horoskopeigner hin und wieder mit sich selbst uneins wird.

Gegebenenfalls sollten Sie in solchen Zeiten nicht unbedingt mit ihr/ihm einen Flirt eingehen. Beobachten Sie sie/ihn dann lieber aus Distanz und warten Sie ab, ob sich die Situation wieder verbessert. Ein Quadrataspekt ist für Partner nicht unbedingt leicht zu ertragen. Da aber niemand frei von Fehlern ist, wird man sich auf Dauer arrangieren müssen.

☉ □ Asc

Allzu eigenwillig

Flirt steht sich in puncto Stolz oft selbst im Wege. Da heißt es, in Deckung zu gehen.

☉ □ Mc

Stolz kann nerven

Zu gewissen Zeiten macht es dem Flirtpartner einfach keinen Spaß, sich an gewisse Regeln zu halten, weder privat noch im Beruf.

☉ □ ☽

Hü und Hott

Flirt will manchmal nicht so, wie sie/er möchte. Das klingt paradox und ist es auch.

☉ □ ♂

Vater gegen Sohn

Im Flirtpartner spielt sich hin und wieder ein Autoritätskonflikt ab. Man hüte sich, Teil dieses innerseelischen Machtkampfes zu werden.

☉ □ ♃

Großkotz

Manchmal ist sie/er derart begeistert von sich selbst, dass es schon beinahe unerträglich wird.

☉ □ ♄

Knickerig

Von Zeit zu Zeit wird der Flirtpartner zum Krümelkacker und ist mit sich selbst überhaupt nicht zufrieden. Dann bloß auf Distanz bleiben!

☉ □ ♅

Zappelphilipp

Wenn sie/er nichts schnell genug geht und sich alles doch nur im Kreise dreht, sollte man nicht unbedingt die undankbare Aufgabe des Blitzableiters übernehmen.

☉ □ ♆

Hin und weg

Hat sie/er sich selbst mal wieder vergessen, dann ist Land unter und man muss aufpassen, nicht mit abzusaufen.

☉ □ ♇

Häutungen

Manchmal fühlt sich sie/er wirklich nicht wohl in der Haut und will grundlegend alles verändern. Gut, wenn sie/er dabei erst einmal bei sich selber anfängt.

☉ □ ☊

Überall anecken

Zu gewissen Zeiten findet sie/er einfach nicht den richtigen Rhythmus, um mit sich und der Umwelt in Einklang zu kommen, hat entweder zu viel oder zu wenig Selbstbewusstsein.

☉ □ ⚷

Nach fest kommt locker

Gewisse Macken brechen immer dann auf, wenn sie/er den Wunsch nach Perfektion übertreibt.

☉ □ ☾

Natur oder Kultur

Die Leidenschaft bricht zuweilen derart heftig aus, dass es fast schockieren kann.

☽ □ Asc

Launig

Stimmungsschwankungen kommen bei ihr/ihm schon ab und zu vor.

☽ □ Mc

Gute Vorsätze

Nicht alles, was sich sie/er vornimmt, wird auch durchgeführt. Es hängt bei ihr/ihm viel von der Tagesform ab.

☽ □ ☿

Denken und fühlen ist zweierlei

Wenn sie/er etwas sagt, dann ist es nicht unbedingt das, was gemeint ist - auch wenn sie/er das gerne so hätte.

☽ □ ♀

Mutter oder Geliebte

Zwei Frauenbilder schlummern in der Brust (, und die sind gänzlich unterschiedlich.

☽ □ ♂

Ruppig

Zuweilen ist sie/er recht ruppig, kann mit den eigenen Gefühlsausbrüchen schlecht umgehen.

☽ □ ♃

Ein bisschen zu gemütlich

Gelegentlich gefällt es ihr/ihm, sich definitiv zu breit zu machen.

☽ □ ♄

Einsamkeit

Flirt würde sich gerne wohnlicher in der eigenen Haut fühlen. Aber die Ansprüche sind doch sehr hoch.

☽ □ ♅

Mit ausgestrecktem Arm

Wärme und Geborgenheit schon, ja doch! Aber ihr/ihm lieber auf Distanz.

☽ □ ♆

Alle und keinen

Wenn sie/er wüsste, wo die eigenen seelischen Grenzen sind, wäre es leichter, sich nahezukommen.

☽ □ ♇

Klammeraffe

Wie schön wäre es für ihr/ihm, umarmt ohne erdrückt zu werden.

☽ □ ☊

Unwohlgefühle

Innerhalb großer oder auch kleiner Menschenmassen findet sie/er selten eine Heimat.

☽ □ ⚷

Bauchgrimmen

Geborgenheit kann für sie/ihn nicht perfekt genug sein. Deshalb kommt sie auch so selten vor.

☽ □ ⚸

Gefährliche Mütter

Geborgenheit ist für sie/ihn so eine Sache, stets mit Gefahr verbunden. Ganz brav und spießig einander zu bemuttern, das ist für sie/ihn allerdings auch keine Alternative.

☿ □ Asc

Eigenwillige Ausdrucksweise

Flirt hat eine Art, sich zu artikulieren, die Harmonien zerstören kann. Das sollte aber kein Grund sein, dem Flirtkontakt den Mund zu verbieten.

☿ □ Mc

Schwierige Diskussionen

Die Meinung bzgl. Politik und Familie ist etwas eigenwillig.

☿ □ ♀

Gewisse Worte

Fingerspitzengefühl ist erforderlich, wenn man sie/er Komplimente machen will.

☿ □ ♂

Etwas zu direkt

Wie sie/er etwas sagt, ist gewöhnungsbedürftig. Es muss halt einfach raus.

☿ □ ♃

Zusammenhanglos

Eine Unterhaltung mit ihr/ihm kann doch schon recht ausufernd werden.

☿ □ ♄

Kurz angebunden

Wie sie/er sich auszudrücken pflegt, kann als sparsam beschrieben werden.

☿ □ ♅

Geistesblitz

Lange Zeit kommt gar nichts. Und dann sprudeln bei ihr/ihm die Worte einfach nur so heraus, dass die Zunge gar nicht mehr mitkommt.

☿ □ ♆

Genuschelt

Vielleicht ist es Schüchternheit. Die Artikulationsweise des Flirtkontakts ist leicht vernebelt.

☿ □ ♇

Sprechverbot

Wenn sie/er über gewisse Dinge spricht, dann schwingt immer ein gewisses Tabu mit.

☿ □ ☊

Resonanzlos

Das richtige Thema zur passenden Zeit zu finden, das ist nicht die Sache des Flirtkontakts.

☿ □ ⚷

Sprachfehler

Flirt ringt nach den richtigen Worten und strebt dabei eine derartige Perfektion an, dass das eigentlich nur noch schief gehen kann.

☿ □ ☾

Der Vulkan spuckt Worte

Die Natur fordert ihr Recht. Der Flirtkontakt weiß bloß manchmal nicht, wie sich das treffend formulieren ließe.

♀ □ Asc

Eigenartiger Charme

Mit ihm/ihr auf liebevolle Weise umzugehen ist ein wirkliches Kunststück.

♀ □ MC

Etikette stört

Im Beruf und in der Familie kann den Flirtpartner selten eine wirkliche Harmonie erzeugen, so groß das Bemühen auch sein mag.

♀ □ ♂

Heftig

Was sich neckt, das liebt sich - auch wenn sie/er dabei die Funken sprühen lässt.

♀ □ ♃

Übersteigertes Vergnügen

Je mehr an Genüsse sie/er anhäuft, umso weniger stellt sich wirkliches Genießen ein.

♀ □ ♄

Schönheitsnorm

Während sich sie/er allen möglichen Harmonie-Idealen unterwirft, wird es in der alltäglichen Praxis immer ungemütlicher.

♀ □ ♅

Schräge Töne

Etwas mehr Abwechslung, als wirklich guttut, prägt das Liebesleben.

♀ □ ♆

Alle und niemand

Wen genau der Flirtkontakt mag und vielleicht sogar liebt, ließe sich klären, wenn sie/er besser über sich selbst Bescheid wüsste.

♀ □ ♇

Zwangskorsett

Ein bisschen zu viel Leidenschaft oder überhaupt nichts, vor dieser Alternative sieht sich sie/er gestellt.

♀ □ ♌

Geschmackssache

Was sie/er gefällt, entspricht meistens nicht dem Geschmack der Masse, sondern lediglich - oder ganz ausschließlich - dem eigenen Stilempfinden.

♀ □ ⚷

Herumfummeln

Flirt kann es sich selbst so gut wie nie recht machen, wenn es darum geht, die richtige Kleidung zu finden, charmant aufzutreten oder lustvoll zu genießen.

♀ □ ☾

Sanft oder biestig

Eine störungsfreie Harmonie herzustellen, das ist nicht unbedingt die Sache des Flirtkontakts. Denn all das, was man um des lieben Friedens willens unter den Tisch kehren müsste, drängt hoch.

♂ □ ♃

Spagat

Zu großen Sprüngen lässt sich sie/er hinreißen, doch dabei geht nur allzu schnell die Puste verloren.

♂ □ ♄

Wand und Kopf

Je größer der Widerstand, desto stärker rennt sie/er dagegen an.

♂ □ ♅

Ausraster

Lange Zeit geschieht gar nichts. Und dann muss der Flirtpartner plötzlich alles auf einmal erledigen. Anders scheint es einfach nicht zu gehen.

♂ □ ♆

Schlag im Wasser

Was sich sie/er erträumt, lässt sich selten kraftvoll durchsetzen - es sein denn, der Rausch der Tat hält lange an.

♂ □ ♇

Zu viel Druck

Ganz einfach etwas tun, das ist nicht die Sache (. Wie in einem Dampftopf muss der Druck erst einmal auf ein gewisses Maß ansteigen.

♂ □ ☊

Ungeschickt

Will sie/er Dinge anpacken, dann geschieht das oft nicht so, dass die Umgebung im rechten Maße einbezogen wird. Spontanität kommt bei ihr/ihm nicht gut an.

♂ □ ⚷

Verzettelt

Viele kleine Details könnten den Flirtpartner davon abhalten, sich spontan und locker zu entscheiden – und endlich mal anzufangen.

♂ □ ☾

Scheinbar irrational

Flirt muss immer wieder auf die innere Stimme der eigenen Natur hören. Sonst werden die Aktionen zu abrupt und es gelingt nicht, sich harmonisch durchzusetzen.

♃ □ Asc

Vertrauensbrüche

Sich selbst, anderen und vor allem dem Hin und Her einer lebendigen Beziehung zu vertrauen, das ist für sie/ihn mehr Wunsch denn Wirklichkeit.

♃ □ MC

Windei

In Beruf und Familie möchte sie/er viel mehr, als sich jetzt so einfach auf die Schnelle realisieren ließe.

♃ □ ♄

Fehldimensioniert

Das rechte Maß zu finden, optimistisch zu bleiben und doch nicht den Boden unter den Füßen zu verlieren, das ist für sie/ihn überhaupt nicht einfach.

♃ □ ♅

Luftgespinste

Flirt möchte durch positives Denken die Welt bewegen. Doch die dreht sich von ganz alleine - und zwar so, wie sie es will.

♃ □ ♆

Maßlos

Die großen Dinge des Lebens faszinieren den Flirtpartner derart, dass manchmal nirgends mehr Grenzen gesehen werden und die Konturen vollkommen verschwinden.

♃ □ ♇

Zweifel

Das Urvertrauen ist bei ihr/ihm in manchen Situationen gestört. Und so schwingt manchmal ein gewisser Zweifel mit, der nicht erklärt werden kann oder darf.

♃ □ ☊

Großsprecherisch

Der Optimismus, welcher sie/er lauthals in der Runde verkündet, findet selten Anklang, weil er einfach zu einzigartig ist.

♃ □ ⚷

Ja wenn

Fast könnte sie/er es schaffen, sich selbst von seinen positiven Ideen zu überzeugen. Ja wenn nicht das Wörtchen ›wenn‹ ständig dazwischen käme …

♃ □ ☾

Patriarchalisch

Großzügigkeit ist ja schön und gut. Aber wenn sie/er dabei natürliche Bedürfnisse nicht hinreichend berücksichtigt, entsteht ein fader Beigeschmack.

♄ □ Asc

Enge Sicht

Flirt hat mit der Zeit spezielle Vorstellungen entwickelt, wie eine Beziehung zu gestalten sein soll. Das kann doch ganz schön einengend sein.

♄ □ Mc

Ehrgeizigst

Flirt möchte in der Gesellschaft schon etwas darstellen und bemüht sich dabei so sehr, dass es zu Verkrampfungen kommen kann.

♄ □ ♅

Knirschend

Wie sich Disziplin und Fortschritt miteinander vereinbaren lassen, ist für sie/ihn ein Rätsel und ewiges Bemühen zugleich.

♄ □ ♆

Seemannsgang

Disziplin und Verantwortung sind für sie/ihn relativ - genau wie das Verhältnis der Bordkante eines Schiffes zum Horizont auf hoher See.

♄ □ ♇

Schicksalsschwer

Manchmal nimmt sie/er die Dinge derartig ernst, dass es wirklich nicht mehr feierlich ist.

♄ □ ☊

Griesgrämig

Der Ernst, welcher sie/er an den Tag legt, wird nicht von vielen geteilt - so sehr sich alle auch darum bemühen.

♄ □ ⚷

Tatterig

Mit sehr viel gutem Willen lässt sich das Bemühen des Flirtkontakts um Form und Disziplin als skurril beschreiben.

♄ □ ☾

Alte Geschichten

Das Schicksal will manchmal anders, als der Flirtpartner es geplant hat. Und dass das auch gut so ist, muss jedes Mal enträtselt werden.

♅ □ Asc

Auf dem Sprung

Flirt ist nicht leicht einzufangen und schlägt ständig Haken wie ein Hase auf der Flucht.

♅ □ MC

Einzelgängerisch

Flirt würde kaum in einer Firma arbeiten oder sich in eine Familie einordnen, die sie/er als Mitglied akzeptieren könnte.

♅ □ ♆

Traumtänzer

Mit vielen seines Jahrgangs hat sie/er etwa sehr Feinsinniges gemein, das sich in der schnöden Realität kaum real verwirklichen lässt.

♅ □ ♇

Sprengstoff

Freiheit ohne Zwang bzw. Zwang ohne Freiheit. Ihr Jahrgang ist von explosiver Spannung.

♅ □ ☊

Sonderwege

Flirt braucht einen ganz eigenen Rhythmus, der sich nur selten in der Gemeinschaft mit anderen finden lässt.

♅ □ ⚷

Stress

Zu viel, zu schnell, zu detailreich: So sind die Ideen des Flirtkontakts gestrickt. Nicht leicht, da wirklich auf einen gemeinsamen Nenner zu kommen.

♅ □ ☽

Übergriffe

Flirt ist empfindlich gegen fremde Eingriffe und kann es doch selbst kaum lassen, ständig an sich selbst herumzuexperimentieren.

♆ □ Asc

Ohne Konturen

Flirt fällt es sehr schwer, den eigenen Willen durchzusetzen und im direkten Kontakt wirklich auf den anderen einzugehen.

♆ □ MC

Standpunktlos

Flirt kann oder will sich nicht festlegen - vielleicht aus Scheu, oder weil alles andere als übermäßige Einengung empfunden wird.

♆ □ ♇

Traumkonstellation

Als Generationsaspekt zeigt diese Planetenkonstellation, wie sehr sich sie/er mit den großen kollektiven Sehnsüchten verbunden fühlt.

♆ □ ☊

Menschenscheu

Innerhalb von Gruppen verliert sie/er oft das Gefühl für sich selbst und kann sich deshalb auch nicht so gut einbringen.

♆ □ ⚷

Verwirrkonstellation

Übertriebene Sensibilität gepaart mit einer gewissen Kompliziertheit ist bei ihr/ihm manchmal leider zu erkennen.

♆ □ ☾

Sanfte Quälerei

Zu seiner eigenen animalischen Natur hat sie/er nur indirekt Zugang. Eine gewisse Lust, Opfer zu spielen, kann beobachtet werden.

♇ □ Asc

Offensichtlich Verborgenes

Im direkten Kontakt mit ihr/ihm gibt es immer etwas, das unausgesprochen in der Luft liegt. Man sollte sich gut überlegen, ob es sich lohnt, hier weiter in die Tiefe zu gehen.

♇ □ Mc

Karriereänderung

Zu gewissen Zeiten merkt sie/er immer wieder, wie sich die Lebensplanung festgefahren hat und dass die Zeit für eine grundlegende Veränderung gekommen ist.

♇ □ ☊

Ausspioniert

Innerhalb von großen oder kleinen Menschenmassen ist die Wahrnehmung des Flirtkontakts auf das nicht Offensichtliche gerichtet, auf Geheimnisvolles.

♇ □ ⚷

Operation

Heilung kann auf vielerlei Art geschehen. Der Flirtkontakt hat diesbezüglich ganz spezielle Vorstellungen, die von absoluter Verweigerung bis zu radikaler Umgestaltung reichen.

♇ □ ☾

Notwendigkeiten

Lust und Triebe stellen für sie/ihn weit mehr dar als lediglich natürliche Bedürfnisse, denen man hin und wieder ruhig Raum lassen sollte.

☊ □ Asc

Außenseiter

Flirt hat eine ganz eigene Art, sich darzustellen und Kontakte zu knüpfen, abseits der breiten Masse, auf unkonventionelle Weise.

☊ □ Mc

Einsamer Weg Die Ziele (decken sich selten mit denen der breiten Masse. Auch in puncto Familie wird sich sie/er kaum im Mainstream bewegen.

☊ □ ⚷

Nervosität

Flirt ist zuweilen von einer inneren Unruhe geprägt, was sich störend auf Gruppen auswirkt, in denen sich sie/er gerade aufhält.

☊ □ ☾

Ungewöhnliche Triebe

Möchte sie/er menschlich-allzumenschlichen Bedürfnissen nachkommen, so fällt dies abseits des Mainstreams wesentlich leichter.

⚷ □ Asc

Etwas stressig

Gerade weil der Flirtpartner versucht, besonders perfekt aufzutreten, wirkt sie/er immer etwas verkrampft. Auch im gemeinsamen Beieinander kann so einiges schief gehen.

⚷ □ Mc

Karriereknicks

Wenn sie/er nicht ständig versuchen würde, in Beruf und Familie alles immer besser zu machen, käme privat und beruflich mehr Ruhe ins Haus.

⚷ □ ☾

Missverständnisse

Wer hilft und wie sie/er zugleich Dankbarkeit erwartet, kann hin und wieder arg enttäuscht werden.

☾ □ Asc

Natureruptionen

Flirt ist sich nie hundertprozentig sicher, ob es besser wäre, seine Triebe und Gelüste zu unterdrücken oder ob man ihnen gänzlich freien Lauf lassen sollte.

☾ □ MC

Heilige Tabus

In vielem sind sich Berufs- und Familienleben gleich, beispielsweise in der Frage, wie sehr man die eigenen Bedürfnisse wohl zu Gunsten der Gemeinschaft unterdrücken muss. Sie/er versucht, darauf Antworten zu finden.

Oppositionen

☍

Gegensätzliche Kräfte

Dies ist die zweite große Problemkonstellation in der Astrologie: Zwei Planeten stehen auf gegenüberliegenden Positionen, streben in ihrer Ausformung also in unterschiedliche Richtungen und zeigen gegensätzlichen Charakter.

In dem Horoskop des Flirtkontakts kann dies dazu führen, dass sie/er entweder paralysiert ist und sich nicht entscheiden kann, oder aber der Flirtkontakt lebt die Energie des einen Planeten, erfährt die Energie des anderen in der Projektion. So ungut das klingt (und in der Realität auch sein mag), ein Gutes hat das Ganze: Der Oppositionsaspekt sorgt für ständige Begegnungen. Der Horoskopeigner ist neugierig, wem er nun schon wieder begegnen wird – und sei es auch nur seinem eigenen, abgespalteten Ich. Oppositionsaspekte haben Vollmondcharakter: Wer etwas erleben will, der lasse sich ruhig ein!

☉ ☍ Asc

Der liebste Feind

Flirt ist irrsinnig neugierig darauf, sich selbst in anderen Menschen spiegeln zu können, und entweder begeistert oder enttäuscht über diese indirekte Begegnung mit dem eigenen Ich.

☉ ☍ Mc

Zu Hause ist es doch am schönsten

Ganz privat ist sie/er König. Und alle, die nicht irgendwie zur Familie gehören, mögen bitte gefälligst draußen vor der Türe bleiben.

☉ ☍ ☽

Vollmondgeburt

Als der Mond in voller Pracht am Himmel prangte und alle wie verrückt draußen in der Welt herumgeisterten, wurde sie/er geboren - und hat seitdem vor, diese Stimmung tagtäglich wieder aufleben zu lassen.

☉ ☍ ♂

Kraft gegen Stärke

Hat man irgendetwas Königliches an sich, wird der Flirtpartner automatisch zum ungeduldigen Thronfolger. Gehört man hingegen zum jugendlichen Nachwuchs, dürfte einen der Flirtkontakt ziemlich kurz halten.

☉ ☍ ♃

Chef sein kann nur einer

Schnell verzettelt sich sie/er in großartige Aktionen. Man muss aufpassen, nicht dafür verantwortlich gemacht zu werden.

☉ ☍ ♄

Bockig

Flirt ist schnell frustriert, wenn sich Widerstand auftut. Leicht fällt es dem Flirtpartner nicht, das Problem dann nur bei sich selbst zu sehen.

☉ ☍ ♅

Rasende Unruhe

Manchmal meint ihr/ihm, auf zu viele Dinge gleichzeitig reagieren zu müssen. Dass der Stress nicht von außen kommt, wird selten begriffen.

☉ ☍ ♆

Hin und weg

Zuweilen fehlt dem Flirtpartner die richtige Orientierung. Eine große Sensibilität ist der wahre Grund dafür, auch wenn die anderen verantwortlich gemacht werden.

☉ ☍ ♇

Misstrauen

Ab und zu sitzt sie/er wie das Kaninchen vor der Schlange, sieht in seinem jeweiligen Gegenüber vor lauter Eigenblindheit den großen Teufel.

☉ ☍ ☊

Kleine Fluchten

In Randbereichen der Gesellschaft, weit abseits der großen sozialen Strömungen, kann den Flirtpartner am besten schöpferisch werden.

☉ ☍ ⚷

Überkritische Sichtweise

Zuweilen stößt sie/er mit der eigenen Kreativität an Grenzen, was Schmerz auslöst und dazu verlockt, die Störung nur im Außen lokalisieren zu wollen.

☉ ☍ ☾

Angriff der Natur

Der Stolz verhindert oft, dass sie/er zu den eigenen wilden Leidenschaften stehen kann. Nur zu gerne werden sie im Außen bekämpft.

☽ ☍ Asc

Übergroßes Verständnis

Großes Einfühlungsvermögen zeichnet den Flirtpartner aus. Das geht so weit, dass die eigenen Bedürfnisse in den Partner projiziert werden und sie/er am besten zu wissen meint, was der andere denn nun eigentlich braucht.

☽ ☍ Mc

Provinziell

Zu Hause und im engsten Kreis der Familie kann den Flirtpartner am besten Verständnis entwickeln. Für alles andere fehlt vielfach der Sinn.

☽ ☍ ☿

Verständnislosigkeit

Großes Interesse scheint sie/er an gefühlsmäßigem Austausch zu haben. Doch das täuscht, denn Gefühl und Verstand gehen bei ihr/ihm einfach unterschiedliche Wege.

☽ ☍ ♀

Unbequem

Gemütlichkeit und Sinnlichkeit sind für sie/ihn zwei ganz unterschiedliche Paar Schuhe. Bietet man sie/er den einen an, wird der andere gewählt – und umgekehrt.

☽ ☍ ♂

Nassforsch

Flirt möchte nicht unbedingt verletzt werden. Doch scheint es fast unmöglich, auf eine andere Art und Weise mit ihr/ihm gefühlsmäßig in Kontakt zu treten.

☽ ☍ ♃

Alles umarmend

Die große weite Welt findet sie/er ungeheuer faszinierend. Doch schnell wird alles zu viel und nichts kann mehr richtig verdaut werden.

☽ ☍ ♄

Rückzug

Ganz klare Regeln und Richtlinien braucht sie/er schon, um sich emotional orientieren zu können. Doch wenn man dann auf genau diese pocht, zieht sich sie/er schnell in ein Schneckenhaus zurück.

☽ ☍ ♅

Ungesunder Stress

Häufig wird signalisiert, dass die alten Gewohnheiten durchbrochen werden müssen. Geschieht das dann wirklich, kann den Flirtpartner mit der Unruhe, die nur scheinbar durch die Umwelt entsteht, schlecht fertig werden.

☽ ☍ ♆

Täuschung

Flirt neigt dazu, sich emotional für andere zu verausgaben und sich selbst darüber zu vergessen. Ist dies dann wirklich einmal geschehen, wird für das darauf folgende Chaos schnell die Umgebung verantwortlich gemacht.

☽ ☍ ♇

Im Drucktopf

Ein hohes Maß an psychischer Intensität braucht sie/er schon, um sich emotional öffnen zu können. Für den daraus resultierenden Druck wird schnell dem anderen die Schuld zugeschoben.

☽ ☍ ☊

Im Versteck

Außerhalb von großen Menschenmassen fühlt sich sie/er am wohlsten, hat großes Verständnis für soziale Randgruppen.

☽ ☍ ⚷

Bauchnabelschau

Wenn man eine Zwiebel schält, liegt unter jeder Schale wiederum eine Schale, bis hin zum Innersten. Sie/er wünscht sich, analysiert zu werden, aber absolut perfekt muss diese Studie dann schon sein.

☽ ☍ ☾

Angstpartner

Das Mutterbild ist bei ihr/ihm mehr als zwiespältig. Gemeinsame Ekstase wird gesucht und dann doch nur als Bedrohung empfunden.

☿ ☍ Asc

Gesprächsgegner

Für intellektuelle Begegnungen ist sie/er jederzeit zu haben - und sei es auch nur, um jemanden zu finden, dessen Meinung absolut nicht geteilt wird.

☿ ☍ Mc

Unvernunft

Flirt hat eine ganz subjektive Art zu denken und lässt sich durch Vernunftgründe bzw. gesellschaftliche Notwendigkeiten keinesfalls davon abbringen.

☿ ☍ ♂

Lautstark

Eine Diskussion mit ihr/ihm kann auch schon mal recht heftig werden. Der Flirtpartner sucht intellektuell den Widerpart und ist zugleich beleidigt, wenn der sich dann auch handfest manifestiert.

☿ ☍ ♃

Meinung kontra Wissen

Im Grunde ist es ihr/ihm vollkommen egal, ob man über Sachkenntnis verfügt oder stattdessen alles nur vom philosophischen Standpunkt aus betrachtet. Der Flirtkontakt sucht doch nur ein Gespräch, bei dem es nicht zu einem gemeinsamen Standpunkt kommen kann.

☿ ☍ ♄

Sprechverbot

Die Angelegenheit sollte ernsthaft auf den Punkt gebracht werden. Und genau das, worüber besser nicht gesprochen wird, reizt hierbei am meisten.

☿ ☍ ♅

Unterbrecher

Flirt sucht ein Gegenüber, damit die Gedankenblitze hin und her gehen können. Dass man sich dabei gegenseitig kaum ausreden lässt, versteht sich eigentlich ganz von selbst.

☿ ☍ ♆

Andeutungsweise

Gerne macht sich sie/er im Gespräch an das Entschlüsseln von Bildern oder vagen Hinweisen. Und wenn alles klar zu sein scheint, dann wird wie beiläufig erwähnt, dass die Wirklichkeit mit Worten natürlich überhaupt nicht erfasst werden kann.

☿ ☍ ♇

Geheimniskrämerei

Eigentlich interessiert den Flirtpartner nur das, was sein Gegenüber am liebsten verschweigt. Kommt das Gespräch nun wirklich auf dieses Thema, wird es richtig kompliziert.

☿ ☍ ☊

Geheimsprache

Mit einigen wenige Leuten gelingt es ihr/ihm, sich intellektuell auszutauschen. Aber die müssen erst einmal gefunden werden.

☿ ☍ ⚷

Stotterer

Sprache und Kommunikation, das ist ein ganz heikles Thema für ihr/ihm, irgendwie immer mit kleinen Problemen und Schmerz verbunden, der scheinbar immer von Außenstehenden ausgelöst wird.

☿ ☍ ☾

Gossensprache

Niemals sollte man sich gegenüber dem Flirtkontakt ordinär ausdrücken, d.h. die Triebe in den Mund nehmen. Oder wünscht sich sie/er im Gegenteil vielleicht nichts mehr als das?

♀ ☍ Asc

Verzückung

Flirt sucht das Wahre, Gute und Schöne in der Begegnung, im anderen. Damit kann man auch selbst gemeint sein, zeitweilig zumindest.

♀ ☍ MC

Schöne Heimat

Richtig genießen kann den Flirtpartner nur im Privaten, fernab aller Regeln der Vernunft und des gesellschaftlichen Anstands, im allerengsten Familienkreis.

♀ ☍ ♂

Liebe und Schmerz

Es ist nicht unbedingt so, dass sie/er Schmerzen empfinden möchte. Das führt zu heftigem Protest. Doch ohne sie kann die Lust auch nur halb so schön genossen werden.

♀ ☍ ♃

Übersättigt

Viel möchte sie/er angeboten bekommen, um auswählen zu können, was die größte Lust bereitet. Oft fällt die Entscheidung schwer und man hört den Vorwurf, dass weniger mehr gewesen wäre.

♀ ☍ ♄

Frust statt Lust

Wenn sich sie/er bestimmten Schönheitsidealen unterwirft und dann darunter leidet, müssen Sie sehr aufpassen, dafür nicht zur Verantwortung gezogen zu werden.

♀ ☍ ♅

Auf und davon

Nichts findet sie/er attraktiver als eine Beziehung, welche die Verhinderung in sich trägt. Ein Quickie in allerletzter Minute müsste jedoch allemal drin sein!

♀ ☍ ♆

Partnertausch

Am meisten sehnt sich sie/er nach Nebeln aus Rauch und Illusion, in denen sich das Objekt der Begierde verirrt und niemals wieder gefunden werden kann.

♀ ☍ ♇

Kidnapping

Keinesfalls möchte sie/er aus Liebe geraubt, gefangen und eingekerkert werden, doch oft bewegt sich die Sehnsucht genau in diese Richtung.

♀ ☍ ☊

Heimliche Leckereien

Was der großen Masse schmeckt, gefällt dem Flirtpartner noch lange nicht, und so wird nach Möglichkeiten gesucht, diese Leidenschaften dennoch auszuleben.

♀ ☍ ⚷

Zurechtzupfen

Irgendwo wird immer etwas klemmen oder haken, wenn sie/er versucht, sich hübsch zurechtzumachen. Das darf man nicht bekritteln, sondern sollte man lieber als ganz besondere Kuriosität charmant belächeln.

♀ ☍ ☾

Saurer Beigeschmack Flirt bevorzugt eine ganz spezielle Form von Erotik, bei der die urtümlichen Triebe manchmal irgendwie ausgeschlossen sind, was der jeweilige Partner (ergänzen sollte, aber nicht ohne dafür getadelt zu werden.

♂ ☍ ♃

Verpuffung

Auch wenn sich sie/er die großen Aufgaben wünscht und geradezu begeistert ist, wenn man die entsprechenden Vorschläge macht, darf man sich nicht wundern, wenn bisweilen dann doch alles zu viel wird, und die Aktionen im Sand verpuffen.

♂ ☍ ♄

Mehr Feind als Ehr‹

Im Grunde braucht sie/er Zurechtweisungen als Orientierung, damit die eigene Energie nicht sinnlos verpufft, doch gleichzeitig gibt es für sie/ihn nichts Ärgerlicheres, als Grenzen gesetzt zu bekommen.

♂ ☍ ♅

Blitzkrieg

Die Aktivitätsphasen des Flirtkontakts sind von langen Pausen durchzogen, in denen so gut wie nichts geschieht, dann wieder, wenn in der Außenwelt der Anlass gefunden wird, explodiert der Flirtpartner vor Aktivität - und daran sind dann wahrscheinlich mal wieder die anderen schuld.

♂ ☍ ♆

Kämpfe im Nebel

Wie im Rausch zeigt sich die Aktivität (, wenn das richtige Objekt gefunden ist. Dann aber wieder ist es genau eben jener Konterpart, der vermeintlich dafür sorgt, dass sich alles in Chaos und Phlegma auflöst.

♂ ☍ ♇

Schattenkrieger

Lange braucht ihr/ihm, um die Angst vor der Angst zu überwinden. Und dann wird alle Energie auf einen vermeintlichen Feind gerichtet - hoffentlich wird man selbst nicht zu solch einem gemacht.

♂ ☍ ☊

Schleichwege

Flirt kann nicht so kämpfen, wie es die breite Masse macht. Das geht in den meisten Fällen schief, ist nicht gerade erfolgreich. Also werden andere Wege gesucht, geheime Wege, ausgefallene Wege. Auch die führen zum Ziel.

♂ ☍ ⚷

Sparringspartner

Schmerzhaft sucht sie/er nach jemandem, der die eigenen Wege infrage stellt, der sich als Sparringspartner gut macht und der die eigenen Schwächen gnadenlos aufzeigt.

♂ ☍ ☾

Drachentöter

Manchmal sieht es so aus, als müsse der Flirtpartner gegen einen unsichtbaren Drachen kämpfen. Doch im Grunde ist es doch nur die eigenen innere Natur, die da so lebhaft nach immer neuen Ausdrucksformen sucht.

♃ ☍ Asc

Großer Empfang

Stets erhofft sich sie/er aus einer Begegnung, dass sich endlich der große Erfolg einstellt. Und wo so viel Erwartung ist, muss es hin und wieder leider auch zur Enttäuschung kommen.

♃ ☍ MC

Großes Heim

Im Privaten kann sich sie/er so richtig ausleben. Dort zu Hause ist genug Platz, dort wird die Welt empfangen und jeder ist willkommen.

♃ ☍ ♄

Anpassungszwänge

Ob viel oder wenig, ob groß oder klein, ab arm oder reich. Sie/er findet zu allem einen Gegenpol und ist wirklich nicht leicht zufriedenzustellen.

♃ ☍ ♅

Blitzideen

Eigentlich glaubt sie/er schon an die Kraft des positiven Denkens. Doch gemeinsam im Kontakt mit den richtigen Gegenpart schaukeln sich die scheinbar großartigen Geistesblitze derart gegenseitig hoch, dass außer ein paar Verpuffungen nichts Abenteuerliches passieren wird.

♃ ☍ ♆

Traumwanderungen

Wenn sie/er nach dem Sinn des Lebens sucht, dann wird eine Antwort alleine nicht ausreichen. Auch zwei oder drei oder tausend kluge Gurus werden der Weisheit letzten Schluss nicht finden.

♃ ☍ ♇

Blindes Vertrauen

Am liebsten hätte sie/er die totale Sicherheit im zwischenmenschlichen Bereich, würde sich geschäftlich so gerne auf eine hundertprozentig risikofreie Kapitaleinlage einlassen, beim Lotto nur Gewinne und keinerlei Nieten ziehen.

♃ ☍ ☊

Wohlwollen im Exil

Weil der Flirtpartner im offiziellen Mainstream nie jene Anerkennung findet, die als erstrebenswert gilt, wird in den Randbereichen der Gesellschaft gesucht - und das mit Erfolg.

♃ ☍ ⚷

Koordinationsprobleme

Die ganz großen Zusammenhänge möchte sie/er verstehen und verständlich machen. Doch selten findet sich ein Gegenüber, das derart komplizierte Gedankengänge nachvollziehen will und kann.

♃ ☍ ☾

Rachsucht

Die Natur fordert ihr Recht, auch wenn sie/er auf kultivierte Weise alles tut, um die Etikette zu wahren.

♄ ☍ Asc

Zurechtweisung

Eine ganz bestimmte Vorstellung vom zwischenmenschlichen Zusammensein hat sie/er schon. Ob jedermann und jedefrau davon begeistert sein wird, ist fraglich.

♄ ☍ MC

Kaltes Heim

Es ist dem Flirtpartner nicht leicht klar zu machen, dass man schon ein wenig Kohle in den Kachelofen schieben muss, wenn man es im Winter in der Stube gemütlich haben will.

♄ ☍ ♅

Generationskonflikt

Im Jahrgang des Flirtkontakts ist es üblich, sich gegen Autoritäten aufzulehnen und zugleich jeglicher Auflehnung gegen die eigene Autorität entschieden zu begegnen.

♄ ☍ ♆

Schwankend

Flirt desillusioniert jeden und ist zugleich tief getroffen, wenn die eigenen Träume nicht Wirklichkeit werden.

♄ ☍ ♇

Überrealistisch

Mit seinen gleichartigen Zeitgenossen teilt sie/er einen strengen Blick hinter die Kulissen, dem nichts verborgen bleiben darf.

♄ ☍ ☊

Rückwärtsgewandt

Wenn sie/er zu lange auf die Vergangenheit schaut, trübt sich der Blick und nichts scheint wirklich ideal verlaufen zu sein.

♄ ☍ ⚷

Verrieselnd wie Sand So ernst, wie sie/er manchmal auf die Dinge schaut, bleibt wirklich kaum etwas übrig, was nicht zu Staub verfällt.

♄ ☍ ☾

Verbotsmentalität

Der Natur mal ihren Lauf zu lassen und urtümlichen Bedürfnissen nachzukommen, das gefällt dem Flirtpartner nicht unbedingt.

♅ ☍ Asc

Am ausgestreckten Arm

So schnell, wie sie/er von jemandem begeistert ist, so schnell lässt die Euphorie auch wieder nach. Und dann muss erneut große Distanz aufgebaut werden.

♅ ☍ Mc

Rappelkiste

Innerlich ist sie/er ständig auf dem Sprung. Dies zeigt sich auch in ständigem Wohnungs- und Stellungswechsel.

♅ ☍ ☊

Fluchtwege

Möchte sie/er mal Reißaus nehmen, dann wird ein Weg gesucht, der von den großen Menschenaufläufen hinweg führt.

♅ ☍ ⚷

Gescheiterte Befreiungsversuche

Die Art und Weise, wie sie/er versucht, sich Luft zu verschaffen, ist kurios und entbehrt nicht einer gewissen Komik.

♅ ☍ ☾

Wildwechsel

Manchmal kommt sich sie/er vor wie ein wildes Tier auf der Flucht, das verzweifelt versucht, der Zivilisation zu entkommen.

♆ ☍ Asc

Irritierende Begegnungen

Es fällt sie/er überhaupt nicht leicht, sein jeweiliges Gegenüber als das zu sehen, was es wirklich ist, fernab von Idealisierungen, die dann vermutlich doch nur wieder als Enttäuschung enden müssten.

♆ ☍ Mc

Versunken

In seinen eigenen vier Wänden versucht ihr/ihm, jene wunderschöne Traumwelt zu finden, die es dort draußen in der schnöden Berufswelt anscheinend nicht gibt.

♆ ☍ ☊

Kleine Welt

Jenseits der großen Wege findet sie/er immer wieder Menschen, die scheinbar noch unverfälscht ein naturbelassenes Leben zu führen verstehen.

♆ ☍ ⚷

Heilende Träume

Einen perfekten Partner sucht ihr/ihm, der all die Probleme nicht nur erkennt, sondern wie mit einem sanften Zauber in der Lage ist, etwas vom Paradies hier auf die Erde zu zaubern.

♆ ☍ ☾

Verwirrendes Gift

Gewisse Ängste löst es in ihr/ihm aus, wenn die Lust am Rausch plötzlich ausbricht. Denn die seelische Natur hat genauso ihren verschlingend-gefährlichen Seiten wie ein Dschungel in den Tropen.

♇ ☍ Asc

Angst und Erwartung

Flirt hofft auf die große Begegnung, die alles von Grund auf verändern wird, und setzt zugleich alles daran, die absolute Kontrolle zu behalten.

♇ ☍ Mc

Familiengeheimnis

Was die eigene Herkunft und die Familie betrifft, so gibt es bei ihr/ihm manch dunkles Geheimnis, das gelüftet werden müsste - vielleicht nicht gleich und sofort.

♇ ☍ ☊

Abseitig

In der Vergangenheit findet sie/er einige Schätze, die erst gehoben, gesäubert und gereinigt werden müssten, bevor sie sich in ihrer wahren Pracht zeigen.

♇ ☍ ⚷

Stückwerk

Wenn etwas grundsätzlich verändert werden soll, dann geht sie/er oft zu zaghaft ans Werk und es bleibt einiges liegen.

♇ ☍ ☾

Zwingendes

Zu gewissen Zeiten könnte sie/er dazu neigen, die natürlichen Bedürfnisse zu sehr zu kontrollieren. Dann entsteht ein gefährlicher Druck, der Veränderungen erzwingt.

☊ ☍ Asc

Das Du ist der Weg

Auch wenn sie/er sich immer wieder auf seine Eigeninitiative zurückzieht: Weiter geht es in der Persönlichkeitsentwicklung immer nur dann, wenn Kompromisse eingegangen werden und man auf die Kraft der Liebe vertraut.

☊ ☍ Mc

Zurück zu den Wurzeln

Die Arbeit und die Position in der Gesellschaft sind für sie/ihn im Grunde nichts mehr als Entspannung, als Ablenkung vom eigenen Ziel, das da heißt: Zur Quelle zurückfinden.

☊ ☍ ⚷

Alte Macken

Perfektionsanspruch und Selbstanalyse, das sind Dinge, die sie/er aus der Vergangenheit kennt. Weiter geht es, wenn man so etwas hinter sich lässt.

☊ ☍ ☾

Verplemperei

Immer nur den Gelüsten nachzugeben und der Bequemlichkeit keinerlei Schranken entgegenzusetzen, das ist nicht der Weg, wie sie/er vorankommen wird.

⚷ ☍ Asc

Heilende Kontakte

Manchmal macht sie/er den Fehler, sich zu sehr auf die Macken den Partners zu konzentrieren bzw. auf die eigene Unsicherheit innerhalb einer Begegnungssituation, anstatt das Heilende im anderen zu entdecken.

⚷ ☍ MC

Störende Herkunft

Wenn sie/er zu viel über die eigene Herkunft nachdenkt und über alle Fehler, die in der Familie gemacht wurden, dann vergrübelt sich das ganze Wesen.

⚷ ☍ ☾

Nicht Fisch noch Fleisch

Wie soll man sich selbst heilen von Bedürfnissen, die doch im Grunde ganz natürlich sind. Sie/er steht manchmal mit sich selbst auf Kriegsfuß.

☾ ☍ ASC

Schräge Partnerwahl

Es muss schon eine Naturkraft sein, die sich da in der Partnerschaft entlädt. Aber darunter macht et sie/er nun wirklich nicht.

☾ ☍ MC

Hexenküche

Zu Hause ist das Leben für sie/ihn wild und unzivilisiert, können sich die wirklichen Abenteuer zutragen - auch die nicht ganz so ungefährlichen.

Anziehung und Abstoßung

Was den gegenseitigen Reiz ausmacht und wo Dissonanzen entstehen

Jeder Mensch weckt Seiten in uns. Es ist, als ob man durch ein Einkaufszentrum geht: Der Duft eines Parfüms zieht in die Nase und lässt einen über Schönheit sinnieren. Der Anblick von leckeren Speisen lässt unseren Magen knurren. Sonderangebote wecken den Schnäppchen-Instinkt. Und beim Anblick eines Geldautomaten gehen wir im Geiste unseren aktuellen Kontostand durch.

Ähnlich ist es beim engen Kontakt mit einem Menschen. Es werden Seiten in uns angesprochen, die normalerweise nicht im Brennpunkt unserer Wahrnehmung liegen. Und auch jene Lebensbereiche, mit denen wir uns sowieso beschäftigen, bekommen eine neue Bedeutung. Darüber hinaus tritt in den Hintergrund, was in der Beziehung zu einer anderen Person ganz bedeutsam war. Im Folgenden wird nun untersucht, was in der Begegnung zwischen Ihnen und dem Flirtkontakt in den Brennpunkt der Aufmerksamkeit gerät und durch die Kraft des jeweils anderen eine ganz besondere Gestaltung erfährt.

Einfluss von Flirtplaneten

Wo die Energien des anderen bei Ihnen ankommen

Schon jetzt sind Sie schwer beeindruckt. Doch wenn aus dem Flirt auf einmal mehr wird, was wird sich sie/er dann noch aus Ihnen machen? Darüber soll der folgende Abschnitt Auskunft geben.

Sonne strahlt

☉

Was Sie unter dem Einfluss des anderen ganz klar sehen werden

☉ I

Durchsetzungsfähigkeit

Die vitale Präsenz des Partners führt dazu, dass Sie sich Ihrer eigenen Bedürfnisse viel bewusster werden, sich mehr zutrauen und öfter bereit sind, den eigenen Willen durchzusetzen.

☉ II

Wertzuwachs

Die vitale Präsenz des Partners führt dazu, dass Sie viel bewusster mit Geld umgehen und sich über Ihren eigenen Wert als Mensch im Klaren werden.

☉ III

Kommunikationsgewinn

Die vitale Präsenz des Partners führt dazu, dass Sie sich viel bewusster ausdrücken können, mehr Kraft in die Kommunikation setzen und sich angstfreier unter die Leute trauen.

☉ IV

Rückbesinnung

Die vitale Präsenz des Partners führt dazu, dass Sie viel bewusster mit Ihren Familienmitgliedern umgehen, sich mit Ihren Wurzeln beschäftigen und vielleicht sogar Ahnenforschung betreiben.

⊙ V

Selbstdarstellung

Die vitale Präsenz des Partners führt dazu, dass Sie sich viel bewusster um Ihr schöpferisches Potenzial kümmern, eigene Talente fördern oder sogar neu entwickeln, an Ihrer Wirkung auf andere arbeiten und ganz einfach mehr Spaß am Leben haben wollen.

⊙ VI

Anpassung

Die vitale Präsenz des Partners führt dazu, dass Sie viel bewusster an der Verbesserung Ihrer Lebensumstände arbeiten, sich um Ihre Gesundheit kümmern und längst überfällige Reparaturarbeiten und Pflegemaßnahmen durchführen.

⊙ VII

Kunstsinn

Die vitale Präsenz des Partners führt dazu, dass Sie sich viel bewusster mit Kultur und den schönen Dingen des Lebens beschäftigen, Beziehungen verstärkt pflegen, und sich um ein ausgeglichenes Verhältnis mit Ihrer Umwelt bemühen.

⊙ VIII

Rechtsfähigkeit

Die vitale Präsenz des Partners führt dazu, dass Sie sich viel bewusster um Ihre Geldanlagen und sonstigen finanziellen Beziehungen kümmern, Verträge und Rechte genauer unter die Lupe nehmen, gegebenenfalls einen Rechtsanwalt oder Notar einschalten, vielleicht auch Ihr Testament machen oder sich um eine noch ausstehende Erbschaft kümmern.

☉ IX

Sinnfragen

Die vitale Präsenz des Partners führt dazu, dass Sie viel bewusster mit religiösen und philosophischen Themen umgehen, Ihren geistigen Horizont erweitern, sich mit fremden Kulturen beschäftigen und vielleicht sogar eine Auslandsreise antreten.

☉ X

Karriereplanung

Die vitale Präsenz des Partners führt dazu, dass Sie sich viel bewusster mit Ihrem beruflichen Weiterkommen und Ihrer Stellung in der Gesellschaft beschäftigen, dass Sie vernünftiger werden und länger in die Zukunft hinein planen.

☉ XI

Freizeitgestaltung

Die vitale Präsenz des Partners führt dazu, dass Sie viel bewusster mit der Zeit umgehen, die Ihnen außerhalb von privaten und beruflichen Verpflichtungen zur Verfügung stellt, dass Sie Freundschaften aufbauen und pflegen, eventuell auch einen gewissen Idealismus entwickeln.

☉ XII

Innere Einkehr

Die vitale Präsenz des Partners führt dazu, dass Sie viel bewusster in sich selbst hineinhören, Mitgefühl mit sich selbst und auch anderen entwickeln, nach Alternativen im Leben suchen, jenseits dessen, was nach außen hin so im Allgemeinen als erstrebenswert gilt.

Mond reflektiert

☽

Wie sie/er Sie spiegelt und unterstützt

♡ ☽ I ☉

Mut wird belohnt

Große Aufmerksamkeit bekommen Sie, wenn Sie aus sich herausgehen und eine kämpferische Haltung einnehmen. Sie erhalten sehr viel Unterstützung und wertvolles Feedback.

♡ ☽ II ☉

Erwerbssinn wird unterstützt

Große Aufmerksamkeit bekommen Sie, wenn Sie sich um den Gelderwerb kümmern und Ihren eigenen Wert herausstellen. Sie erhalten sehr viel Unterstützung und wertvolles Feedback.

♡ ☽ III ☉

Gesprächigkeit kommt gut an

Große Aufmerksamkeit bekommen Sie, wenn Sie sich mit Technik beschäftigen und Ihre kommunikativen Fähigkeiten entwickeln. Sie erhalten sehr viel Unterstützung und wertvolles Feedback.

♡ ☽ IV ☉

Familiensinn wird geschätzt

Große Aufmerksamkeit bekommen Sie, wenn Sie sich der Familie widmen, eine nährende und fürsorgliche Haltung einnehmen. Sie erhalten sehr viel Unterstützung und wertvolles Feedback.

☽ V

Unterhaltungstalent wird honoriert

Große Aufmerksamkeit bekommen Sie, wenn Sie sich dramatisch geben, sich verstärkt mit Kindern beschäftigen und Ihr Showtalent entwickeln. Sie erhalten sehr viel Unterstützung und wertvolles Feedback.

☽ VI

Dienstbarkeit hat ihren Wert

Große Aufmerksamkeit bekommen Sie, wenn Sie sich hilfsbereit zeigen und um die kleinen Dinge kümmern, die das Alltagsleben erleichtern. Sie erhalten sehr viel Unterstützung und wertvolles Feedback.

☽ VII

Diplomatie kommt gut an

Große Aufmerksamkeit bekommen Sie, wenn Sie sich harmonisch zeigen und stärkeres Interesse an den Wünschen des Partners entwickeln. Sie erhalten sehr viel Unterstützung und wertvolles Feedback.

☽ VIII

Strategien werden dankbar angenommen

Große Aufmerksamkeit bekommen Sie, wenn Sie seelischen Tiefgang zeigen, Pläne und Konzepte entwickeln. Sie erhalten sehr viel Unterstützung und wertvolles Feedback.

☽ IX

Weltoffenheit wird geschätzt

Große Aufmerksamkeit bekommen Sie, wenn Sie Reisepläne schmieden und sich philosophischer bzw. religiöser Themen annehmen. Sie erhalten sehr viel Unterstützung und wertvolles Feedback.

💘 ☽ ⧗ ⊛

Strebsamkeit zeigt Wirkung

Große Aufmerksamkeit bekommen Sie, wenn Sie sich der Karriere, dem beruflichen Weiterkommen und möglicherweise auch der Politik widmen. Sie erhalten sehr viel Unterstützung und wertvolles Feedback.

💘 ☽ ⧗⊥ ⊛

Teamgeist steht hoch im Kurs

Große Aufmerksamkeit bekommen Sie, wenn Sie sich gesellig zeigen, Freundschaften aufbauen und für idealistische Ziele einsetzen. Sie erhalten sehr viel Unterstützung und wertvolles Feedback.

💘 ☽ ⧗⊥⊥ ⊛

Sensibilität wird wahrgenommen

Große Aufmerksamkeit bekommen Sie, wenn Sie sich spirituell und ökologisch orientieren, Ihren Blick nach innen richten. Sie erhalten sehr viel Unterstützung und wertvolles Feedback.

Merkurs klärende Schwingungen

☿

Welche Themen Sie in der Gegenwart des Flirts überdenken müssen

☿ I

Deutliche Worte werden gewünscht

Dieser Kontakt fordert von Ihnen, dass Sie Ihre ganz persönlichen Interessen deutlicher artikulieren. So intensiv wie in dieser Begegnung haben Sie wahrscheinlich noch nie darüber nachgedacht.

☿ II

Geschäftsgeist wird verlangt

Dieser Kontakt fordert von Ihnen, dass Sie sich genauer mit Ihren Finanzen beschäftigen, den Kontostand genau im Blick haben und wirtschaftlich operieren. So intensiv wie in dieser Begegnung haben Sie wahrscheinlich noch nie darüber nachgedacht.

☿ III

Gespräche sind erwünscht

Dieser Kontakt fordert von Ihnen, dass Sie wortgewandt werden, nicht auf den Mund gefallen sind und sich auch ab und zu auf ein Schwätzchen einlassen. So intensiv wie in dieser Begegnung haben Sie wahrscheinlich noch nie darüber nachgedacht.

☿ IV

Über die Familie muss nachgedacht werden

Dieser Kontakt fordert von Ihnen, dass Sie sich Gedanken über die Familienplanung und die Haushaltsführung machen, gegebenenfalls

Reparaturen zu Hause selbst erledigen. So intensiv wie in dieser Begegnung haben Sie wahrscheinlich noch nie darüber nachgedacht.

☿ V

Unterhaltung muss sein

Dieser Kontakt fordert von Ihnen, dass Sie witzig und elegant auftreten, vielleicht jonglieren lernen, auf jeden Fall aber Geschichten erzählen können. So intensiv wie in dieser Begegnung haben Sie wahrscheinlich noch nie darüber nachgedacht.

☿ VI

Organisationstalent ist gefragt

Dieser Kontakt fordert von Ihnen, dass Sie klug und vernünftig über die Notwendigkeiten des Lebens, über Verbesserungen im Alltag nachdenken. So intensiv wie in dieser Begegnung haben Sie wahrscheinlich noch nie darüber nachgedacht.

☿ VII

Gedankenaustausch will gelernt sein

Dieser Kontakt fordert von Ihnen, dass Sie genauer über Sinn und Zweck von Partnerschaft nachdenken, sich intellektuell auf Ihre Gegenüber stärker einlassen. So intensiv wie in dieser Begegnung haben Sie wahrscheinlich noch nie darüber nachgedacht.

☿ VIII

Über alles muss geredet werden

Dieser Kontakt fordert von Ihnen, dass Sie auch über Dinge sprechen, die unangenehm sind, und gewisse Geheimnisse preisgeben. So intensiv wie in dieser Begegnung haben Sie wahrscheinlich noch nie darüber nachgedacht.

⚘ ☿ ⊥X Ⓢ

Verständigung muss sein

Dieser Kontakt fordert von Ihnen, dass Sie über Gott und die Welt reden, ihren geistigen Horizont erweitern und vielleicht sogar eine Fremdsprache erlernen. So intensiv wie in dieser Begegnung haben Sie wahrscheinlich noch nie darüber nachgedacht.

⚘ ☿ X Ⓢ

Ernste Worte werden geschätzt

Dieser Kontakt fordert von Ihnen, dass Sie ernsthaft und zielgerichtet kommunizieren, stärken denn je über Ihr berufliches Fortkommen nachdenken. So intensiv wie in dieser Begegnung haben Sie wahrscheinlich noch nie darüber nachgedacht.

⚘ ☿ X⊥ Ⓢ

Humor ist Bedingung

Dieser Kontakt fordert von Ihnen, dass Sie auch mal über sich selbst lachen können und einen Sinn für Ironie entwickeln. So intensiv wie in dieser Begegnung haben Sie wahrscheinlich noch nie darüber nachgedacht.

⚘ ☿ ⊥⊥ Ⓢ

Sanfte Töne sind erforderlich

Dieser Kontakt fordert von Ihnen, dass Sie auf die Zwischentöne in einem Gespräch hören und auch mal schweigen können. So intensiv wie in dieser Begegnung haben Sie wahrscheinlich noch nie darüber nachgedacht.

Venus hüllt in sanften Glanz

♀

Was im Beisein des anderen so richtig Freude macht

♀ I

Frisch

Wenn der andere in der Nähe ist, weiß man plötzlich ganz genau, was man will. Man fühlt sich geliebt und bekommt plötzlich genau die Energie, die man braucht, um etwas Neues anzufangen.

♀ II

Begehrt

Wenn der andere in der Nähe ist, spürt man seinen eigenen Wert ganz stark, empfindet plötzlich mehr Lust am eigenen Körper, wird man sinnlich.

♀ III

Wortreich

Wenn der andere in der Nähe ist, wird jedes Wort zum Kompliment, sprüht man vor charmanter Geschwätzigkeit, liegt Flirtatmosphäre in der Luft.

♀ IV

Geborgen

Wenn der andere in der Nähe ist, fühlt man sich verhätschelt und gestreichelt wie ein Baby, wird man angenommen, ohne große Anstrengungen zu unternehmen.

♀ V

Charismatisch

Wenn der andere in der Nähe ist, blüht man auf wie eine Blüte, die von lang ersehnten Sonnenstrahlen durchwärmt wird, ist einem der Applaus so gut wie sicher.

♀ VI

Umsorgt

Wenn der andere in der Nähe ist, gesundet man wie von selbst, macht es Spaß, sich zu kümmern, und selbst Sorgen erscheinen plötzlich in einem rosafarbenen Licht.

♀ VII

Liebreizend

Wenn der andere in der Nähe ist, fühlt man sich umgarnt, geliebt und ganz einfach schön, entwickelt sich der Geschmack, wird das Leben lebenswert.

♀ VIII

Attraktiv

Wenn der andere in der Nähe ist, beginnt man, zu begehren und Leidenschaft zu entwickeln, entsteht ein inneres Feuer, das aus der Tiefe kommt und Begierden weckt.

♀ IX

Entspannt

Wenn der andere in der Nähe ist, ist Verständnis da. Ein Gefühl von Luxus entwickelt sich, Genüsse auf Genüsse häufen sich an und immer noch mehr ist möglich.

♡ ♀ X ⊛

Einzigartig

Wenn der andere in der Nähe ist, spürt man die eigene Unverwechselbarkeit, ist Treue plötzlich keine leere Phrase mehr, entsteht der Wunsch, einen langen Weg gemeinsam zu gehen.

♡ ♀ X⊥ ⊛

Spritzig

Wenn der andere in der Nähe ist, wird es lustig und abwechslungsreich, spürt man die eigene Originalität und wächst der Wunsch auf ganz ungewöhnliche, lustvolle Abenteuer.

♡ ♀ X⊥⊥ ⊛

Aphrodiatisiert

Wenn der andere in der Nähe ist, weht einem ein sanfter Hauch in den Nacken, spürt man ein leises Kitzeln im Bauch und möchte immer nur noch mehr.

Mars mobilisiert

♂

Wo Sie durch sie/er herausgefordert werden und Mut beweisen müssen

💘 ♂ ⊥ ⊙

Provokation

Diese Person weckt Ihren Kampfgeist. Sie müssen Stellung beziehen. Geben Sie sich ganz vorne heraus. Legen Sie Ihre Scheu ab. Seien Sie hellwach, jetzt und hier.

💘 ♂ ⊥⊥ ⊙

Einmarsch

Diese Person dringt in Ihr Revier ein. Sie könnten sich dazu aufgerufen fühlen, Ihre finanziellen und körperlichen Ressourcen zu aktivieren. Spüren Sie Ihre Kraft und lernen Sie gleichzeitig, sich zu beherrschen.

💘 ♂ ⊥⊥⊥ ⊙

Schlagfertigkeit

Diese Person gebraucht Worte, die Sie zum Widerspruch reizen. Seien Sie bloß nicht auf den Mund gefallen. Haben Sie die Courage, auch mal laut zu werden, wenn es angebracht ist.

💘 ♂ ⊥V ⊙

Krachbude

Diese Person bringt Leben ins Haus. In der Rappelkiste kann es hoch her gehen. Die Axt im Hause erspart den Zimmermann.

♂ V

Auftritt

Diese Person macht hin und wieder kräftig Theater. Sie selbst können ruhig auch mal übertreiben. Nur dann werden Sie wirklich überall wahrgenommen.

♂ VI

Werkstattcharakter

Diese Person weckt Ihre Kritikfähigkeit. Wenn irgendwo etwas nicht stimmt, dann müssen Sie jetzt handeln. Das ist nur zu vernünftig. Doch machen Sie vor lauter Reparierwut nicht versehentlich etwas noch Heiles kaputt.

♂ VII

Schnäppchenjagd

Diese Person weckt Ihren Geschäftssinn. Sie feilschen bis an die Grenze und können überraschend günstige Verträge abschließen. Übertreiben Sie es jedoch nicht, sonst endet die Verhandlung im Streit.

♂ VIII

Stachelei

Diese Person weckt tiefe Emotionen. Sie fühlen sich berührt. Doch wahrscheinlich ärgern Sie sich gleichzeitig. Bevor Sie zum Gegenangriff übergehen, müssen Sie ganz sicher sein, dass Sie im Grunde nicht auf sich selber einprügeln.

♂ IX

Kreuzzug

Diese Person weckt Ihr Fernweh. Es zieht Sie zu fernen Horizonten, wo das Abenteuer lockt. Man streitet über Ideologien und Weltanschauungen.

♡ ♂ X ⊛

Aufstieg

Diese Person weckt Ihren Drang, Karriere zu machen, eine bedeutende Position zu ergattern, ganz oben auf der Leiter des Erfolgs zu stehen. Die Angst vor Ämtern und Behörden schwindet.

♡ ♂ X⊥ ⊛

Vogelflug

Diese Person weckt Ihren Freiheitsdrang. Sie durchbrechen die Alltagsroutine und haben keine Angst mehr, sich wildfremden Menschen gegenüber zu öffnen.

♡ ♂ X⊥⊥ ⊛

Nachtmeerfahrt

Diese Person dringt in Ihr Unterbewusstes ein, weckt verborgene Wünsche und macht Ihnen Mut, Wände aus Nebel zu durchbrechen.

Jupiter öffnet Welten

♃

Was sie/er Sie großzügig unterstützt und Sie zum Erfolg bringen könnte

♃ I

Präsentation

Wenn es darum geht, sich selbst mal in den Vordergrund zu schieben und den ersten Schritt zu wagen, dann können Sie mit Förderung, Vermittlung und Unterstützung rechnen.

♃ II

Vorschuss

Wenn es darum geht, Besitz anzuhäufen, den eigenen Selbstwert herauszukehren und eventuell nach günstigen Krediten Ausschau zu halten, können Sie mit Förderung, Vermittlung und Unterstützung rechnen.

♃ III

Erkundung

Wenn es darum geht, an Wissen und Informationen heranzukommen sowie in stärkeren Kontakt zu den Leuten in der näheren Umgebung zu treten, können Sie mit Förderung, Vermittlung und Unterstützung rechnen.

♃ IV

Geräumigkeit

Wenn es darum geht, den Kreis der Familie zu erweitern und sich ein komfortables Heim zu schaffen, können Sie mit Förderung, Vermittlung und Unterstützung rechnen.

♃ V

Publikum

Wenn es darum geht, auf die Bühne zu kommen und gewaltig Eindruck zu machen, können Sie mit Förderung, Vermittlung und Unterstützung rechnen.

♃ VI

Wohlergehen

Wenn es darum geht, den Arbeitsplatz und die alltäglichen Lebensbedingungen zu verbessern, können Sie mit Förderung, Vermittlung und Unterstützung rechnen.

♃ VII

Begegnungen

Wenn es darum geht, den geistigen Horizont zu erweitern und mit einem Haufen interessanter Leute in Kontakt zu kommen, können Sie mit Förderung, Vermittlung und Unterstützung rechnen.

♃ VIII

Hintergründe

Wenn es darum geht, Geheimnisse zu entschlüsseln und psychologische Zusammenhänge zu begreifen, können Sie mit Förderung, Vermittlung und Unterstützung rechnen.

♃ IX

Horizonterweiterung

Wenn es darum geht, eine Weltanschauung zu entwickeln bzw. sich die Welt ganz konkret auf Reisen anzuschauen, können Sie mit Förderung, Vermittlung und Unterstützung rechnen.

♃ X

Eintrittskarte

Wenn es darum geht, Zugang zu hochkarätigen Persönlichkeiten der Gesellschaft zu erlangen und zu offiziellen Veranstaltungen eingeladen zu werden, können Sie mit Förderung, Vermittlung und Unterstützung rechnen.

♃ XI

Engagement

Wenn es darum geht, sich in Vereinen zu engagieren und den Freundeskreis zu erweitern, können Sie mit Förderung, Vermittlung und Unterstützung rechnen.

♃ XII

Sinnfindungssuche

Wenn es darum geht, innere Welten zu entdecken und eventuell auf eine spirituelle Reise zu gehen, können Sie mit Förderung, Vermittlung und Unterstützung rechnen.

Saturns konzentrierende Kraft

♄

Worauf sie/er Sie am liebsten festnageln würde

♄ I

Zurückhaltend

Es kann von Ihnen verlangt werden, dass Sie sich mit Ihrem Auftreten ganz bestimmten Konventionen unterwerfen und spontane Impulse weitgehend unterdrücken.

♄ II

Sparsam

Es kann von Ihnen verlangt werden, dass Sie sparsam mit Ihrem Besitz umgehen und Ihren Selbstwert möglichst nicht in den Vordergrund stellen.

♄ III

Verschwiegen

Es kann von Ihnen verlangt werden, dass Sie sich mit spontanen Äußerungen zurückhalten und möglichst nur Formulierungen und Phrasen gebrauchen, die opportun sind.

♄ IV

Unpersönlich

Es kann von Ihnen verlangt werden, dass Sie Ihr Familienleben, Ihre Herkunft und Ihre ganz persönlichen Empfindungen möglichst in den Hintergrund stellen, damit Sie kein Aufsehen erregen.

♡ ♄ V ⊛

Dezent

Es kann von Ihnen verlangt werden, dass Sie sich nicht kindisch verhalten und sich nicht übermäßig echauffieren. Und wenn Sie schon einmal unbedingt im Rampenlicht stehen wollen, dann bitte so bescheiden wie möglich.

♡ ♄ VI ⊛

Servil

Es kann von Ihnen verlangt werden, dass Sie sich an die Gegebenheiten anpassen, bereit sind, sich in schwierige Verhältnisse einzufügen und für Ihre Hilfsbereitschaft keinerlei Dank erwarten.

♡ ♄ VII ⊛

Adrett

Es kann von Ihnen verlangt werden, dass Sie sich an feste Regeln im Umgang mit anderen Menschen halten, Verträge und Abmachungen strikt einhalten, in der Partnerschaft absolute Treue zeigen.

♡ ♄ VIII ⊛

Belastbar

Es kann von Ihnen verlangt werden, dass Sie Tabuthemen möglichst vermeiden, die Toten ruhen lassen und ggf. Vermächtnisse annehmen - mit welch schweren Bürden diese auch immer verbunden sein mögen.

♡ ♄ IX ⊛

Akademisch

Es kann von Ihnen verlangt werden, dass Sie sich einer ganz bestimmten Religion unterordnen, eine konventionelle Bildung aneignen und im Kontakt mit Fremden stets die Etikette wahren.

♡ ♄ X ⊙

Pflichtbewusst

Es kann von Ihnen verlangt werden, dass Sie Pflicht und Ordnung über alles schätzen. Auch sollten Sie sich der Verantwortung stellen, die eine öffentliche Position mit sich bringt, und zudem stets die Form wahren.

♡ ♄ X⊥ ⊙

Ernsthaft

Es kann von Ihnen verlangt werden, dass Sie sich Ihre Freunde ganz genau aussuchen bzw. besser noch aussuchen lassen. Wenn überhaupt, dann sollten Sie nur echten Idealismus zeigen, der mit Selbstlosigkeit einhergeht und persönliche Opfer verlangt.

♡ ♄ X⊥⊥ ⊙

Selbstlos

Es kann von Ihnen verlangt werden, dass Sie sich strengen inneren Prüfungen unterziehen, Ihre Ängste und geheimen Wünsche möglichst für sich behalten - und auf jeden Fall stets und immer die Nachtruhe einhalten.

Uranus' nervöse Schwindungen

♅

Welche Ausnahmen und Regelüberschreitungen der Flirtpartner von Ihnen verlangt

♅ ⊥

Sprungbereit

Seien Sie jederzeit bereit, blitzartig die Richtung zu wechseln und zu improvisieren. Man fordert, dass Sie wie ein Raubtier auf der Lauer liegen und von einem Moment auf den anderen in der Lage sind, alle verfügbaren Kräfte zu mobilisieren. Diesen Einfluss üben alle Menschen auf Sie aus, die ungefähr im Alter des Flirtkontakts sind. Wirklich bedeutsam wird es aber erst, wenn Uranus im Horoskop des anderen besondere Planetenaspekte bildet oder zu speziellen Faktoren Ihrer eigenen Geburtskonstellation in Wechselwirkung steht.

♅ ⊥⊥

Glücksspiel

Ihre Batterie wird ab und zu völlig leer sein. Ihre Ressourcen könnten vollkommen aufgebraucht werden. Doch Langweile kommt dafür selten auf. Die Chance, blitzartig viel Gewinn zu machen, darf nicht unterschätzt werden. Diesen Einfluss üben alle Menschen auf Sie aus, die ungefähr im Alter des Flirtkontakts sind. Wirklich bedeutsam wird es aber erst, wenn Uranus im Horoskop des anderen besondere Planetenaspekte bildet oder zu speziellen Faktoren Ihrer eigenen Geburtskonstellation in Wechselwirkung steht.

♅ ⊥⊥⊥

Per Express

Sie müssen in der Lage sein, Kommunikationsfetzen zu entschlüsseln, sich ständig unterbrechen zu lassen, unter Zeitdruck und widrigen

Bedingungen eilige Nachrichten zu recherchieren. Informationsvorsprünge zu erarbeiten wird Ihr Tagesgeschäft. Diese Forderung stellen alle Menschen an Sie, die ungefähr im Alter des Flirtkontakts sind. Wirklich bedeutsam wird es aber erst, wenn Uranus im Horoskop des Flirtkontakts besondere Planetenaspekte bildet oder zu speziellen Faktoren Ihrer eigenen Geburtskonstellation in Wechselwirkung steht.

⛢ IV

Offene Wohnungstür

Stellen Sie sich jederzeit auf unerwartete Gäste ein. Ihre Wohnung kann zum Durchgangslager für die kuriosesten Typen werden. Selbst in tiefster Nacht könnte man Sie aus dem Schlaf klingeln. Langweilig wird es zu Hause wohl kaum noch werden. Diesen Einfluss üben alle Menschen auf Sie aus, die ungefähr im Alter des Flirtkontakts sind. Wirklich bedeutsam wird es aber erst, wenn Uranus im Horoskop des Flirtkontakts besondere Planetenaspekte bildet oder zu speziellen Faktoren Ihrer eigenen Geburtskonstellation in Wechselwirkung steht.

⛢ V

Im Blitzlichtgewitter

Ob Sie es wollen oder nicht: Von Zeit zu Zeit müssen Sie sich ins grelle Scheinwerferlicht stellen und vor wildfremden Menschen Ihr Innerstes nach außen kehren. Vielleicht werden Sie mal fünf Minuten lang zum Superstar. Solche Erlebnisse bieten Ihnen alle Menschen, die ungefähr im Alter des Flirtkontakts sind. Wirklich bedeutsam wird es aber erst, wenn Uranus im Horoskop des Flirtkontakts besondere Planetenaspekte bildet oder zu speziellen Faktoren Ihrer eigenen Geburtskonstellation in Wechselwirkung steht.

⛢ VI

Alarmbereitschaft

Wo Not am Mann ist, da müssen Sie einspringen. Den genauen Zeitpunkt erfahren Sie erst unmittelbar vor dem Einsatz. Große und kleine Katastrophen wechseln sich ab. Gebraucht werden Sie auf jeden Fall.

Bereit sein ist alles. Bereiten Sie sich gut vor. So etwas erleben Sie aber nur dann, wenn Uranus im Horoskop des Flirtkontakts besondere Planetenaspekte bildet oder zu speziellen Faktoren Ihrer eigenen Geburtskonstellation in Wechselwirkung steht.

♅ VII

Flitterwochen

Vielleicht kommt es mit dieser Person niemals zu einer Heirat. Treue ist auch nicht unbedingt ihr Thema. Aber eine kurze Affäre sollte auf jeden Fall drin sein. Die Chance auf eine Blitzhochzeit in Las Vegas ist auch recht hoch - ebenso wie eine darauf folgende Blitztrennung. Diesen Einfluss üben alle Menschen auf Sie aus, die ungefähr im Alter des Flirtkontakts sind, wirklich bedeutsam wird es aber erst, wenn Uranus im Horoskop des Flirtkontakts besondere Planetenaspekte bildet oder zu speziellen Faktoren Ihrer eigenen Geburtskonstellation in Wechselwirkung steht.

♅ VIII

Entscheidungszwang

Ihre Meinung wird von Fall zu Fall abgerufen. Dann müssen Sie blitzartig Stellung beziehen, mit Ja oder Nein antworten. Dazwischen gibt es überhaupt nichts. Sich schon im vorneherein auf eine solche Situation vorzubereiten ist erstrebenswert, aber nicht immer möglich, zumal Sie selbst Ihre eigenen Vorstellungen ständig den sich verändernden Umständen anpassen müssen. Eine langfristige Planung lässt sich also kaum realisieren. Das geschieht Ihnen zwar mit allen Menschen, die ungefähr im Alter des Flirtkontakts sind, wirklich bedeutsam wird es aber erst, wenn Uranus im Horoskop des Flirtkontakts besondere Planetenaspekte bildet oder zu speziellen Faktoren Ihrer eigenen Geburtskonstellation in Wechselwirkung steht.

♅ IX

Überraschungen

Sie werden sich immer wieder mit leichten Erschütterungen Ihres Weltbildes abfinden müssen. Sie wollen vertrauen. Doch das ist nicht leicht, denn vieles, was versprochen wird, kann so nicht eingehalten werden. Recht und Gerechtigkeit können nicht eingeklagt werden. Nur wenn Sie die Gunst der Stunde nutzen, bekommen Sie das, was Ihnen vorschwebt. Dann aber kann sich das Füllhorn des Glücks über Ihnen öffnen. Sie erhalten Geschenke, die Sie sich nicht mal im Traum gewünscht haben. Solcherlei erleben Sie mit allen Menschen, die ungefähr im Alter des Flirtkontakts sind, wirklich bedeutsam wird es aber erst, wenn Uranus im Horoskop des Flirtkontakts besondere Planetenaspekte bildet oder zu speziellen Faktoren Ihrer eigenen Geburtskonstellation in Wechselwirkung steht.

♅ X

Karrierebrüche

Selbst etablierte Institutionen könnten nun unberechenbar werden. In Berufsleben kommt es zum plötzlichen Aufstieg, möglicherweise aber auch zu raschen Degradierungen. Von Ihnen wird auf einmal Erfindungsreichtum verlangt. Sie müssen zu gewissen Zeiten alles auf eine Karte setzen. Das Risiko, das dann zu verlieren, ist groß. Noch größer könnte aber die Gefahr sein, austauschbar zu werden. All dies erleben Sie mit vielen Menschen, die ungefähr im Alter des Flirtkontakts sind. Wirklich bedeutsam wird es aber erst, wenn Uranus im Horoskop des Flirtkontakts besondere Planetenaspekte bildet oder zu speziellen Faktoren Ihrer eigenen Geburtskonstellation in Wechselwirkung steht.

♅ XI

Vergesellschaftung

Freundschaften werden aufregend. Sie finden sich in Vereinen, losen Gruppierungen oder Cliquen wieder, die wirklich skurril und außergewöhnlich sind. Auf einmal spielt es eine große Rolle, wie vernetzt Sie sind. Und Sie werden an Idealen gemessen. Freiheit und Individualität bekommen eine neue Bedeutung. Dies erleben Sie mit allen Menschen, die ungefähr im Alter des Flirtkontakts sind. Wirklich bedeutsam wird es aber erst, wenn Uranus im Horoskop des Flirtkontakts besondere Planetenaspekte bildet oder zu speziellen Faktoren Ihrer eigenen Geburtskonstellation in Wechselwirkung steht.

♅ XII ♋

Schlaflosigkeit

Plötzlich wird die Nacht zum Tag, entsteht eine innere Unruhe, die nicht zu erklären ist, wacht man mitten im Traum auf, öffnen sich schlagartig Pforten zum Unbewussten. Diese Phänomene bringen einen um den Schlaf, eröffnen aber gleichzeitig innere Welten voll überraschender Genialität. Diesen Einfluss üben alle Menschen auf Sie aus, die ungefähr im Alter des Flirtkontakts sind. Wirklich bedeutsam wird es aber erst, wenn Uranus im Horoskop des Flirtkontakts besondere Planetenaspekte bildet oder zu speziellen Faktoren Ihrer eigenen Geburtskonstellation in Wechselwirkung steht.

Neptuns mystischer Nebel

♆

In welchen Lebensbereichen sie/er Verwirrung stiftet

♆ I

Schüchtern

Sie können sich nicht wie gewohnt durchsetzen, haben keinen Spaß mehr daran, andere Menschen an die Wand zu drücken oder bedenkenlos aus dem Weg zu räumen. Ihre Haut wird dünn und Sie spüren mehr denn sonst, dass Sie nicht alleine auf der Welt sind. Da eine ganze Generation diesen Einfluss auf Sie ausübt, muss Neptun bei ihr/ihm schon besonders stark mit anderen Planeten vernetzt sein, damit dieses Thema zwischen Ihnen beiden Bedeutung erlangt.

♆ II

Dünnhäutig

Ihr persönliches Eigentum und Ihre körperliche Unversehrtheit bedeuten Ihnen weniger als sonst. Erwerbssinn wird zu Habsucht, Ihr Körper schreit nach Entgrenzung und zeigt demnächst vielleicht sogar Auflösungserscheinungen. Sie sind sich Ihrer selbst nicht sicher und stellen gezwungenermaßen auf Bio, Öko und Nachhaltigkeit um. Da eine ganze Generation diesen Einfluss auf Sie ausübt, muss Neptun bei ihr/ihm schon besonders stark mit anderen Planeten vernetzt sein, damit dieses Thema zwischen Ihnen beiden Bedeutung erlangt.

♆ III

Sprachlos

Ihre Ausdrucksweise bekommt etwas Nörgelnd-Weinerliches, wenn Sie nicht ganz stark aufpassen. Verwenden Sie besser Bilder und Töne, um zu vermitteln, was vor Ihrem inneren Auge erscheint. Namenloses kann man sowieso nicht in Worte fassen. Da eine ganze Generation diesen

Einfluss auf Sie ausübt, muss Neptun bei ihr/ihm schon besonders stark mit anderen Planeten vernetzt sein, damit dieses Thema zwischen Ihnen beiden Bedeutung erlangt.

♆ IV

Entwurzelt

Sie werden sich unsicher, was Ihre Identität betrifft. Heimat sagt Ihnen nichts mehr. Familienbande lösen sich auf. Emotional fühlen Sie sich auf einmal wie am Wasser gebaut. Sie verlassen vielleicht sogar Ihre angestammte Heimat und gehen hinaus auf hohe See. Da eine ganze Generation diesen Einfluss auf Sie ausübt, muss Neptun bei ihr/ihm schon besonders stark mit anderen Planeten vernetzt sein, damit dieses Thema zwischen Ihnen beiden Bedeutung erlangt.

♆ V

Befangen

Eine gewisse Verklemmung stellt sich ein, wenn Sie wie gewohnt im Mittelpunkt stehen. Sie sehen sich plötzlich nicht mehr als Nabel der Welt und bekommen das starke Bedürfnis, auch für jene, die am Rande stehen, ein Sprachrohr zu werden. Ihre Konturen verwischen sich. Eine gewisse Musikalität stellt sich ein. Da eine ganze Generation diesen Einfluss auf Sie ausübt, muss Neptun bei ihr/ihm schon besonders stark mit anderen Planeten vernetzt sein, damit dieses Thema zwischen Ihnen beiden Bedeutung erlangt.

♆ VI

Schluderig

Mit der Zeit hören Sie auf, jedes einzelne Detail in Ihrem Leben zu planen. Sie organisieren nur noch das Nötigste und überlassen umso mehr den Selbstregulierungskräften der Natur. Unter Berufskollegen entdecken Sie das Zwischenmenschliche. Gut so! Aber vergessen Sie nicht, sich täglich die Zähne zu putzen, und nehmen Sie auch keine Schnapsflaschen mit ins Büro. Da eine ganze Generation diesen Einfluss auf Sie ausübt, muss Neptun bei ihr/ihm schon besonders stark mit anderen Planeten vernetzt sein, damit dieses Thema zwischen Ihnen beiden Bedeutung erlangt.

♆ VII

Plüschäugig

Gut, dass Sie nun die Interessen unterschiedlichster Menschen gegen einander abwägen, zumal Sie sich in Ihr jeweiliges Gegenüber immer besser einfühlen können. Charme verbreiten Sie überall, mit ungeahnten Auswirkungen. Die unterschiedlichsten Leute machen sich auf einmal Hoffnungen. Das könnte zu kompliziertesten Verwicklungen führen - es sein denn, Sie leben fortan als Priester zölibatär bzw. erklären sich als Nonne zur Braut Christi. Da eine ganze Generation diesen Einfluss auf Sie ausübt, muss Neptun bei ihr/ihm schon besonders stark mit anderen Planeten vernetzt sein, damit dieses Thema zwischen Ihnen beiden Bedeutung erlangt.

♆ VIII

Willensschwach

Feste Vorstellungen und Konzepte lösen sich. Eventuell wirkt sich das auch auf Ihre sexuellen Präferenzen aus. Alles und nichts erscheint möglich. Sie wechseln die Rollen, werden vom Aktiven zum Passiven und fühlen sich zwischendurch auch ganz wohl in der Rolle. Aber auf Dauer vergessen Sie, wenn Sie nicht aufpassen, wer Sie überhaupt sind und was Sie vom Leben wirklich wollen. Da eine ganze Generation diesen Einfluss auf Sie ausübt, muss Neptun bei ihr/ihm schon besonders stark mit anderen Planeten vernetzt sein, damit dieses Thema zwischen Ihnen beiden Bedeutung erlangt.

♆ IX

Sinnentfremdet

Bildung erscheint Ihnen wertlos, so lange sie nicht dem wahren Leben und der Bewahrung der Natur dient. Religion fühlt sich hohl und leer an, wenn sie nur von der Kanzel gepredigt und nicht im Alltag gelebt wird. Sie begreifen große Zusammenhänge und werden weitsichtig. Der

Blick für Details und Machbares geht darüber verloren. Da eine ganze Generation diesen Einfluss auf Sie ausübt, muss Neptun bei ihr/ihm schon besonders stark mit anderen Planeten vernetzt sein, damit dieses Thema zwischen Ihnen beiden Bedeutung erlangt.

♆ X ☉

Konzeptlos

Karriereplanung gut und schön, aber im Beisein dieses Menschen kann da so einiges ins Schwimmen kommen. Zu groß werden auf einmal die Wünsche, was den Job betrifft. Man beginnt, zu viele Strategien gleichzeitig zu verfolgen. Alternative Zielvorstellungen, die auch dem Allgemeinwohl diesen, können aus der Patsche helfen. Da eine ganze Generation diesen Einfluss auf Sie ausübt, muss Neptun bei ihr/ihm schon besonders stark mit anderen Planeten vernetzt sein, damit dieses Thema zwischen Ihnen beiden Bedeutung erlangt.

♆ X⊥ ☉

Blauäugig

Falsche von echten Freunden zu unterscheiden, das ist nicht mehr so einfach. Wer nutzt Ihre Hilfsbereitschaft aus. Und wer dankt es Ihnen wirklich, wenn Sie großzügig spenden? Sie müssen sich über Ihre Ideale im Klaren werden. Da eine ganze Generation diesen Einfluss auf Sie ausübt, muss Neptun bei ihr/ihm schon besonders stark mit anderen Planeten vernetzt sein, damit dieses Thema zwischen Ihnen beiden Bedeutung erlangt.

♆ X⊥⊥ ☉

Alternativ

Auf einmal sind Sie glücklich, in Ihren Träumen zu leben. Wenn man nur noch die Augen schließen muss, um all das zu erleben, was in der Realität unerreichbar scheint, wird der Überlebenskampf dort draußen unattraktiv - es sei denn, man sucht nach Nischen und Lücken im ach so glatten Mauerwerk der Konventionen, arbeitet hart am Paradies auf Erden - klein, aber fein. Da eine ganze Generation diesen Einfluss auf

Sie ausübt, muss Neptun bei ihr/ihm schon besonders stark mit anderen Planeten vernetzt sein, damit dieses Thema zwischen Ihnen beiden Bedeutung erlangt.

Plutos tiefgründige Wandlungsenergie

♇

Wie sie/er Veränderungen bei Ihnen bewirken kann - oder auch nicht

♇ ⊥

Frisurwechsel

Sie stellen die Art, wie sie Auftreten, grundsätzlich infrage und probieren mal was gänzlich Neues - zumindest ansatzweise. Diese Konstellation hat allerdings nur einen schwachen Einfluss auf Sie, da der Planet Pluto über eine ganze Generation hinweg meist im gleichen Tierkreiszeichen steht.

♇ ⊥⊥

Kreditanbieterwechsel

Sie stellen Ihre Besitzverhältnisse grundsätzlich infrage und probieren mal was gänzlich Neues - zumindest ansatzweise. Diese Konstellation hat allerdings nur einen schwachen Einfluss auf Sie, da der Planet Pluto über eine ganze Generation hinweg meist im gleichen Tierkreiszeichen steht.

♇ ⊥⊥⊥

Handyaustausch

Sie stellen Ihr Kommunikationsverhalten grundsätzlich infrage und probieren mal was gänzlich Neues - zumindest ansatzweise. Diese Konstellation hat allerdings nur einen schwachen Einfluss auf Sie, da der Planet Pluto über eine ganze Generation hinweg meist im gleichen Tierkreiszeichen steht.

♇ IV

Tapetenwechsel

Sie stellen Ihr Wohnkonzept grundsätzlich infrage und probieren mal was gänzlich Neues - zumindest ansatzweise. Diese Konstellation hat allerdings nur einen schwachen Einfluss auf Sie, da der Planet Pluto über eine ganze Generation hinweg meist im gleichen Tierkreiszeichen steht.

♇ V

Lidschattenvariationen

Sie stellen Ihre dramatischen Versuche, Aufmerksamkeit zu erheischen, grundsätzlich infrage und probieren mal was gänzlich Neues - zumindest ansatzweise. Diese Konstellation hat allerdings nur einen schwachen Einfluss auf Sie, da der Planet Pluto über eine ganze Generation hinweg meist im gleichen Tierkreiszeichen steht.

♇ VI

Büropflanzenaustausch

Sie stellen das Verhältnis zu Ihren Arbeitskollegen grundsätzlich infrage und probieren mal was gänzlich Neues - zumindest ansatzweise. Diese Konstellation hat allerdings nur einen schwachen Einfluss auf Sie, da der Planet Pluto über eine ganze Generation hinweg meist im gleichen Tierkreiszeichen steht.

♇ VII

Parfümwechsel

Sie stellen Ihr Beziehungsverhalten grundsätzlich infrage und probieren mal was gänzlich Neues - zumindest ansatzweise. Diese Konstellation hat allerdings nur einen schwachen Einfluss auf Sie, da der Planet Pluto über eine ganze Generation hinweg meist im gleichen Tierkreiszeichen steht.

♇ VIII

Stellungswechsel

Sie stellen Ihr Sexualverhalten grundsätzlich infrage und probieren mal was gänzlich Neues - zumindest ansatzweise. Diese Konstellation hat allerdings nur einen schwachen Einfluss auf Sie, da der Planet Pluto über eine ganze Generation hinweg meist im gleichen Tierkreiszeichen steht.

♇ IX

Urlaubswechsel

Sie stellen Ihre ethischen Grundsätze grundsätzlich infrage und probieren mal was gänzlich Neues - zumindest ansatzweise. Diese Konstellation hat allerdings nur einen schwachen Einfluss auf Sie, da der Planet Pluto über eine ganze Generation hinweg meist im gleichen Tierkreiszeichen steht.

♇ X

Uniformwechel

Sie stellen Ihre Berufsziele grundsätzlich infrage und probieren mal was gänzlich Neues - zumindest ansatzweise. Diese Konstellation hat allerdings nur einen schwachen Einfluss auf Sie, da der Planet Pluto über eine ganze Generation hinweg meist im gleichen Tierkreiszeichen steht.

♇ XI

Kumpeltausch

Sie stellen Ihre freundschaftlichen Kontakte grundsätzlich infrage und probieren mal was gänzlich Neues - zumindest ansatzweise. Diese Konstellation hat allerdings nur einen schwachen Einfluss auf Sie, da der Planet Pluto über eine ganze Generation hinweg meist im gleichen Tierkreiszeichen steht.

⚸ ♇ XII ♋

Genussgiftwechsel

Sie stellen Ihre Verdrängungsmechanismen grundsätzlich infrage und probieren mal was gänzlich Neues - zumindest ansatzweise. Diese Konstellation hat allerdings nur einen schwachen Einfluss auf Sie, da der Planet Pluto über eine ganze Generation hinweg meist im gleichen Tierkreiszeichen steht.

Mondknoten weisen die Richtung

☊

Wie der Flirt einen positiven Einfluss auf Sie ausübt

♡ ☊ I ☉

Mehr Courage

Wagen Sie mehr. Seien Sie mutig und riskieren Sie ruhig mal eine Konfrontation. Das wird wohlwollend zur Kenntnis genommen und entsprechend honoriert.

♡ ☊ II ☉

Wert zeigen

Verkaufen Sie sich nicht mehr unter Wert. Fordern Sie Ihren Preis und bleiben Sie stur, bis Sie ihn auch bekommen. Das wird wohlwollend zur Kenntnis genommen und entsprechend honoriert.

♡ ☊ III ☉

Umtriebig sein

Überwinden Sie sich und sprechen Sie jeden an, der Ihnen nützlich sein kann. Leiern Sie kleine Geschäfte an und feilschen Sie ruhig etwas. Das wird wohlwollend zur Kenntnis genommen und entsprechend honoriert.

♡ ☊ IV ☉

Häuslich werden

Kochen Sie mal was und schaffen Sie zu Hause eine gemütliche Atmosphäre. Das wird wohlwollend zur Kenntnis genommen und entsprechend honoriert.

♌ V

Aufmerksamkeit erregen

Stellen Sie sich ruhig mal in den Mittelpunkt und tragen Sie etwas vor. Das wird wohlwollend zur Kenntnis genommen und entsprechend honoriert.

♌ VI

Sich kümmern

Seien Sie fleißig, nehmen Sie mehr Rücksicht und bieten Sie Ihre Hilfe an. Das wird wohlwollend zur Kenntnis genommen und entsprechend honoriert.

♌ VII

Sich kooperativ zeigen

Zeigen Sie mehr Interesse an Ihrem jeweiligen Gegenüber, gehen Sie auf Initiativen ein und überlassen Sie auch mal anderen das Steuer. Das wird wohlwollend zur Kenntnis genommen und entsprechend honoriert.

♌ VIII

Begierde zeigen

Zeigen Sie, wie sehr Sie begehren und wie groß Ihre Leidenschaft im Grunde ist. Das wird wohlwollend zur Kenntnis genommen und entsprechend honoriert.

♌ IX

Offen sein

Zeigen Sie sich von Ihrer toleranten Seite und schaffen Sie Vertrauen. Das wird wohlwollend zur Kenntnis genommen und entsprechend honoriert.

💘 ♌ ⧖ ⊙

Führung übernehmen

Übernehmen Sie ruhig mehr Verantwortung und scheuen Sie auch vor Führungspositionen nicht zurück. Das wird wohlwollend zur Kenntnis genommen und entsprechend honoriert.

💘 ♌ ⧖⊥ ⊙

Leutselig werden

Gehen Sie ruhig öfter mal auf eine Veranstaltung. Lassen Sie sich in der Öffentlichkeit sehen und mischen Sie sich unter die Leute. Das wird wohlwollend zur Kenntnis genommen und entsprechend honoriert.

💘 ♌ ⧖⊥⊥ ⊙

In sich gehen

Beschäftigen Sie sich öfter mal ausschließlich mit sich selbst. Suchen Sie die Stille und Abgeschiedenheit und lassen Sie es auch mal zu, dass Ihr jeweiliges Gegenüber Schwäche und Unsicherheit zeigt. Das wird wohlwollend zur Kenntnis genommen und entsprechend honoriert.

Chirons heilsame Ausstrahlung

⚷

Auf welche Weise sie/er mit Ihren Mankos umgeht

⚷ I

Fehler am Erscheinungsbild

Wenn Sie zusammen sind, spüren Sie ganz deutlich, was sich an Ihren persönlichen Auftritt noch verbessern ließe. Geben Sie dem anderen nicht die Schuld, dass er Sie mit der Nase auf Ihre Fehler stupst. Seien Sie ihm lieber dankbar dafür und nehmen Sie seine wertvollen Tipps ruhig an.

⚷ II

Schwachpunkte in den Finanzen

Wenn Sie zusammen sind, spüren Sie ganz deutlich die Schieflage in Ihrem Portemonnaie. Geben Sie dem anderen nicht die Schuld, dass er Sie mit der Nase auf Ihre Fehler stupst. Seien Sie ihm lieber dankbar dafür und nehmen Sie seine wertvollen Tipps ruhig an.

⚷ III

Unpassende Wortwahl

Wenn Sie zusammen sind, spüren Sie ganz deutlich Ihren schluderigen Umgang mit der Sprache. Ärgern Sie sich nicht über den anderen, nur weil er Sie mit der Nase auf Ihre eigenen Fehler stupst. Danken Sie ihm lieber dafür und nehmen Sie seine wertvollen Tipps ruhig an.

⚷ IV

Ungemütliches Zuhause

Wenn Sie zusammen sind, spüren Sie ganz deutlich eine gewisse Unbehaglichkeit, die Ihr Heim ausstrahlt. Ärgern Sie sich nicht über den anderen, nur weil er Sie mit der Nase auf Ihre Fehler stupst. Seien Sie ihm lieber dankbar dafür und nehmen Sie seine wertvollen Tipps ruhig an.

V

Peinlichkeiten

Wenn Sie zusammen sind, spüren Sie ganz deutlich die Schwächen Ihrer Selbstdarstellung. Ärgern Sie sich nicht über den anderen, nur weil er Sie mit der Nase auf Ihre Fehler stupst. Seien Sie ihm lieber dankbar dafür und nehmen Sie seine wertvollen Tipps ruhig an.

VI

Fehlerhafte Organisation

Wenn Sie zusammen sind, spüren Sie ganz deutlich Mängel in der praktischen Alltagsplanung. Ärgern Sie sich nicht über den anderen, nur weil er Sie mit der Nase auf Ihre Fehler stupst. Seien Sie ihm lieber dankbar dafür und nehmen Sie seine wertvollen Tipps ruhig an.

VII

Gestörte Harmonie

Wenn Sie zusammen sind, spüren Sie ganz deutlich Dissonanzen im zwischenmenschlichen Bereich. Ärgern Sie sich nicht über den anderen, nur weil er Sie mit der Nase auf Ihre Fehler stupst. Seien Sie ihm lieber dankbar dafür und nehmen Sie die wertvollen Tipps ruhig an.

VIII

Schwachpunkte in der Planung

Wenn Sie zusammen sind, spüren Sie ganz deutlich Fehler in Ihren Konzepten und Strategien. Geben Sie dem anderen nicht die Schuld, dass er Sie mit der Nase auf Ihre Fehler stupst. Seien Sie ihm lieber dankbar dafür und nehmen Sie seine wertvollen Tipps ruhig an.

♡⚷ ⊥X☉

Ethische Unstimmigkeiten

Wenn Sie zusammen sind, spüren Sie ganz deutlich Defizite in der moralischen Festigkeit. Geben Sie dem anderen nicht die Schuld, dass er Sie mit der Nase auf Ihre Fehler stupst. Seien Sie ihm lieber dankbar dafür und nehmen Sie seine wertvollen Tipps ruhig an.

♡⚷ X☉

Unstimmige Verantwortlichkeiten

Wenn Sie zusammen sind, spüren Sie ganz deutlich die Schwächen ihrer gesellschaftlichen Position. Geben Sie dem anderen nicht die Schuld, dass er Sie mit der Nase auf Ihre Fehler stupst. Seien Sie ihm lieber dankbar dafür und nehmen Sie seine wertvollen Tipps ruhig an.

♡⚷ X⊥☉

Fragliche Idealvorstellungen

Wenn Sie zusammen sind, spüren Sie ganz deutlich die Mangelhaftigkeit von dem, was Sie eigentlich für erstrebenswert halten. Geben Sie dem anderen nicht die Schuld, dass er Sie mit der Nase auf Ihre Fehler stupst. Seien Sie ihm lieber dankbar dafür und nehmen Sie seine wertvollen Tipps ruhig an.

♡⚷ X⊥⊥☉

Unruhige Träume

Wenn Sie zusammen sind, spüren Sie ganz deutlich Schwierigkeiten bei der Entspannung und Regeneration. Geben Sie dem anderen nicht die Schuld, dass er Sie mit der Nase auf Ihre Fehler stupst. Seien Sie ihm lieber dankbar dafür und nehmen Sie seine wertvollen Tipps ruhig an.

Liliths beängstigende Leidenschaft

☾

Womit ihr/ihm Sie irritiert

☾ I

Ausbrüche

Richtig schockiert könnten Sie sein, wenn Sie feststellen, wie heftig Ihre im Grunde ganz urtümlichen Triebe aus Ihnen herausbrechen, wenn Sie zu zweit sind.

☾ II

Zuckungen

Richtig schockiert könnten Sie sein, wenn Sie feststellen, wie radikal Sie mit Ihrem Körper umgehen, wenn Sie zu zweit sind.

☾ III

Verbalinjurien

Richtig schockiert könnten Sie sein, wenn Sie feststellen, wie zotig Ihr sprachlicher Ausdruck wird, wenn Sie zu zweit sind.

☾ IV

Nachtragend

Richtig schockiert könnten Sie sein, wenn Sie feststellen, wie rachsüchtig Sie in Familienangelegenheiten werden, wenn Sie zu zweit sind.

☾ V

Hysterie

Richtig schockiert könnten Sie sein, wenn Sie feststellen, wie dramatisch Ihre Ausdrucksweise wird, wenn Sie zu zweit sind.

☾ VI

Bekrittelnd

Richtig schockiert könnten Sie sein, wenn Sie feststellen, wie ätzend Ihre Kritik werden kann, wenn Sie zu zweit sind.

☾ VII

Kontaktgestört

Richtig schockiert könnten Sie sein, wenn Sie feststellen, wie sehr Sie klassische Beziehungsstrukturen infrage stellen, wenn Sie zu zweit sind.

☾ VIII

Besitzergreifend

Richtig schockiert könnten Sie sein, wenn Sie feststellen, wie die Eifersucht von Ihnen Besitz ergreift, wenn Sie zu zweit sind.

☾ IX

Tabulos

Richtig schockiert könnten Sie sein, wenn Sie feststellen, wie sehr Sie auf einmal Moral und Ethik ablehnen, wenn Sie zu zweit sind.

☾ X

Unangepasst

Richtig schockiert könnten Sie sein, wenn Sie feststellen, wie wenig Sie von Autorität und Verantwortung im herkömmlichen Sinne halten, wenn Sie zu zweit sind.

☾ X⊥ ☉

Schräg

Richtig schockiert könnten Sie sein, wenn Sie feststellen, welch ungewöhnlichen Idealen Sie nachhängen, wenn Sie zu zweit sind.

☾ X⊥⊥ ☉

Aufwühlend

Richtig schockiert könnten Sie sein, wenn Sie feststellen, wie heftig Ihre Träume werden, wenn Sie zu zweit sind.

Wirkung eigener Planeten

Welchen Einfluss Sie auf den anderen haben

Sie denken momentan vielleicht nur an einen Flirt. Doch auf welche Art und Weise werden Sie den Flirtkontakt beeinflussen, bewusst oder unbewusst, wenn sich eine intensive Beziehung zwischen Ihnen beiden entwickelt?

Solare Klarheit

☉

Sie durchstrahlen das Leben Ihres Flirtkontakts

☉ I

Präsenz

Flirt bekommt ungeheuer viel Zuspruch von Ihnen, besonders wenn es um die persönliche Durchsetzung geht, sie/er wird aufgefordert, mehr von sich zu zeigen und sich bewusster zu machen, welche Wirkung damit auf andere Menschen - und damit vor allem auf Sie - ausgelöst wird. Ihre große Energie gerade in jenen Momenten, wenn Sie beisammen sind, hilft dem Flirtpartner ungemein, neues Selbstbewusstsein zu entwickeln und an sich selbst zu glauben.

☉ II

Selbstwert

Flirt bekommt ungeheuer viel Zuspruch von Ihnen, besonders wenn es um den Gelderwerb geht, um das Festhalten und Anhäufen von Besitz, um die Entwicklung eines Wertgefühls. Ihre große Energie gerade in jenen Momenten, wenn Sie beisammen sind, hilft ihr/ihm, neues Selbstbewusstsein zu entwickeln und an sich selbst zu glauben.

☉ III

Ausdruck

Flirt bekommt ungeheuer viel Zuspruch von Ihnen, besonders wenn es um die eigene Ausdrucksfähigkeit geht, um den Umgang mit Sprache und die Bewegung im Raum. Ihre große Energie gerade in jenen Momenten, wenn Sie beisammen sind, hilft ihr/ihm, neues Selbstbewusstsein zu entwickeln und an sich selbst zu glauben.

☉ IV

Geborgenheit

Flirt bekommt ungeheuer viel Zuspruch von Ihnen, besonders wenn es um die Ausgestaltung des eigenen Heims geht. Sie stellen die Forderung, sich stärker mit der Familie zu beschäftigen, sich bewusster um das Leben in den eigenen vier Wänden zu kümmern. Ihre große Energie gerade in jenen Momenten, wenn Sie beisammen sind, hilft ihr/ihm, neues Selbstbewusstsein zu entwickeln und an sich selbst zu glauben.

☉ V

Selbstdarstellung

Flirt bekommt ungeheuer viel Zuspruch von Ihnen, besonders wenn es um das Zeigen der eigenen Gefühle geht, sie/er fühlt sich bestärkt, in Ihrer Gegenwart viel stärker aus sich herauszugehen, vielleicht auf künstlerischem Gebiet. Ihre große Energie gerade in jenen Momenten, wenn Sie beisammen sind, hilft ihr/ihm, neues Selbstbewusstsein zu entwickeln und an sich selbst zu glauben.

☉ VI

Kritikfähigkeit

Flirt bekommt ungeheuer viel Zuspruch von Ihnen, besonders wenn es um das Streben nach Gesundheit geht, sie/er muss sich in Ihrer Gegenwart auch viel stärker mit eigenen Problemen beschäftigen, Mut zur Selbstkritik zeigen. Ihre große Energie gerade in jenen Momenten, wenn Sie beisammen sind, hilft ihr/ihm, neues Selbstbewusstsein zu entwickeln und an sich selbst zu glauben.

☉ VII

Partnerschaftlichkeit

Flirt bekommt ungeheuer viel Zuspruch von Ihnen, besonders wenn es um die Beschäftigung mit Kunst und Kultur geht, um die Reibung an anderen und die Spiegelung der eigenen Persönlichkeit durch die

Begegnung mit anderen Menschen. Ihre große Energie gerade in jenen Momenten, wenn Sie beisammen sind, hilft ihr/ihm, neues Selbstbewusstsein zu entwickeln und an sich selbst zu glauben.

⊛ ⊙ VIII ♡

Rechtsfähigkeit

Flirt bekommt ungeheuer viel Zuspruch von Ihnen, besonders wenn es um die Entwicklung von geistigen Konzepten geht. Auch kann es sein, dass sich sie/er stärker um Rechte und Verträge kümmert, möglicherweise sogar einen Rechtsanwalt einschaltet. Ihre große Energie gerade in jenen Momenten, wenn Sie beisammen sind, hilft ihr/ihm, neues Selbstbewusstsein zu entwickeln und an sich selbst zu glauben.

⊛ ⊙ IX ♡

Bildung

Flirt bekommt ungeheuer viel Zuspruch von Ihnen, besonders wenn es um Bildung geht, in vielerlei Hinsicht. Hemmschwellen bei der Beschäftigung mit Literatur, Philosophie und Religion werden abgebaut. Und überhaupt ist sie/er aufgefordert, einen größeren geistigen Horizont zu entwickeln! Ihre große Energie gerade in jenen Momenten, wenn Sie beisammen sind, hilft ihr/ihm, neues Selbstbewusstsein zu entwickeln und an sich selbst zu glauben.

⊛ ⊙ X ♡

Verantwortung

Flirt bekommt ungeheuer viel Zuspruch von Ihnen, besonders wenn es darum geht, sich beruflich weiterzuentwickeln, mit Behörden und Autoritätspersonen Kontakt aufzunehmen, sie/er wird viel klarer, welche Stellung in der Gesellschaft anzustreben ist und was dafür an Anstrengungen unternommen werden muss. Ihre große Energie gerade in jenen Momenten, wenn Sie beisammen sind, hilft ihr/ihm, neues Selbstbewusstsein zu entwickeln und an sich selbst zu glauben.

☉ ☉ XI ♡

Unabhängigkeit

Flirt bekommt ungeheuer viel Zuspruch von Ihnen, besonders wenn es um die Entwicklung von persönlicher Freiheit geht. Dazu werden Gleichgesinnte benötigt, die man nur findet, wenn man hinaus geht in die Welt, sich unter die Leute mischt, eventuelle Ängste vor großen Menschenansammlungen überwindet. Ihre große Energie gerade in jenen Momenten, wenn Sie beisammen sind, hilft ihr/ihm, neues Selbstbewusstsein zu entwickeln und an sich selbst zu glauben.

☉ ☉ XII ♡

Transzendenz

Flirt bekommt ungeheuer viel Zuspruch von Ihnen, besonders wenn es um die Erforschung des eigenen Unterbewussten geht. Der Nachtbereich des Lebens, die verborgenen Träume, Wünsche, Hoffnungen, Sehnsüchte und irrationalen Ängste bleiben bei ihr/ihm in Ihrer Gegenwart nicht mehr verborgen. Ihre große Energie gerade in jenen Momenten, wenn Sie beisammen sind, hilft ihr/ihm, neues Selbstbewusstsein zu entwickeln und an sich selbst zu glauben.

Lunares Einfühlungsvermögen

☽

Mütterliche Instinkte, mit denen Sie Ihren Flirtpartner beruhigen

☽ I ♡

Durchsetzungserlebnis

Sie bringen für sie/ihn immer dann viel Verständnis auf, wenn es darum geht, sich durchzusetzen, zu kämpfen, Initiative zu ergreifen und nicht darauf zu warten, dass andere handeln, damit sich die Situation verbessert. Sie/er kann damit rechnen, von Ihnen in dieser Hinsicht genährt, gepflegt und umsorgt zu werden. Sorgen werden gelindert, Nöte ernst genommen, Akzeptanz vermittel. Den Flirtkontakt braucht sich in diesem Lebensbereich nicht zu verstellen oder zu verstecken, wird stets ernst genommen.

☽ II ♡

Wertzuwachs

Sie bringen für sie/ihn immer dann viel Verständnis auf, wenn es um finanzielle Aspekte des tagtäglichen Lebens geht, wenn der eigene Besitz erhalten und gemehrt werden soll, wenn sich körperliche Kraft aufbaut und das Selbstwertgefühl erstarkt. Der Flirtkontakt kann damit rechnen, von Ihnen in dieser Hinsicht genährt, gepflegt und umsorgt zu werden. Sorgen werden gelindert, Nöte ernst genommen, Akzeptanz wird gegeben. Der Flirtkontakt braucht sich in diesem Lebensbereich nicht zu verstellen oder zu verstecken, wird stets ernst genommen.

☽ III ♡

Aussprache

Sie bringen für sie/ihn immer dann viel Verständnis auf, wenn es um die Pflege des sprachlichen Ausdrucks geht und beispielsweise neue Sprachen erlernt werden sollen, wenn Kontakt mit dem engeren sozialen Umfeld aufgebaut wird und dazu auf Anhieb die richtigen Worte fehlen. Der Flirtkontakt kann damit rechnen, von Ihnen in dieser Hinsicht genährt, gepflegt und umsorgt zu werden. Sorgen werden gelindert, Nöte ernst genommen, Akzeptanz wird gegeben. Sie/er braucht sich in diesem Lebensbereich nicht zu verstellen oder zu verstecken, wird stets ernst genommen.

☉ ☽ IV ♡

Wohlfühlerlebnis

Sie bringen für sie/ihn immer dann viel Verständnis auf, wenn die Wohnung zur Heimat bzw. einem Ort werden soll, an dem Entspannung und Regeneration möglich ist, an dem innerlich aufgetankt werden kann und die Seele neue Nahrung erhält. Sie/er kann damit rechnen, von Ihnen in dieser Hinsicht genährt, gepflegt und umsorgt zu werden. Sorgen werden gelindert, Nöte ernst genommen, Akzeptanz wird gegeben. Sie/er braucht sich in diesem Lebensbereich nicht zu verstellen oder zu verstecken, wird stets ernst genommen.

☉ ☽ V ♡

Aufmerksamkeit

Sie bringen für sie/ihn immer dann viel Verständnis auf, wenn es um den künstlerischen Ausdruck geht, wenn Applaus und Anerkennung gesucht wird, wenn ein größeres Publikum umworben wird und sich die Augen aller auf einen richten sollen. Sie/er kann damit rechnen, von Ihnen in dieser Hinsicht genährt, gepflegt und umsorgt zu werden. Sorgen werden gelindert, Nöte ernst genommen, Akzeptanz wird gegeben. Sie/er braucht sich in diesem Lebensbereich nicht zu verstellen oder zu verstecken, wird stets ernst genommen.

☉ ☽ VI ♡

Verbesserungen

Sie bringen für sie/ihn immer dann viel Verständnis auf, wenn es um die großen und kleinen Nöte und Sorgen des Alltags geht, wenn die Lebensumstände ertragbarer werden müssen, wenn das Verhältnis mit den Arbeitskollegen und überhaupt der ganze Arbeitsplatz nach Verbesserung schreien. Sie/er kann damit rechnen, von Ihnen in dieser Hinsicht genährt, gepflegt und umsorgt zu werden. Sorgen werden gelindert, Nöte ernst genommen, Akzeptanz wird gegeben. Sie/er braucht sich in diesem Lebensbereich nicht zu verstellen oder zu verstecken, wird stets ernst genommen.

☉ ☽ VII ♡

Begegnungen

Sie bringen für sie/ihn immer dann viel Verständnis auf, wenn es um den Wunsch nach Begegnung geht, wenn Wege gesucht werden, wie man ganz bestimmte Menschen besser erreicht. Die Angst vor anderen Menschen wird abgebaut und Neugierde geweckt. Sie/er kann damit rechnen, von Ihnen in dieser Hinsicht genährt, gepflegt und umsorgt zu werden. Sorgen werden gelindert, Nöte ernst genommen, Akzeptanz wird gegeben. Sie/er braucht sich in diesem Lebensbereich nicht zu verstellen oder zu verstecken, wird stets ernst genommen.

☉ ☽ VIII ♡

Bindungen

Sie bringen für sie/ihn immer dann viel Verständnis auf, wenn es um rechtlichen Belange und die Erfüllung von Verträgen geht, auch um Erbschaften und Vermächtnisse. Zudem kommt eine erotische Komponente ins Spiel, entwickelt sich ein Bedürfnis nach tiefer Leidenschaft - auch und gerade im körperlichen Zusammensein. Sie/er kann damit rechnen, von Ihnen in dieser Hinsicht genährt, gepflegt und umsorgt zu werden. Sorgen werden gelindert, Nöte ernst genommen, Akzeptanz wird gegeben. Sie/er braucht sich in diesem Lebensbereich nicht zu verstellen oder zu verstecken, wird stets ernst genommen.

☉ ☽ IX ♡

Fernziele

Sie bringen für sie/ihn immer dann viel Verständnis auf, wenn es um große Ziele und weite Reisen geht. Eine Sehnsucht nach fernen Ländern und fremden Kulturen wird geweckt. Sie/er kann damit rechnen, von Ihnen in dieser Hinsicht genährt, gepflegt und umsorgt zu werden. Sorgen werden gelindert, Nöte ernst genommen, Akzeptanz wird gegeben. Sie/er braucht sich in diesem Lebensbereich nicht zu verstellen oder zu verstecken, wird stets ernst genommen.

♋ ☽ X ♡

Karriereplanung

Sie bringen für sie/ihn immer dann viel Verständnis auf, wenn es um das Vorankommen in der Gesellschaft geht, wenn die berufliche Weiterentwicklung in den Mittelpunkt kommt und entsprechende Kontakte aufgebaut werden müssen sie/er kann damit rechnen, von Ihnen in dieser Hinsicht genährt, gepflegt und umsorgt zu werden. Sorgen werden gelindert, Nöte ernst genommen, Akzeptanz wird gegeben. Sie/er braucht sich in diesem Lebensbereich nicht zu verstellen oder zu verstecken, wird stets ernst genommen.

♋ ☽ XI ♡

Abwechslungen

Sie bringen für sie/ihn immer dann viel Verständnis auf, wenn es um den Aufbau lockerer Freundschaften geht, wenn der Freizeitbereich erweitert werden soll und Abwechslung von dem Trott der Alltagsroutine unbedingt erforderlich ist. Sie/er kann damit rechnen, von Ihnen in dieser Hinsicht genährt, gepflegt und umsorgt zu werden. Sorgen werden gelindert, Nöte ernst genommen, Akzeptanz wird gegeben. Sie/er braucht sich in diesem Lebensbereich nicht zu verstellen oder zu verstecken, wird stets ernst genommen.

♋ ☽ XII ♡

Rückzugsmöglichkeiten

Sie bringen für sie/ihn immer dann viel Verständnis auf, wenn es um die Beschäftigung mit inneren Welten geht, um den Rückzug vom tosenden Alltagslärm und die Suche nach Medialität und Transzendenz - sowie nach Verstecken, die der Öffentlichkeit unzugänglich bleiben.

Sie/er kann damit rechnen, von Ihnen in dieser Hinsicht genährt, gepflegt und umsorgt zu werden. Sorgen werden gelindert, Nöte ernst genommen, Akzeptanz wird gegeben. Sie/er braucht sich in diesem Lebensbereich nicht zu verstellen oder zu verstecken, wird stets ernst genommen.

Merkurische Geistesklarheit

☿

Ihre intellektuellen Einflüsse auf ihr/ihm

☉ ☿ ⊥ ♡

Meinungsbildung

Angeregt durch Ihre Neugierde und Ihren kühlen Kopf wird sich sie/er bewusster eine eigene Meinung bilden können, aber auch viel stärker darüber reflektieren müssen, was wirklich die eigenen Interessen sind und welche Konsequenzen es hat, wenn man sie durchsetzt. Sie bringen den Flirtpartner dazu, mehr über diese Dinge nachzudenken und sich diesbezüglich auch einmal ganz objektiv von außen zu betrachten.

☉ ☿ ⊥⊥ ♡

Buchhaltung

Angeregt durch Ihre Neugierde und besonders Ihren kühlen Kopf wird der Flirtpartner bewusster mit dem eigenen Besitz umgehen, die vorhandenen Vermögenswerte kritisch durchleuchten und - soweit dies möglich ist - die entsprechenden Zahlen benennen können. Sie bringt sie/ihn dazu, mehr über diese Dinge nachzudenken und sich diesbezüglich auch einmal ganz objektiv von außen zu betrachten.

☉ ☿ ⊥⊥⊥ ♡

Wendigkeit

Angeregt durch Ihre Neugierde und Ihren kühlen Kopf wird sich sie/er um klarere Artikulation und lebhaftere Aussprache bemühen, im ganzen Körper lebendiger und gelenkiger werden, vielleicht sogar Gymnastik und Sport betreiben. Sie bringen den Flirtpartner dazu, mehr über diese Dinge nachzudenken und sich diesbezüglich auch einmal ganz objektiv von außen zu betrachten.

ⓢ ☿ IV ♡

Kochkunst

Angeregt durch Ihre Neugierde und Ihren kühlen Kopf wird sie/er sich bewusster um Familienangelegenheiten kümmern, mit Verwandten sprechen - und sich vielleicht sogar ein Kochbuch zulegen, damit endlich mal abwechslungsreichere Gerichte auf den Tisch gezaubert werden. Sie bringen den Flirtpartner dazu, mehr über diese Dinge nachzudenken und sich diesbezüglich auch einmal ganz objektiv von außen zu betrachten.

ⓢ ☿ V ♡

Jongleurskunst

Angeregt durch Ihre Neugierde und Ihren kühlen Kopf wird der Flirtpartner viel wendiger und gewitzter auftreten und weitaus besser in der Lage sein, Aufmerksamkeit zu erzeugen und ein Publikum zu unterhalten. Sie bringen den Flirtpartner dazu, mehr über diese Dinge nachzudenken und sich diesbezüglich auch einmal ganz objektiv von außen zu betrachten.

ⓢ ☿ VI ♡

Vernunft

Angeregt durch Ihre Neugierde und Ihren kühlen Kopf wird sich sie/er viel bewusster mit den Notwendigkeiten des Alltags beschäftigen, Probleme angehen und sich auch nicht scheuen, an scheinbar schwierige und unliebsame Aufgaben heranzugehen. Sie bringen den Flirtpartner dazu, mehr über diese Dinge nachzudenken und sich diesbezüglich auch einmal ganz objektiv von außen zu betrachten.

ⓢ ☿ VII ♡

Gesprächskultur

Angeregt durch Ihre Neugierde und Ihren kühlen Kopf wird der Flirtpartner mehr auf andere Menschen zugehen, denen ein Ohr schenken und wirkliches Interesse an fremden Meinungen zeigen. Sie bringen den Flirtpartner dazu, mehr über diese Dinge nachzudenken und sich diesbezüglich auch einmal ganz objektiv von außen zu betrachten.

☿ VIII

Forschergeist

Angeregt durch Ihre Neugierde und Ihren kühlen Kopf wird sie/er sich mit verborgenen und dunklen Seiten des Lebens beschäftigen und dabei einen geradezu kriminalistischen Spürsinn entwickeln. Sie bringen den Flirtpartner dazu, mehr über diese Dinge nachzudenken und sich diesbezüglich auch einmal ganz objektiv von außen zu betrachten.

☿ IX

Bildung

Angeregt durch Ihre Neugierde und Ihren kühlen Kopf wir. Sie/er Verständigung über kulturelle und sprachliche Grenzen hinweg entwickeln und den eigenen geistigen Horizont erweitern. Sie bringen den Flirtpartner dazu, mehr über diese Dinge nachzudenken und sich diesbezüglich auch einmal ganz objektiv von außen zu betrachten.

☿ X

Ernsthaftigkeit

Angeregt durch Ihre Neugierde und Ihren kühlen Kopf wir. Sie/er Interesse an den ernsten und wichtigen Dingen des Lebens entwickeln und sich mit Politik und Gesellschaft beschäftigen. Sie bringen den Flirtpartner dazu, mehr über diese Dinge nachzudenken und sich diesbezüglich auch einmal ganz objektiv von außen zu betrachten.

☿ XI

Diskussionsbereitschaft

Angeregt durch Ihre Neugierde und Ihren kühlen Kopf wird sich sie/er für neue und auch etwas unkonventionelle Gedanken öffnen, die Freiheit des Geistes entdecken und in der Öffentlichkeit gesprächsbereiter werden. Sie bringen den Flirtpartner dazu, mehr über diese Dinge nachzudenken und sich diesbezüglich auch einmal ganz objektiv von außen zu betrachten.

☉ ☿ ⧖⊥⊥ ♡

Namenloses

Angeregt durch Ihre Neugierde und Ihren kühlen Kopf wir. Sie/er mehr über seine Träume erfahren wollen, die Sprache des Unterbewussten erforschen und verborgene Ängste, Wünsche und Hoffnungen kennenlernen. Sie bringen den Flirtpartner dazu, mehr über diese Dinge nachzudenken und sich diesbezüglich auch einmal ganz objektiv von außen zu betrachten.

Venusischer Liebreiz

♀

Ihre harmonischen Einflüsse auf ihr/ihm

♀ ⊥

Notlügen

Das Auftreten des Flirtpartners ist aufgrund Ihres Einflusses harmonisch und liebreizend. Sie/er ist weniger aggressiv und nimmt mehr Rücksicht auf andere Menschen. Ihr Einfluss führt dazu, dass sie/er mehr tut, um geliebt zu werden – was neben der einen oder anderen Verschönerung natürlich auch kleine und größere Notlügen nach sich ziehen könnte.

♀ ⊥⊥

Verschönerungsmittel

Der Körper des Flirtpartners wird aufgrund Ihres Einflusses mit Liebreiz erfüllt, soll noch begehrenswerter werden. Die Rundungen sollen eleganter und die Muskeln kräftiger werden, die Haut einen ganz bestimmten Teint bekommen. Duften muss der Body! Dafür wird so gut wie alles getan. Ganz sicher ist, dass sie/er jetzt eine Menge Tricks einsetzen wird, um attraktiver zu wirken.

♀ ⊥⊥⊥

Tanzkünste

Flirt wird sich unter Ihrem Einfluss charmanter bewegen, auf Gesten und den Gesichtsausdruck achten, einen sinnlichen Hüftschwung entwickeln oder aber sich einen athletischen Gang zulegen, tänzeln und federn – möglicherweise einen Tanzkurs belegen.

♀ IV

Kuschelfeeling

Flirt wird aufgrund Ihres Einflusses das eigene Heim schöner gestalten, vielleicht mit schönen Tüchern und Düften und Kerzen, oder mit neuen Kunstwerken und stylishem Pepp, möglicherweise aber auch mit einem ganz kuscheligen Bett, in dem es sich zu zweit richtig wohlfühlen lässt.

♀ V

Bühnenauftritt

Der Ausdruck des Flirtpartners wird unter Ihrem Einfluss sinnlicher, lustiger, liebreizender. Sie/er wird sich eine ganze Menge einfallen lassen, um zu gefallen. Ihr Applaus is. Sie/er auf jeden Fall gewiss, wenn eine gute Show geliefert wird, die die Sinne anregt und ganz heiß macht.

♀ VI

Liebeskamerad

Flirt wird unter Ihrem Einfluss viel mehr tun, um den Alltag zu verschönern und angenehmer zu gestalten. Sie/er wird sich stärker bemühen, Liebe ins Detail zu legen, und sich um jene kleinen Dinge des Lebens kümmern, die das Miteinander angenehm machen. Dafür bekomm. Sie/er von Ihnen viel Liebe und Aufmerksamkeit.

♀ VII

Geistesliebe

Flirt wird durch Ihren Einfluss alle Dinge, die man zu zweit machen kann, ganz besonders schätzen lernen. Sie/er wird sich verstärkt mit Kunst und Kultur beschäftigen, vielleicht öfter mal ein Buch lesen oder ins Kino gehen - all dies aber vor allem dann zu schätzen wissen, wenn Sie es zu zweit machen und darüber geistig austauschen.

♀ VIII

Lustvorstellungen

Flirt wird unter Ihrem Einfluss eine stark sinnliche Vorstellungswelt entwickeln, Erotik mit seelischen Bildern verknüpfen und das Geschlechtliche lustvoll erfahren. Und auch die sinnlichen Aspekte des Geldes wir. Sie/er durch Sie ganz neu erleben.

♀ IX

Liebestour

Flirt wird unter Ihrem Einfluss Reiselust entwickeln, sich mit fremden Kulturen anfreunden und möglicherweise mit Ihnen zusammen auch eine Art Flitterwochenreise unternehmen. Sie/er wird die Beziehung mit Ihnen locker sehen, nicht so sehr klammern – also unter Umständen weniger ernst nehmen, als es Ihnen lieb ist.

♀ X

Lust im Job

Flirt wird unter Ihrem Einfluss mehr Wert darauf legen, in der Öffentlichkeit gepflegt, elegant und vielleicht sogar etwas erotisch aufzutreten. Es kann unter gewissen Umständen sogar möglich sein, dass Sie gemeinsam Sex am Arbeitsplatz haben oder sonst wie sinnliche Erlebnisse teilen, die mit dem Beruf zu tun haben.

♀ XI

Experimentierlust

Flirt wird sich unter Ihrem Einfluss stärker unter die Leute trauen, auf öffentliche Veranstaltungen und Partys gehen. Es geht darum, alles auszuprobieren, was Lust macht und zugleich neu bzw. abwechslungsreich ist.

♀ ⧗⊥⊥

Heimliche Lust

Flirt entwickelt unter Ihren Einfluss Vergnügen am Heimlichen und Versteckten, vielleicht in Form eines Seitensprungs oder einer erotischen Begegnung beispielsweise draußen in der Natur, nur verborgen durch Buschwerk und Zweige.

Marsische Energie

♂

Kraft und Stärke, die Sie an Ihren Flirtpartner weitergeben

ⓢ ♂ ⊥ ♡

Risikoreichtum

Mit Ihrer tatkräftigen Unterstützung wird e. Sie/er leichter fallen, sich auf Kämpfe einzulassen und Konfrontationen zu wagen. Das kann so weit gehen, dass sie/er Ihretwegen Wagnisse und Risiken eingeht, die unkalkulierbare Folgen haben können. Wie auch immer: Der Ehrgeiz des Flirtpartners ist geweckt.

ⓢ ♂ ⊥⊥ ♡

Unkalkulierbarkeit

Mit Ihrer tatkräftigen Unterstützung wird e. Sie/er leichter fallen, Geld auszugeben und Geld einzunehmen. Finanzielle Entscheidungen werden spontaner getroffen. Ihnen zu Liebe könnt. Sie/er dabei allerdings auch unkalkulierbare Risiken eingehen und die eigene Sicherheit vernachlässigen.

☉ ♂ III ♡

Provokation

Mit Ihrer tatkräftigen Unterstützung wird e. Sie/er leichter fallen, sich zu artikulieren und die eigene Meinung zu sagen. Dabei könnt. Sie/er durch Sie angeregt bzw. in Ihrer Gegenwart scharfzüngiger und provokativer erscheinen, als es eigentlich des Flirtpartners beabsichtigt ist.

☉ ♂ IV ♡

Direktheit

Mit Ihrer tatkräftigen Unterstützung wird e. Sie/er leichter fallen, zu Hause und vor allem gegenüber den eigenen Familienangehörigen direkter zu werden. Schwelende innerfamiliäre Konflikte werden nicht mehr vertuscht, sondern offen ausgetragen. Ihre Gegenwart ist dabei ausschlaggebend.

☉ ♂ V ♡

Spontanität

Mit Ihrer tatkräftigen Unterstützung wird e. Sie/er leichter fallen, sich vor ein Publikum zu stellen und den Exhibitionisten zu spielen. Dabei wir. Sie/er auch vor Peinlichkeiten nicht mehr Halt machen und spontaner denn je agieren – und das alles nur, um Ihnen zu imponieren.

☉ ♂ VI ♡

Reparierwut

Mit Ihrer tatkräftigen Unterstützung wird e. Sie/er leichter fallen, sich Problemen zu widmen und Kritik zuzulassen. Dinge, die schon lange repariert werden sollten, werden jetzt in Angriff genommen. Vor lauter Tatendrang kann es da schon mal vorkommen, dass sie/er über das Ziel hinausschießt und schlimm-verbessert, d.h. mehr kaputt macht, als in Ordnung bringt.

☉ ♂ VIII ♂

Streitbarkeit

Mit Ihrer tatkräftigen Unterstützung wird e. Sie/er leichter fallen, auf andere Menschen zuzugehen und sich in den Zweierclinch zu begeben. Gerade über die Provokation werden neue Kontakte geschaffen. Sie/er hat in Ihrer Gegenwart weniger Angst, abgewiesen zu werden, geht nicht mehr jedem Streit aus dem Wege.

☉ ♂ VIIII ♂

Tabulosigkeit

Mit Ihrer tatkräftigen Unterstützung wird e. Sie/er leichter fallen, sich an dunkle, schwierige, tabubesetzte Themen zu wagen. Der Mut steigt, wirklich mal etwas ohne Wenn und Aber zu riskieren. Es besteht aber auch die Gefahr, dass Sie sich gegenseitig die Schuld zuschieben. Im Bett kann sich solch eine Spannung aber blitzschnell wieder auflösen.

☉ ♂ IX ♂

Aufbruchsstimmung

Mit Ihrer tatkräftigen Unterstützung wird e. Sie/er leichter fallen, Neuland zu betreten und zu fernen Ländern aufzubrechen – sei es nun in der realen Welt beispielsweise als Tourist bzw. Weltenbummler oder auf geistigem Gebiet, in der Beschäftigung mit Denkströmungen und religiösen Tendenzen.

☉ ♂ X ♂

Autoritätskämpfe

Mit Ihrer tatkräftigen Unterstützung wird e. Sie/er leichter fallen, sich um die Karriere zu kümmern, notfalls auch streitbar und energisch. Die Angst vor Autoritäten wird überwunden und es wird in einigen Fällen sogar die Provokation gesucht - was entweder der beruflichen Position schadet oder zum Aufstieg führt.

⊛ ♂ X⊥ ♡

Freiheitskampf

Mit Ihrer tatkräftigen Unterstützung wird e. Sie/er leichter fallen, sich Freiheiten zu erkämpfen und für eigene Ziele nach Gleichgesinnten Ausschau zu halten. Und überhaupt wir. Sie/er an Ihrer Seite viel mehr Mut in der Öffentlichkeit zeigen.

⊛ ♂ X⊥⊥ ♡

Partisanenkampf

Mit Ihrer tatkräftigen Unterstützung wird e. Sie/er leichter fallen, im Verborgenen zu agieren, taktisch geschickt zu operieren. Schlupflöcher tun sich auf, in denen sich heimliche Feinde eingenistet haben – und sei es auch nur die eigenen inneren Schweinehunde.

Jovische Expansion

♃

Eine Weite und Großzügigkeit, die Sie a. Sie/er weitergeben

♃ ⊥

Selbstbewusster

Unter Ihrem aufmunternden und gönnerhaften Blick wir. Sie/er mehr aus sich machen wollen und dies auch ganz direkt zeigen. Das Auftreten des Flirtpartners wird entspannter und selbstbewusster, es fäll. Sie/er leichter, die eigenen Interessen zu zeigen und auch entsprechend durchzusetzen.

♃ ⊥⊥

Wertvoller

Unter Ihrem aufmunternden und gönnerhaften Blick wird sich sie/er geachtet fühlen und zu höherem Selbstwert gelangen. Sie/er verschmeißt sich nicht mehr so schnell, pokert vielmehr bis zum letzten um den eigenen Preis, kann auch viel leichter mal ein Geschenk annehmen.

☉ ♃ III ♡

Gesprächiger

Unter Ihrem aufmunternden und gönnerhaftem Blick wir. Sie/er großzügiger in der Artikulation, wagt laute Reden und kann auch längere Gedankengänge leichter vermitteln. Das ganze körperliche Gehabe bekommt eine gewisse Lässigkeit und Großzügigkeit.

☉ ♃ IV ♡

Gemütvoller

Unter Ihrem aufmunternden und gönnerhaftem Blick wir. Sie/er seine gemütlichen und häuslichen Talente stärker ausleben können, sich um Bequemlichkeiten im eigenen Heim kümmern, vielleicht auch mal kochen, Gäste einladen und großzügig bewirten.

☉ ♃ V ♡

Charismatischer

Unter Ihrem aufmunternden und gönnerhaften Blick wir. Sie/er seine Unterhaltungstalente entfalten, Langeweile vertreiben, ganz persönliche Akzente setzen und die eigene Ausstrahlung verbessern.

☉ ♃ VI ♡

Gesünder

Unter Ihrem aufmunternden und gönnerhaftem Blick wir. Sie/er vernünftiger werden, den Kontakt zu den Arbeitskollegen verbessern, sich verstärkt um die eigene Gesundheit kümmern, vielleicht auch längst überfällige Arztbesuche antreten.

☉ ♃ VII ♡

Beziehungsfähiger

Unter Ihrem aufmunternden und gönnerhaftem Blick wird sich sie/er stärker für Partnerschaften öffnen können, Vertrauen in ein Leben zu zweit entwickeln, wieder mehr darauf achten, was die Welt einem scheinbar unverdientermaßen schenkt.

ⓢ ♃ VIII ♡

Erbberechtigt

Unter Ihrem aufmunternden und gönnerhaften Blick wird sich sie/er einen tabuloseren Blick erarbeiten und stärker auf die Chancen schauen, die scheinbare Katastrophen und Unglücke mit sich bringen. Dies wird sich besonders in Rechtsangelegenheiten oder beispielsweise beim Antritt einer Erbschaft als günstig erweisen.

ⓢ ♃ IX ♡

Weltgewandter

Unter Ihrem aufmunternden und gönnerhaftem Blick wir. Sie/er Bildung und Reisen einen größeren Stellenwert einräumen - und damit allem, was eine Horizonterweiterung voraussetzt bzw. mit sich bringt.

ⓢ ♃ X ♡

Optimistischer

Unter Ihrem aufmunternden und gönnerhaftem Blick wir. Sie/er lockerer mit der eigenen Karriere umgehen, positiver in die Zukunft schauen, nach Gönnern und Förderern suchen.

ⓢ ♃ XI ♡

Freisinniger

Unter Ihrem aufmunternden und gönnerhaften Blick wir. Sie/er ungewöhnlichen Ideen und Vorhaben gegenüber aufgeschlossener sein und der Freiheit an sich einen wesentlich größeren Stellenwert einräumen.

⊛ ♃ XII ♡

Transzendenter

Unter Ihrem aufmunternden und gönnerhaftem Blick wird sie/er sich mit den transzendenten Aspekten unserer Existenz beschäftigen, vielleicht mit dem Meditieren beginnen und das Glück im Verborgenen suchen.

Saturnine Prüfungen

♄

Ihre strengen Anforderungen an ihr/ihm

⊛ ♄ ⊥ ♡

Zurückhaltung

Was das Äußere und die Kleidung betrifft, so wünschen Sie sich bei ihr/ihm mehr Dezentheit und Seriosität, was verletzend wirken kann, aber nicht so gemeint ist. Sie/er sollte sich in Ihrer Gegenwart mehr an Regeln und Absprachen halten und auch etwas zurückhaltender auftreten.

⊛ ♄ ⊥⊥ ♡

Haushaltsdisziplin

Was den Umgang mit Geld und sonstigen Ressourcen betrifft, so wünschen Sie sich bei ihr/ihm mehr Geduld und Disziplin, was verletzend wirken kann, aber nicht so gemeint ist. Sie/er sollte Ihrer Meinung nach sparsamer sein und sich einen genauen Überblick über die zur Verfügung stehenden Finanzen verschaffen.

⊛ ♄ ⊥⊥⊥ ♡

Wortwahl

Was den sprachlichen Ausdruck betrifft, so wünschen Sie sich bei ihr/ihm mehr Geduld und Disziplin, was verletzend wirken kann, aber nicht so gemeint ist. Sie/er sollte Ihrer Meinung nach öfter Mal über die Worte und Formulierungen nachdenken, bevor sie ausgesprochen werden.

⊛ ♄ IV ♡

Gefühlsverzicht

Was den Wunsch nach Heimat und Geborgenheit betrifft, so wünschen Sie sich bei ihr/ihm mehr Geduld und Disziplin, was verletzend wirken kann, aber nicht so gemeint ist. Sie/er sollte diesbezüglich realistischer werden und abwarten können, wie sich die Dinge entwickeln.

⊛ ♄ V ♡

Übungsdisziplin

Was den Wunsch nach Aufmerksamkeit und Anerkennung betrifft, so wünschen Sie sich bei ihr/ihm mehr Geduld und Disziplin, was verletzend wirken kann, aber nicht so gemeint ist. Sie/er sollte Ihrer Meinung nach gründlicher an den eigenen künstlerischen Fähigkeiten arbeiten.

⊛ ♄ VI ♡

Selbstverbesserung

Was Kritik und Selbstkritik betrifft, so wünschen Sie sich bei ihr/ihm mehr Ernsthaftigkeit, was verletzend wirken kann, aber nicht so gemeint ist. Sie/er sollte sich in Ihrem Beisein nur um mehr Perfektion bemühen und stärker an den eigenen Schwächen und Macken arbeiten.

⊛ ♄ VII ♡

Verbindlichkeit

Was das Partnerschaftsverhalten betrifft, so wünschen Sie sich bei ihr/ihm mehr Verbindlichkeit und Zuverlässigkeit, was verletzend wirken kann, aber nicht so gemeint ist. Sie/er sollte lediglich Zweisamkeit ernster nehmen und sich an gewisse Spielregeln halten.

♄ VIII

Vertragstreue

Was das Umgehen mit den gemeinsamen Finanzen und das Einhalten von Verabredungen betrifft, so wünschen Sie sich bei ihr/ihm mehr Disziplin und eine größere Ernsthaftigkeit, was verletzend wirken kann, aber nicht so gemeint ist.

♄ IX

Respekt

Was Toleranz und Weltanschauung betrifft, so wünschen Sie sich bei ihr/ihm mehr Geduld und Ernsthaftigkeit, was verletzend wirken kann, aber nicht so gemeint ist. Sie/er sollte lediglich weniger gleichgültig sein und mehr Akzeptanz aufbringen.

♄ X

Zielstrebigkeit

Was den Umgang mit Behördenvertretern und Vorgesetzten betrifft, so wünschen Sie sich bei ihr/ihm mehr Geduld und Disziplin, was verletzend wirken kann, aber nicht so gemeint ist. Sie/er sollte sich lediglich ein wenig mehr um die Karriere kümmern und sich in der Öffentlichkeit entsprechend verhalten.

♄ XI

Vernetzung

Was die Wahl der Freunde betrifft, so wünschen Sie sich bei ihr/ihm mehr Geduld und Disziplin, was verletzend wirken kann, aber nicht so gemeint ist. Sie/er sollte sich lediglich bewusster aussuchen, mit wem man die Freizeit teilt und wen man lieber auf Distanz halten sollte.

☉ ♄ X⊥⊥ ♡

Rücksichtnahme

Was den Umgang mit Schwachen, Kranken und sonst wie Hilfsbedürftigen betrifft, so wünschen Sie sich bei ihr/ihm mehr Geduld und Disziplin, was verletzend wirken kann, aber nicht so gemeint ist. Sie/er sollte lediglich Nöte und Ängste ernster nehmen und selbst etwas bescheidener werden.

Uranische Extravaganzen

⛢

Leichtigkeit, die des Flirtpartners auf Sie überspringt

⛢ ⊥

Alarmbereitschaft

Sie bringen den Flirtpartner dazu, ständig auf der Hut zu sein und blitzartig zu handeln, wenn es die Situation erfordert. Diese Planetenverbindung kommt dann erst wirklich zum Tragen, wenn es einen Altersunterschied von mehreren Jahren zwischen Ihnen und Ihrem Flirtpartner gibt.

⛢ ⊥⊥

Überraschungskäufe

Sie bringen den Flirtpartner dazu, Kaufentscheidungen lange zurückzuhalten und dann von einem Moment auf den anderen blitzartig zuzuschlagen. Diese Planetenverbindung kommt dann erst wirklich zum Tragen, wenn es einen Altersunterschied von mehreren Jahren zwischen Ihnen und Ihrem Flirtpartner gibt.

⛢ ⊥⊥⊥

Eilmeldungen

Sie bringen den Flirtpartner dazu, sich vollkommen spontan und unangepasst auszudrücken, auf eine Art und Weise, die manchmal schon schockierend wirken kann. Diese Planetenverbindung kommt dann erst wirklich zum Tragen, wenn es einen Altersunterschied von mehreren Jahren zwischen Ihnen und Ihrem Flirtpartner gibt.

♅ ⊥⊻

Wohnungswechsel

Sie bringen den Flirtpartner dazu, Wurzeln zu kappen und Familienbande aufzulösen. Diese Planetenverbindung kommt dann erst wirklich zum Tragen, wenn es einen Altersunterschied von mehreren Jahren zwischen Ihnen und Ihrem Flirtpartner gibt.

♅ ⊻

Extravaganzen

Sie bringen den Flirtpartner dazu, ganz aus sich herauszugehen, mit Überraschungen und ungewöhnlichem Auftreten das Interesse der Leute auf sich zu lenken. Diese Planetenverbindung kommt dann erst wirklich zum Tragen, wenn es einen Altersunterschied von mehreren Jahren zwischen Ihnen und Ihrem Flirtpartner gibt.

♅ ⊻⊥

Unangepasstheiten

Sie bringen den Flirtpartner dazu, die alltägliche Routine hinter sich zu lassen und ganz normale Probleme entweder überhaupt nicht mehr oder auf eine völlig neuartige Weise zu lösen. Diese Planetenverbindung kommt dann erst wirklich zum Tragen, wenn es einen Altersunterschied von mehreren Jahren zwischen Ihnen und Ihrem Flirtpartner gibt.

♅ ⊻⊥⊥

Seitensprünge

Sie bringen den Flirtpartner dazu, das Thema Partnerschaft aus einer vollkommen ungewöhnlichen Perspektive zu betrachten und sich auf gewisse Experimente einzulassen. Diese Planetenverbindung kommt dann erst wirklich zum Tragen, wenn es einen Altersunterschied von mehreren Jahren zwischen Ihnen und Ihrem Flirtpartner gibt.

♅ VIII

Tabubrüche

Sie bringen den Flirtpartner dazu, tief verborgene Aspekte des eigenen Lebens nicht mehr unangetastet zu lassen, Verbote und Einschränkungen diesbezüglich nicht mehr ohne weiteres zu akzeptieren. Diese Planetenverbindung kommt dann erst wirklich zum Tragen, wenn es einen Altersunterschied von mehreren Jahren zwischen Ihnen und Ihrem Flirtpartner gibt.

♅ IX

Extremsportarten

Sie bringen den Flirtpartner dazu, ganz ungewöhnliche Wagnisse einzugehen und sich auf eine Abenteuerreise zu begeben. Diese Planetenverbindung kommt dann erst wirklich zum Tragen, wenn es einen Altersunterschied von mehreren Jahren zwischen Ihnen und Ihrem Flirtpartner gibt.

♅ X

Karrierewechsel

Sie bringen den Flirtpartner dazu, den bisherigen Beruf entweder aufzugeben oder sich größere Freiheiten herauszunehmen, die mit Risiken verbunden sind. Diese Planetenverbindung kommt dann erst wirklich zum Tragen, wenn es einen Altersunterschied von mehreren Jahren zwischen Ihnen und Ihrem Flirtpartner gibt.

♅ XI

Geistesinspiration

Sie bringen den Flirtpartner dazu, sich intellektuell mit neuen Gedanken zu beschäftigen und Gleichgesinnte kennenzulernen. Diese Planetenverbindung kommt dann erst wirklich zum Tragen, wenn es einen Altersunterschied von mehreren Jahren zwischen Ihnen und Ihrem Flirtpartner gibt.

⦾ ⛢ ⧗⊥⊥ ♡

Heimliche Freiheiten

Sie bringen den Flirtpartner dazu, sich gewisse Dinge herauszunehmen, die vor den meisten Menschen verborgen bleiben werden. Diese Planetenverbindung kommt dann erst wirklich zum Tragen, wenn es einen Altersunterschied von mehreren Jahren zwischen Ihnen und Ihrem Flirtpartner gibt.

Neptunische Feinfühligkeit

♆

Welche Träume Sie mit ihr/ihm teilen

♆ ⊥

Altruismus

Die Sehnsucht nach einer Selbstdurchsetzung mit sanften Mitteln, ohne den anderen zu verletzen, wird bei ihr/ihm durch Ihre Gegenwart verstärkt. Da der Planet Neptun sehr langsam durch den Tierkreis wandert, erleb. Sie/er diesen Einfluss allerdings im Kontakt mit vielen Menschen, und nur bei ganz starker Stellung diesen Planeten in Ihrem eigenen Horoskop werden Sie diesbezüglich ganz besonders auf den Partner einwirken.

♆ ⊥⊥

Gemeinnützigkeit

Die Sehnsucht nach Besitz zum Wohle aller wird bei ihr/ihm durch Ihre Gegenwart verstärkt. Da der Planet Neptun sehr langsam durch den Tierkreis wandert, erleb. Sie/er diesen Einfluss allerdings im Kontakt mit vielen Menschen, und nur bei ganz starker Stellung diesen Planeten in Ihrem eigenen Horoskop werden Sie diesbezüglich ganz besonders auf den Partner einwirken.

♆ ⊥⊥⊥

Telepathie

Die Sehnsucht nach intuitiver Verständigung ohne den Gebrauch vieler Worte wird bei ihr/ihm durch Ihre Gegenwart verstärkt. Da der Planet Neptun sehr langsam durch den Tierkreis wandert, erleb. Sie/er diesen Einfluss allerdings im Kontakt mit vielen Menschen, und nur bei ganz starker Stellung diesen Planeten in Ihrem eigenen Horoskop werden Sie diesbezüglich ganz besonders auf den Partner einwirken.

♆ IV

Urgeborgenheit

Die Sehnsucht nach Geborgenheit in der Weltgemeinschaft wird bei ihr/ihm durch Ihre Gegenwart verstärkt. Da der Planet Neptun sehr langsam durch den Tierkreis wandert, erleb. Sie/er diesen Einfluss allerdings im Kontakt mit vielen Menschen, und nur bei ganz starker Stellung diesen Planeten in Ihrem eigenen Horoskop werden Sie diesbezüglich ganz besonders auf den Partner einwirken.

♆ V

Hypnose

Die Sehnsucht nach einer Ausstrahlung, die die Mitmenschen unmerklich in Bann schlägt und verzaubert, wird bei ihr/ihm durch Ihre Gegenwart verstärkt. Da der Planet Neptun sehr langsam durch den Tierkreis wandert, erleb. Sie/er diesen Einfluss allerdings im Kontakt mit vielen Menschen, und nur bei ganz starker Stellung diesen Planeten in Ihrem eigenen Horoskop werden Sie diesbezüglich ganz besonders auf den Partner einwirken.

♆ VI

Ökologie

Die Sehnsucht nach einem Leben im Einklang mit der Natur ohne Raubbau an den natürlichen Ressourcen wird bei ihr/ihm durch Ihre Gegenwart verstärkt. Da der Planet Neptun sehr langsam durch den Tierkreis wandert, erleb. Sie/er diesen Einfluss allerdings im Kontakt mit vielen Menschen, und nur bei ganz starker Stellung diesen Planeten in Ihrem eigenen Horoskop werden Sie diesbezüglich ganz besonders auf den Partner einwirken.

☉ ♆ VII ♡

Symbiose

Die Sehnsucht nach grenzenloser Verbundenheit mit dem Partner wird bei ihr/ihm durch Ihre Gegenwart verstärkt. Da der Planet Neptun sehr langsam durch den Tierkreis wandert, erleb. Sie/er diesen Einfluss allerdings im Kontakt mit vielen Menschen, und nur bei ganz starker Stellung diesen Planeten in Ihrem eigenen Horoskop werden Sie diesbezüglich ganz besonders auf den Partner einwirken.

☉ ♆ VIII ♡

Ichlosigkeit

Die Sehnsucht nach tiefer Verschmelzung in der Partnerschaft wird bei ihr/ihm durch Ihre Gegenwart verstärkt. Da der Planet Neptun sehr langsam durch den Tierkreis wandert, erleb. Sie/er diesen Einfluss allerdings im Kontakt mit vielen Menschen, und nur bei ganz starker Stellung diesen Planeten in Ihrem eigenen Horoskop werden Sie diesbezüglich ganz besonders auf den Partner einwirken.

☉ ♆ IX ♡

Weltenbürger

Die Sehnsucht nach traumhaften Erlebnissen im Urlaub und Reisen in paradiesische Gefilde wird bei ihr/ihm durch Ihre Gegenwart verstärkt. Da der Planet Neptun sehr langsam durch den Tierkreis wandert, erleb. Sie/er diesen Einfluss allerdings im Kontakt mit vielen Menschen, und nur bei ganz starker Stellung diesen Planeten in Ihrem eigenen Horoskop werden Sie diesbezüglich ganz besonders auf den Partner einwirken.

☉ ♆ X ♡

Konkurrenzlosigkeit

Die Sehnsucht nach einer Führungsrolle jenseits der üblichen Hierarchien und Konventionen wird bei ihr/ihm durch Ihre Gegenwart verstärkt. Da der Planet Neptun sehr langsam durch den Tierkreis wandert, erleb. Sie/er diesen Einfluss allerdings im Kontakt mit vielen Menschen, und nur bei ganz starker Stellung diesen Planeten in Ihrem eigenen Horoskop werden Sie diesbezüglich ganz besonders auf den Partner einwirken.

⦾ ♆ X⊥ ♡

Arkadien

Die Sehnsucht nach Idealen und Utopien wird bei ihr/ihm durch Ihre Gegenwart verstärkt. Da der Planet Neptun sehr langsam durch den Tierkreis wandert, erleb. Sie/er diesen Einfluss allerdings im Kontakt mit vielen Menschen, und nur bei ganz starker Stellung diesen Planeten in Ihrem eigenen Horoskop werden Sie diesbezüglich ganz besonders auf den Partner einwirken.

⦾ ♆ X⊥⊥ ♡

Grenzenlos

Die Sehnsucht nach Transzendenz wird bei ihr/ihm durch Ihre Gegenwart verstärkt. Da der Planet Neptun sehr langsam durch den Tierkreis wandert, erleb. Sie/er diesen Einfluss allerdings im Kontakt mit vielen Menschen, und nur bei ganz starker Stellung diesen Planeten in Ihrem eigenen Horoskop werden Sie diesbezüglich ganz besonders auf den Partner einwirken.

Plutonischer Druck

♇

Wo Ihre Intensität, @, auf Ihren Flirtkontakt wirkt

◎ ♇ ⊥ ♡

Transformation

Die Aufforderung, sich immer wieder zu verwandeln und neu zu entdecken, erleb. Sie/er im Kontakt mit Ihnen ganz besonders, wenn es um die äußere Erscheinung geht und um die Art, mit der Welt in Kontakt zu treten. Auch der Planet Pluto hat eine sehr langsame Umlaufbahn, weshalb diese Partnerschaftskonstellation keinen besonderen Einfluss ausübt - es sein denn, der Altersunterschied zwischen Ihnen beiden ist groß oder Pluto bildet eine Vielzahl von Planetenaspekten in Ihrem eigenen Horoskop bzw. zu Planeten des Flirts.

◎ ♇ ⊥⊥ ♡

Spekulationen

Die Aufforderung, sich immer wieder zu verwandeln und neu zu entdecken, erleb. Sie/er im Kontakt mit Ihnen ganz besonders, wenn es um den Umgang mit Geld geht, um Insolvenz und Neubeginn, um Bankrott und Riesengewinn, um Finanztransaktionen schicksalhaften Charakters. Auch der Planet Pluto hat eine sehr langsame Umlaufbahn, weshalb diese Partnerschaftskonstellation keinen besonderen Einfluss ausübt - es sein denn, der Altersunterschied zwischen Ihnen beiden ist groß oder Pluto bildet eine Vielzahl von Planetenaspekten in Ihrem eigenen Horoskop bzw. zu Planeten des Flirts.

◎ ♇ ⊥⊥⊥ ♡

Worthülsen

Die Aufforderung, sich immer wieder zu verwandeln und neu zu entdecken, erleb. Sie/er im Kontakt mit Ihnen ganz besonders, wenn es um

Dinge geht, die angesprochen werden, wenn die Wortwahl entscheidend und – fast noch entscheidender - worüber man nicht reden sollte. Auch der Planet Pluto hat eine sehr langsame Umlaufbahn, weshalb diese Partnerschaftskonstellation keinen besonderen Einfluss ausübt - es sein denn, der Altersunterschied zwischen Ihnen beiden ist groß oder Pluto bildet eine Vielzahl von Planetenaspekten in Ihrem eigenen Horoskop bzw. zu Planeten des Flirts.

⊛ ♇ ⊥⊻ ♡

Renovierung

Die Aufforderung, sich immer wieder zu verwandeln und neu zu entdecken, erleb. Sie/er im Kontakt mit Ihnen ganz besonders, wenn es um Wohnungswechsel geht und sich das geflügelte Wort ›dreimal umgezogen ist wie einmal abgebrannt‹ bewahrheitet. Auch der Planet Pluto hat eine sehr langsame Umlaufbahn, weshalb diese Partnerschaftskonstellation keinen besonderen Einfluss ausübt - es sein denn, der Altersunterschied zwischen Ihnen beiden ist groß oder Pluto bildet eine Vielzahl von Planetenaspekten in Ihrem eigenen Horoskop bzw. zu Planeten des Flirts.

⊛ ♇ ⊻ ♡

Skandalauftritt

Die Aufforderung, sich immer wieder zu verwandeln und neu zu entdecken, erleb. Sie/er im Kontakt mit Ihnen ganz besonders, wenn es um die Entfaltung des eigenen kreativen Potenzials und die damit verbundenen Ängste geht. Auch der Planet Pluto hat eine sehr langsame Umlaufbahn, weshalb diese Partnerschaftskonstellation keinen besonderen Einfluss ausübt - es sein denn, der Altersunterschied zwischen Ihnen beiden ist groß oder Pluto bildet eine Vielzahl von Planetenaspekten in Ihrem eigenen Horoskop bzw. zu Planeten des Flirts.

♇ VI

Großreinemachen

Die Aufforderung, sich immer wieder zu verwandeln und neu zu entdecken, erleb. Sie/er im Kontakt mit Ihnen ganz besonders, wenn es um die Gesundheit geht und darum, das alltägliche Leben so erträglich wie nur eben möglich zu gestalten. Auch der Planet Pluto hat eine sehr langsame Umlaufbahn, weshalb diese Partnerschaftskonstellation keinen besonderen Einfluss ausübt - es sein denn, der Altersunterschied zwischen Ihnen beiden ist groß oder Pluto bildet eine Vielzahl von Planetenaspekten in Ihrem eigenen Horoskop bzw. zu Planeten des Flirts.

♇ VII

Spiegeleien

Die Aufforderung, sich immer wieder zu verwandeln und neu zu entdecken, erleb. Sie/er im Kontakt mit Ihnen ganz besonders, wenn es um den Kontakt mit anderen Menschen geht – und dabei natürlich auch um die Spiegelung des eigenen Selbst. Auch der Planet Pluto hat eine sehr langsame Umlaufbahn, weshalb diese Partnerschaftskonstellation keinen besonderen Einfluss ausübt - es sein denn, der Altersunterschied zwischen Ihnen beiden ist groß oder Pluto bildet eine Vielzahl von Planetenaspekten in Ihrem eigenen Horoskop bzw. zu Planeten des Flirts.

♇ VIII

Operationen

Die Aufforderung, sich immer wieder zu verwandeln und neu zu entdecken, erleb. Sie/er im Kontakt mit Ihnen ganz besonders, wenn es um Strategien und Konzepte geht, nach denen das Leben langfristig gestaltet werden soll. Auch der Planet Pluto hat eine sehr langsame Umlaufbahn, weshalb diese Partnerschaftskonstellation keinen besonderen Einfluss ausübt - es sein denn, der Altersunterschied zwischen Ihnen beiden ist groß oder Pluto bildet eine Vielzahl von Planetenaspekten in Ihrem eigenen Horoskop bzw. zu Planeten des Flirts.

Vertrauensfragen

Die Aufforderung, sich immer wieder zu verwandeln und neu zu entdecken, erleb. Sie/er im Kontakt mit Ihnen ganz besonders, wenn es um die Frage geht, wem man blind vertrauen kann und wo Vertrauen missbraucht werden kann. Auch der Planet Pluto hat eine sehr langsame Umlaufbahn, weshalb diese Partnerschaftskonstellation keinen besonderen Einfluss ausübt - es sein denn, der Altersunterschied zwischen Ihnen beiden ist groß oder Pluto bildet eine Vielzahl von Planetenaspekten in Ihrem eigenen Horoskop bzw. zu Planeten des Flirts.

Karriereeinbrüche

Die Aufforderung, sich immer wieder zu verwandeln und neu zu entdecken, erleb. Sie/er im Kontakt mit Ihnen ganz besonders, wenn es um die Karriere geht. Totale Macht und vollkommene Ohnmacht wechseln sich ab. Auch der Planet Pluto hat eine sehr langsame Umlaufbahn, weshalb diese Partnerschaftskonstellation keinen besonderen Einfluss ausübt - es sein denn, der Altersunterschied zwischen Ihnen beiden ist groß oder Pluto bildet eine Vielzahl von Planetenaspekten in Ihrem eigenen Horoskop bzw. zu Planeten des Flirts.

Wahlverwandtschaften

Die Aufforderung, sich immer wieder zu verwandeln und neu zu entdecken, erleb. Sie/er im Kontakt mit Ihnen ganz besonders, wenn es um Ideologie und Ideale geht, und um die damit verbundenen zwischenmenschlichen Kontakte. Auch der Planet Pluto hat eine sehr langsame Umlaufbahn, weshalb diese Partnerschaftskonstellation keinen besonderen Einfluss ausübt - es sein denn, der Altersunterschied zwischen Ihnen beiden ist groß oder Pluto bildet eine Vielzahl von Planetenaspekten in Ihrem eigenen Horoskop bzw. zu Planeten des Flirts.

♋ ♇ ⚹ ⊥⊥ ♡

Schatzsuche

Die Aufforderung, sich immer wieder zu verwandeln und neu zu entdecken, erleb. Sie/er im Kontakt mit Ihnen ganz besonders, wenn es um Unterbewusstes und Verdrängtes geht. Auch der Planet Pluto hat eine sehr langsame Umlaufbahn, weshalb diese Partnerschaftskonstellation keinen besonderen Einfluss ausübt - es sein denn, der Altersunterschied zwischen Ihnen beiden ist groß oder Pluto bildet eine Vielzahl von Planetenaspekten in Ihrem eigenen Horoskop bzw. zu Planeten des Flirts.

Mondknoten weisen die Richtung

☊

Wo er/sie sich weiterentwickeln sollte

☊ ⊥

Farbe bekennen

Sie möchten, dass sie/er mutiger wird, sich nicht mehr hinter anderen versteckt und lernt, die eigenen Interessen klar und deutlich zu formulieren. Hilfreiche Kontakte könnten Sie durchaus beisteuern, wenn sie/er es ernst meint und nach Menschen sucht, die dabei unterstützend wirken.

☊ ⊥⊥

Stärke entwickeln

Sie möchten, dass sich sie/er auf die eigenen Stärken besinnt, Substanz aufbaut und nicht den Fehler macht, sich bei anderer Leute Finanzen zu bedienen. Hilfreiche Kontakte könnten Sie durchaus beisteuern, wenn sie/er es ernst meint und nach Menschen sucht, die dabei unterstützend wirken.

☊ ⊥⊥⊥

Konkret benennen

Sie möchten, dass sie/er konkret wird und im Detail zur Sache kommt, sich nicht in schwammigen Allgemeinplätzen verliert. Hilfreiche Kontakte könnten Sie durchaus beisteuern, wenn sie/er es ernst meint und nach Menschen sucht, die dabei unterstützend wirken.

♌ IV

Familiär werden

Sie möchten, dass sich sie/er stärker im Privatleben engagiert und nicht so viel Zeit mit der Karriereplanung verschwendet. Hilfreiche Kontakte könnten Sie durchaus beisteuern, wenn sie/er es ernst meint und nach Menschen sucht, die dabei unterstützend wirken.

♌ V

Ins Rampenlicht treten

Sie möchten, dass sie/er mehr auch sich herausgeht und unterhaltsamer wird, die Rolle des Zuschauers und Applaudierers ablegt. Hilfreiche Kontakte könnten Sie durchaus beisteuern, wenn sie/er es ernst meint und nach Menschen sucht, die dabei unterstützend wirken.

♌ VI

Vernunft annehmen

Sie möchten, dass sich sie/er verstärkt den Erfordernissen des Alltags widmet und nicht so schnell abtaucht, wenn konkrete Probleme erkennbar werden. Hilfreiche Kontakte könnten Sie durchaus beisteuern, wenn sie/er es ernst meint und nach Menschen sucht, die dabei unterstützend wirken.

♌ VII

Partnerschaftlich werden

Sie möchten, dass sich sie/er stärker auf sein jeweiliges Gegenüber einlässt, die Initiative nicht immer selbst übernimmt, sondern ruhig auch mal machen lassen kann. Hilfreiche Kontakte könnten Sie durchaus beisteuern, wenn sie/er es ernst meint und nach Menschen sucht, die dabei unterstützend wirken.

☉ ♌ VIII ♡

Heißblütiger werden

Sie möchten, dass sie/er Tiefgang entwickelt, sich ganz auf den Partner einlässt und eine gewisse Leidenschaft auch für das Körperliche entwickelt. Hilfreiche Kontakte könnten Sie durchaus beisteuern, wenn sie/er es ernst meint und nach Menschen sucht, die dabei unterstützend wirken.

☉ ♌ IX ♡

Gebildeter werden

Sie möchten, dass sich sie/er stärker für niveauvolle Literatur und Bildung interessiert, die Dinge im größeren Zusammenhang erfasst. Hilfreiche Kontakte könnten Sie durchaus beisteuern, wenn sie/er es ernst meint und nach Menschen sucht, die dabei unterstützend wirken.

☉ ♌ X ♡

Ziele anvisieren

Sie möchten, dass sie/er die eigene Karriere stärker in den Blick nimmt und private Belange außen vor stellt. Hilfreiche Kontakte könnten Sie durchaus beisteuern, wenn sie/er es ernst meint und nach Menschen sucht, die dabei unterstützend wirken.

☉ ♌ XI ♡

Freunde bekommen

Sie möchten, dass sie/er öfter hinaus geht und seine Freizeit sinnvoll nutzt. Hilfreiche Kontakte könnten Sie durchaus beisteuern, wenn sie/er es ernst meint und nach Menschen sucht, die dabei unterstützend wirken.

☉ ♌ XII ⚸

Entspannung erlangen

Sie möchten, dass sich sie/er öfter mit sich selbst beschäftigt, nach innen schaut und sich spirituell weiterentwickelt. Hilfreiche Kontakte könnten Sie durchaus beisteuern, wenn sie/er es ernst meint und nach Menschen sucht, die dabei unterstützend wirken.

Chironische Ratschläge

⚷

Kluge Hilfestellung, die Sie, @, Ihrem Flirtpartner geben

⚷ I

Style-Beratung

Flirt kann von Ihnen eine ganze Menge an Unterstützung bekommen, speziell was die äußere Erscheinung, Kleidung und Auftreten betrifft. Die Fehler, die sie/er hier macht, erkennen Sie deutlich, denn diesbezüglich sind Sie äußerst sensibel und empfindsam.

⚷ II

Finanzberatung

Flirt kann von Ihnen eine ganze Menge an Unterstützung bekommen, speziell in finanzieller Hinsicht. Die Fehler, die sie/er hier macht, erkennen Sie deutlich, denn diesbezüglich sind Sie äußerst sensibel und empfindsam.

⚷ III

Kommunikationsberatung

Flirt kann von Ihnen eine ganze Menge an Unterstützung bekommen, speziell im Umgang mit der Sprache und mit Informationen. Die Fehler, die sie/er hier macht, erkennen Sie deutlich, denn diesbezüglich sind Sie äußerst sensibel und empfindsam.

⚷ IV

Innenausstattungs-Beratung

Flirt kann von Ihnen eine ganze Menge an Unterstützung bekommen, speziell bei der Ausgestaltung des eigenen Heims. Die Fehler, die sie/er hier macht, erkennen Sie deutlich, denn diesbezüglich sind Sie äußerst sensibel und empfindsam.

⚷ V

Schauspiel-Training

Flirt kann von Ihnen eine ganze Menge an Unterstützung bekommen, speziell wenn es darum geht, Aufmerksamkeit zu erlangen und das Leben zu genießen. Die Fehler, die sie/er hier macht, erkennen Sie deutlich, denn diesbezüglich sind Sie äußerst sensibel und empfindsam.

⚷ VI

Wellness-Beratung

Flirt kann von Ihnen eine ganze Menge an Unterstützung bekommen, speziell im Gesundheitsbereich. Die Fehler, die sie/er hier macht, erkennen Sie deutlich, denn diesbezüglich sind Sie äußerst sensibel und empfindsam.

⚷ VII

Rechtsberatung

Flirt kann von Ihnen eine ganze Menge an Unterstützung bekommen, speziell beim Aushandeln von Verträgen. Die Fehler, die sie/er hier macht, erkennen Sie deutlich, denn diesbezüglich sind Sie äußerst sensibel und empfindsam.

⚷ VIII

Psychologische Beratung

Flirt kann von Ihnen eine ganze Menge an Unterstützung bekommen, speziell in seelischen Fragen. Die Fehler, die sie/er hier macht, erkennen Sie deutlich, denn diesbezüglich sind Sie äußerst sensibel und empfindsam.

Philosophische Beratung

Flirt kann von Ihnen eine ganze Menge an Unterstützung bekommen, speziell in Sinnfragen. Die Fehler, die sie/er hier macht, erkennen Sie deutlich, denn diesbezüglich sind Sie äußerst sensibel und empfindsam.

Karriere-Coaching

Flirt kann von Ihnen eine ganze Menge an Unterstützung bekommen, am Arbeitsplatz und speziell bei Problemen mit dem Chef. Die Fehler, die sie/er hier macht, erkennen Sie deutlich, denn diesbezüglich sind Sie äußerst sensibel und empfindsam.

Animation

Flirt kann von Ihnen eine ganze Menge an Unterstützung bekommen, speziell in der Freizeitgestaltung. Die Fehler, die sie/er hier macht, erkennen Sie deutlich, denn diesbezüglich sind Sie äußerst sensibel und empfindsam.

Meditations-Anleitung

Flirt kann von Ihnen eine ganze Menge an Unterstützung bekommen, speziell was die Nachtruhe und die Verarbeitung von Traumerlebnissen betrifft. Die Fehler, die sie/er hier macht, erkennen Sie deutlich, denn diesbezüglich sind Sie äußerst sensibel und empfindsam.

Liliths Stachel

☾

Wie Sie dem Flirtpartner mit der Macht des Schicksals konfrontieren

☉ ☾ I ♡

Leidenschaftliches Auftreten

Sie werden, wenn es um die äußere Erscheinung und Selbstbehauptung geht, sie/er besonders spüren lassen, dass das Leben seine eigenen Wege geht und sich nicht stets Vernunftgründen unterwirft.

☉ ☾ II ♡

Leidenschaftliche Körpererfahrung

Sie werden, wenn es um den Selbstwert und die physischen Ressourcen geht, sie/er besonders spüren lassen, dass das Leben seine eigenen Wege geht und sich nicht immer Vernunftgründen unterwirft.

☉ ☾ III ♡

Leidenschaftliche Wortwechsel

Sie werden, wenn es um das Gespräch geht, sie/er besonders spüren lassen, dass das Leben seine eigenen Wege geht und sich nicht immer Vernunftgründen unterwirft.

☉ ☾ IV ♡

Leidenschaftliche Familienerlebnisse

Sie werden, wenn es um die Herkunft und Ahnen geht, sie/er besonders spüren lassen, dass das Leben seine eigenen Wege geht und sich nicht immer Vernunftgründen unterwirft.

⊛ ☾ V ♡

Leidenschaftliche Gefühlsausbrüche

Sie werden, wenn es um das geht, was in einem steckt und unbedingt raus will. Sie/er besonders spüren lassen, dass das Leben seine eigenen Wege geht und sich nicht immer Vernunftgründen unterwirft.

⊛ ☾ VI ♡

Leidenschaftliche Fürsorge

Sie werden, wenn es um Sorgen und Nöte geht, sie/er besonders spüren lassen, dass das Leben seine eigenen Wege geht und sich nicht immer Vernunftgründen unterwirft.

⊛ ☾ VII ♡

Leidenschaftliche Verhandlungen

Sie werden, wenn es um einen gerechten Ausgleich zwischen den eigenen Interessen und denen des jeweiligen Kontrahenten geht, sie/er besonders spüren lassen, dass das Leben seine eigenen Wege geht und sich nicht immer Vernunftgründen unterwirft.

⊛ ☾ VIII ♡

Leidenschaftliche Begierden

Sie werden, wenn es um Lust und fleischliche Genüsse geht, sie/er besonders spüren lassen, dass das Leben seine eigenen Wege geht und sich nicht immer Vernunftgründen unterwirft.

⊛ ☾ IX ♡

Leidenschaftliche Auslandskontakte

Sie werden, wenn es um fremde Kulturen geht, sie/er besonders spüren lassen, dass das Leben seine eigenen Wege geht und sich nicht immer Vernunftgründen unterwirft.

⊛ ☾ X ☊

Leidenschaftliche Gesellschaftskontakte

Sie werden, wenn es um bedeutende Persönlichkeiten geht, sie/er besonders spüren lassen, dass das Leben seine eigenen Wege geht und sich nicht immer Vernunftgründen unterwirft.

⊛ ☾ X⊥ ☊

Leidenschaftliche Gruppenerfahrungen

Sie werden, wenn es um die Zugehörigkeit zu ganz bestimmten Menschen geht, sie/er besonders spüren lassen, dass das Leben seine eigenen Wege geht und sich nicht immer Vernunftgründen unterwirft.

⊛ ☾ X⊥⊥ ☊

Leidenschaftliche Hintergründe

Sie werden, wenn es um verborgene Sehnsüchte und Befürchtungen geht, sie/er besonders spüren lassen, dass das Leben seine eigenen Wege geht und sich nicht immer Vernunftgründen unterwirft.

Harmonie

△⚹

Was gemeinsam leicht fällt, wo Chancen und Möglichkeiten liegen

Nun vergleichen wir die Planetenverbindungen zwischen @ und ihr/ihm, beginnend mit den Aspekten, die das Zusammensein angenehm gestalten, wenn man ihnen genügend Beachtung schenkt. Hierüber lässt sich gut ein Flirtkontakt aufbauen, ohne dem anderen gleich auf die Füße zu treten oder vor den Kopf zu stoßen.

Trigon-Aspekte

△

Wie Sie und Ihr Flirt problemlos miteinander auskommen

◎ ☉ △ Asc ♡

Schöner Schein

Sobald Sie dem Flirtpartner sehen, glauben Sie, sich selbst zu erkennen. Dies ist ein großer, starker Partnerschaftsaspekt, der allerdings ein kleines Missverständnis mit einschließt. Sie/er verkörpert lediglich das, womit Sie sich in Ihrem ganzen Selbstverständnis identifizieren, was Sie selbst probieren zu leben, womit Sie sich mit Ihrem Ego identifizieren. Sie/er ist all dies äußerlich - innerlich jedoch möglicherweise ganz anders.

◎ ☉ △ Mc ♡

Tolles Auftreten

In der Öffentlichkeit können Sie mit ihr/ihm wunderbar auftreten. Ihr Charisma und Ihre Ausstrahlung wir. Sie/er dazu verhelfen, wichtige Kontakte zu schließen, in der Gesellschaft möglicherweise sogar aufzusteigen. Doch kann es auch sein, dass Sie sich des Flirtpartners in eine gewisse Rolle hineingedrängt fühlen und sich manchmal trotz all der offiziellen Anerkennung unwohl und eingeschränkt fühlen - und innerlich einsam.

◎ ☉ △ ☉ ♡

Gute Show

Dieser Planetenaspekt funktioniert gut im zwischenmenschlichen Miteinander, da Sie beide untereinander genau ausmachen, wer den Ton angibt und wer still im Hintergrund bleibt, bewundert, anhimmelt und auf seinen eigenen Stolz verzichtet.

☉ △ ☽

Fantastische Zusammenarbeit

Ein ganz wunderbarer Partnerschaftsaspekt, der am besten dann funktioniert, wenn Sie die Impulse geben, also die archetypisch männliche Rolle übernehmen, und Ihrem Flirtpartner damit einverstanden ist, in die weibliche Rolle zu schlüpfen, sich also von Ihrem Ego inspirieren und bestrahlen zu lassen, Ihre Impulse in sich aufzunehmen und jede nur erdenkliche Unterstützung zu leisten.

☉ △ ☿

Viel an intellektueller Kraft

Dies ist ein starker Beziehungsaspekt, der vermuten lässt, dass Sie durch den Flirtpartner intellektuell gespiegelt und hinterfragt werden, was zu einer starken geistigen Verbindung führt. Allerdings müssen Sie in Kauf nehmen, dass sich das Interesse des Flirtpartners an Ihrer Person lediglich auf den intellektuellen Bereich beschränkt und auch langfristig kaum darüber hinausgeht.

☉ △ ♀

Glänzende Liebeskonstellation

Eine der stärksten Konstellationen für einen sinnlich-erotischen Flirt. Sie heizen die Libido des Flirtpartners geradezu auf. Es knistert vor Sex. Aus solch einer Verbindung kann Liebe werden - wenn Sie den männlich-aktiven Part spielen und die Erotik und Sinnlichkeit des Flirtpartners schätzen und begehren - aber ansonsten keine große eigene Aktivität verlangen.

☉ △ ♂

Ein kraftvolles Team

Es kann krachen und stürmen bei dieser Konstellation. Ganz automatisch stacheln Sie durch Ihr Ego und auch eine gewisse Eitelkeit. Sie/er auf, was zu einem positiven Vater-Sohn-Miteinander führt, in dem Sie die Rolle des Vaters einnehmen und Ihrem Flirtpartner zum rebellischen Sohn wird. Positiv ausgelebt verfügen Sie beide als Paar über eine ungeheure Durchschlagskraft.

⊛ ☉ △ ♃ ⚸

Ganz viel Unterstützung

Alles, was Sie tun und worauf Sie stolz sind, wird des Flirtpartners positiv aufgenommen und Sie werden ermutigt, immer noch mehr zu machen. Begeisterung schlägt Ihnen entgegen. Das kann im Extrem dazu führen, dass Sie Ihr Ego aufblasen und sich in nur großartigen Aktionen verlieren, erschöpfen und verausgaben.

⊛ ☉ △ ♄ ⚸

Seriöse Führung

Was auch immer Sie tun, bei ihr/ihm werden Sie Treue erfahren. Das kann Sie auf Dauer ermutigen. Bedenken Sie, dass sie/er Sie sehr ernst nimmt, vielleicht ernster als irgendein anderer Mensch auf dieser Welt. Reagieren Sie in Anbetracht dessen mit Ruhe, Gelassenheit - und vor allen Dingen mit Respekt.

⊛ ☉ △ ♄ ⚸

Intuitive Übereinstimmung

Diese Konstellation zeigt, dass Sie mit allem, was Sie tun, Begeisterung bei ihr/ihm auslösen. Das kann zu einer positiven Spannung führen. Der Grund liegt in der großen Intensität, die Sie dem Flirtpartner entgegenbringen. Diese Beziehung hat ein großes Potenzial, fast alles ist gemeinsam möglich.

⊛ ☉ △ ♆ ⚸

Sensible Stärkung

Für den Flirtpartner stellen Sie all das dar, was unerreichbar ist und wonach sich sie/er sehnt: große Liebe und Faszination.

☉ △ ♇

Rückendeckung

Für den Flirtpartner symbolisieren Sie alles, was Kraft und Größe darstellt. Sie werden gemeinsam magische Momente voller Kraft erleben!

☉ △ ♌

Sonore Förderung

Flirt wird Sie in all Ihren wichtigen Bestrebungen unterstützen und Sie mit wichtigen Leuten in Kontakt bringen, die Ihnen ein neues Betätigungsfeld eröffnen. Es wir. Sie/er eine große Freude bereiten, dies für Sie zu tun!

☉ △ ⚷

Heilung schlimmster Traumata

Ihr Auftreten wird bei ihr/ihm einen Schmerz lindern, der schon seit langer Zeit besteht und nicht geheilt werden kann. Nehmen Sie diesen Aspekt Ihrer Begegnung an, dann liegt es in Ihrer Macht, bei ihr/ihm positive Veränderungen zu erreichen. Doch erwarten Sie nicht, dass Sie schnell aus der Rolle des Therapeuten entlassen werden.

☉ △ ☾

Prickelnde Naturerlebnisse

Sie wecken in ihr/ihm eine leidenschaftliche Seite, das Furienhafte und Unbezwingbare. Wenn Sie das Abenteuer der Psyche erleben wollen, dann brauchen Sie nichts anderes zu tun, als einfach Ihren Stolz und Ihr Ego auszufahren - und dann abzuwarten, was passiert. Eine heiße Angelegenheit!

♋ ☽ △ Asc ♌

Mütterliche Zustimmung

Eine magische Beziehung. Sie/er verkörpert für Sie alles, was Geborgenheit und Wärme aus Ihrer Sicht bedeutet. Eine ganz großartige astrologische Partnerschaftskonstellation. Auf der emotionalen Ebene werden Sie sich ganz wunderbar verstehen.

♋ ☽ △ Mc ♌

Nährende Förderung

Bei öffentlichen Veranstaltungen und auf der gesellschaftlichen Ebene werden Sie mit ihr/ihm sehr gut harmonieren. Allerdings kann es sein, dass darüber hinaus wenig möglich ist und Sie darunter leiden, auf die Rolle des Mitläufers reduziert zu werden.

♋ ☽ △ ☉ ♌

Hand in Hand

Sie werden beide ganz großartig miteinander harmonieren, da Sie akzeptieren, dass sie/er den Hammer spielt und Sie den Part des Ambosses übernehmen. Das ist keineswegs abwertend gemeint. Damit wird lediglich jene Rollenverteilung zwischen Ihnen beiden beschrieben, die am allerbesten funktioniert.

♋ ☽ △ ☽ ♌

Es zusammen gut haben

Auf der ganz privaten Ebene, wenn es um Geborgenheit und Mitgefühl geht, passen sie ganz wunderbar zusammen. Eine kleine Gefahr dieser Partnerschaftskonstellation liegt in der Konkurrenz des Gefühls: Einer von Ihnen beiden muss die Rolle des Aktiven einnehmen, welcher die Impulse setzt. Wenn das geklärt ist, klappt es auch mit der Geborgenheit.

♋ ☽ △ ☿ ♡

Poetische Verbindung

Niemand kann das, was Sie fühlen, so gut in Worte fassen wie ihr/ihm. Das ist wirklich ein Phänomen. Es stört Sie keineswegs, dass sie/er auf jede Ihrer emotionalen Regungen kühl und neutral reagiert, sich um Rationalisierung und Analyse bemüht.

♋ ☽ △ ♀ ♡

Rundum wohlfühlen

Sie wünschen Streicheleinheiten und Schmuserei. Sie/er will Erotik, Spannung, Kitzel, Unterhaltung. Das kann gut gehen!

♋ ☽ △ ♂ ♡

Balgereien

Sie zeigen sich schwer beeindruckt von mutigen und kraftvollen Aktionen des Flirtpartners, sind im Gegenzug nicht beleidigt, wenn sie/er total aufdreht und Ihnen ganz heftig ans Leder geht. Was sich liebt, das neckt sich.

♋ ☽ △ ♃ ♡

Rundum sorglos

Wie sie/er Zusammenhänge erkennt und die großen Weltzusammenhänge erklärt, wird Sie schwer beeindrucken. Natürlich bringt das eine gewisse Unruhe mit sich. Das akzeptieren Sie einfach. Eine andere Möglichkeit haben Sie sowieso nicht.

♋ ☽ △ ♄ ♡

Treue verbindet

Sie wissen, dass sie/er Ihnen wohl gesonnen ist. Ihre Gefühlsausbrüche werden bloß auf ein vernünftiges Maß zurechtgestutzt. Das ist ganz okay. Sie/er nimmt Sie absolut ernst und versucht einfach alles, was von Ihnen kommt, wortwörtlich zu nehmen.

♋ ☽ △ ♄ ♡

Ausnahmen bestätigen die Regel

Auf Ihr Gefühlsleben wir. Sie/er blitzartig reagieren, mit ganz neuen Ideen. Das darf bei Ihnen nicht zu dem Trugschluss fühlen, dass Sie nicht ernst genommen werden. Ganz im Gegenteil. Sie/er nimmt Sie fürchterlich wichtig, ist jedoch manchmal etwas überfordert durch das, was an Lebendigkeit und Menschlich-Allzumenschlichem von Ihnen ausgeht.

♋ ☽ △ ♆ ♡

Grenzenlose Gefühlswelten

Sie sprechen in ihr/ihm starke Sehnsüchte und Traumbilder an. Das kann sie/er nicht konkret artikulieren, aber dafür umso besser darauf reagieren. Sie werden sich als Person des Flirtpartners als Person verstanden fühlen, und Sie lösen bei Ihrem Gegenüber starke Gefühle aus.

♋ ☽ △ ♇ ♡

Tiefste Seelenverbindung

Vielleicht denken Sie, dass sie/er Sie vereinnahmen will, und Sie haben etwas Angst. Doch das ist nur eine Illusion. Vergessen Sie Ihre Ressentiments und spüren Sie die magische Kraft dieser Beziehung. Sie werden ungeahnte Gefühlstiefen erleben und zu den Wurzeln Ihrer Identität gehen.

♋ ☽ △ ☊ ♡

Harmonische Kontaktanbahnungen

Flirt wird Sie mit Leuten zusammenbringen, bei denen Sie sich wirklich wohlfühlen. Diese astrologische Verbindung ist sehr stark und sehr erfolgreich. Lassen Sie sich des Flirtpartners ruhig führen und geleiten. Es wird Ihnen nur von Vorteil sein.

☽ △ ⚷

Verständnisvoll auch in Krisen

Sie werden im Kontakt mit ihr/ihm Schmerzen und Leid erleben, aber auch ungeheure Tiefe und Nähe erfahren. Sie nehmen die Verletzungen, die Sie bei ihr/ihm erleben, großzügig an, und Sie zeigen Mitgefühl. Dadurch werden Sie sehr schnell einen intimen Kontakt aufbauen.

☽ △ ☾

Leidenschaftliche emotionale Erlebnisse

Erwarten Sie ruhig, dass sie/er auf Ihre Gefühle im Grunde freundlich reagiert. Sie lösen, je länger Sie sich mit ihr/ihm beschäftigen, nur oberflächlich Wut und Bitterkeit aus. Das ist jedoch nur ein Aspekt dieser Beziehung. Die Intensität und Leidenschaftlichkeit dieser Begegnung ist großartig und wird tiefe Seelenwelten eröffnen.

☿ △ Asc

Großartige kommunikative Unterstützung

Ihre Ideen und Gedanken stoßen bei ihr/ihm auf ein sehr offenes Ohr. Sie/er kann genau das ausdrücken, was Sie denken. Das ist eine starke intellektuelle Verbindung. Ob mehr als nur ein geistiger Kontakt zwischen Ihnen beiden zustande kommt, steht auf einem anderen Blatt.

☿ △ Mc

Informationen dienen der Karriere

Sie können all die Pläne und Ziele, die sie/er im Leben hat, wunderbar ausformulieren. Das hilf. Sie/er im Berufsleben und bei allen öffentlichen Auftritten – gut für das berufliche Weiterkommen und ein effektives Miteinander am Arbeitsplatz. Für eine wirkliche Liebesverbindung müssen allerdings noch andere Verbindungen zwischen Ihren beiden Horoskopen vorhanden sein.

☿ △ ☉

Organisatorische Unterstützung

Stolz und Ego des Flirtpartners regen Sie intellektuell an – und lösen auch gleichzeitig intellektuelle Aktivität bei Ihnen aus. Sie werden all das, womit ihr/ihm sich identifiziert, hellwach aufnehmen und von einem kühlen, neutralen Standpunkt aus betrachten. Dort, w. Sie/er eigenblind ist, bleiben Sie sachlich und geben einen unbestechlichen Spiegel ab.

☿ △ ☽

Sprache, die die Seele berührt

Sie können gut in Worte fassen und schriftlich formulieren, was sie/er innerlich so bewegt. Sie/er wird eigene Gefühle bei Ihnen sachlich und neutral widergespiegelt finden. Eine starke emotionale Verbindung, die allerdings von Ihrer Seite aus etwas kühl-intellektuell gesehen wird.

☿ △ ☿

Ähnliche Geisterhaltung

Intellektuell passen Sie absolut hervorragend zusammen. Das ist eine Traumkonstellation, die so gut ist, dass allein schon deshalb ab und zu Missverständnisse aufkommen könnten. Auf lange Sicht wird einer von Ihnen Wortführer werden, und danach wird sich den andere dann ausrichten – problemlos.

☿ △ ♀

Romantisches Geplauder

Sie finden exakt jene Worte, die bei ihr/ihm sinnlich-erotische Gefühle auslösen. Das ist ein wunderbarer Anknüpfungspunkt für einen lockeren Flirt. Zwar wird Ihnen auch ab und zu auffallen, dass sie/er flunkert und die Sachlage etwas verbiegt, um die Harmonie aufrecht zu halten, doch das verzeihen Sie gerne.

☿ △ ♂

Denksportaufgabe

Ihre Worte lösen bei ihr/ihm starke Reaktionen aus: Entweder Wut und Aggression, oder Tatkraft und positiven Aktionismus. Auf jeden Fall läss. Sie/er nicht kalt, was Sie denken und auch aussprechen. Sie sind keinesfalls verletzt, wenn sie/er so intensiv reagiert. Stattdessen versuchen Sie lieber, gemeinsam etwas Konstruktives auf die Beine zu stellen.

☿ △ ♃

Literarisches Teamwork

Gespräche zwischen Ihnen beiden können sehr lange dauern. Sie möchten Ihre Gedanken äußern, im Detail und ganz exakt. Sie/er fühlt sich herausgefordert, all das Gesagte in große Zusammenhänge einzubetten, und wird auf die einzelnen Worte wahrscheinlich gar nicht so achten. Sie haben viel Zeit, um gemeinsam immer wieder auf einen Nenner zu kommen.

☿ △ ♄

Exakt formuliert

Was Sie ansprechen, kann bei ihr/ihm eine wunde Stelle anrühren oder zumindest Überforderung bewirken. Sie/er wird ständig versuchen, Ihren Gedankenstrom zu bündeln und auf den Punkt zu bringen. Das führt zu intensiven Gesprächen. Auch schriftlich könnten Sie sehr gut miteinander in Verbindung treten.

☿ △ ♄

Geistiger Funkenflug

Sie lösen durch Ihre Wortwahl und die ganze Art, wie sie sich sprachlich äußern, bei ihr/ihm blitzartige Assoziationen aus, sodass ganz schnelle Reaktionen kommen, vielleicht schon bevor Sie einen Satz oder ein Wort zu Ende gesprochen haben. Eine starke geistige Verbindung.

☉ ☿ △ ♆ ♐︎

Intellekt und Intuition

Sie versuchen. Sie/er nicht nur intellektuell zu verstehen. Sie erwarten keine rationalen Reaktionen auf Ihre geäußerten Gedanken. Das würde nur in Chaos enden. Es kann sein, dass sie/er scheinbar überhaupt nicht wahrnimmt, was Sie so alles sagen. Doch dem ist natürlich nicht so. Diese Verbindung regt im anderen ganz stark das Gefühlsleben an, ist mystisch und besonders im künstlerischen Bereich ungeheuer produktiv.

☉ ☿ △ ♇ ♐︎

Kriminalistischer Spürsinn

Was auch immer Sie ansprechen, es wird bei ihr/ihm ganz tief in die Seele und ins Unterbewusste gehen. Sie fühlen vielleicht, dass Sie bestimmte Dinge überhaupt nicht ansprechen dürfen. Doch genau das ist es, was Sie a. Sie/er am meisten interessiert. Und dass Sie es trotzdem tun, wird Ihnen gedankt!

☉ ☿ △ ☊ ♐︎

Kundige Vermittlung

Sie haben genau die richtigen Ideen und Gedanken, die sie/er voranbringen und zu einer Weiterentwicklung der Persönlichkeit führen. Gemeinsam werden Sie interessante Menschen kennenlernen und sicher auch ein paar gute Geschäfte abschließen.

☉ ☿ △ ⚷ ♐︎

Weisheit und Heilung

Durch Ihre Worte werden bei ihr/ihm alte Wunden versorgt. Sie können getrost versuchen, die Rolle des Beraters und Heilers zu übernehmen. Das könnte intellektuell auf Dauer etwas anstrengend sein. Ein Kontakt, der interessant ist, doch nicht unbedingt eine dauerhafte, harmonische Beziehung verspricht.

☿ △ ☾

Amüsante Unterhaltungen

Möglich, dass Sie eine leidenschaftliche, verbitterte, aber auch extrem lustvolle und zotige Seite in ihr/ihm ansprechen. Sie analysieren gekonnt, wie sie/er mit den eigenen animalischen Trieben umgeht. Eine abenteuerliche Partnerschaftskonstellation.

♀ △ Asc

Ästhetische Ideale

Sie haben eine ganz bestimmte Vorstellung davon, was schön und ästhetisch ist. Sie/er verkörpert durch körperliche Erscheinung und Auftreten in etwa dieses Ideal. Dies ist eine ganz starke, sinnliche Partnerschaftskonstellation, eine harmonische Verbindung mit viel Charme und Erotik.

♀ △ Mc

Repräsentative Eleganz

Besonders in der Öffentlichkeit wird Ihr Charme au. Sie/er einen großen Eindruck machen. Sie können sich gemeinsam auf Veranstaltungen gut sehen lassen. Auch in Bezug auf das Privatleben ist diese Verbindung ideal.

♀ △ ☉

Herzlichkeit

Eine starke Liebeskonstellation, bei der Ihre Sinnlichkeit durch die Kraft und Energie des Flirtpartners ungeheuer angeheizt wird. Da Sie bereit sind, den weiblichen Part in dieser Beziehung voll und ganz zu übernehmen, passen Sie ungeheuer gut zusammen.

☉♀ △ ☽⚤

Rundum urgemütlich

Sie treten charmant und sinnlich auf. Un. Sie/er sehnt sich vor allem nach Geborgenheit und echtem Gefühl. Ihr Sinn für Ironie kommt bei ihr/ihm gut an. Zudem werden Sie selbst in Ihrem Bedürfnis, mal wieder neue Leute kennenzulernen und sich draußen in der Welt sehen zu lassen, des Flirtpartners ganz erheblich unterstützt.

☉♀ △ ☿⚤

Schlüpfrige Gespräche

Mit Ihrem Charme machen Sie dem Flirtpartner neugierig und Sie werden schnell ins Gespräch kommen. Dies ist ein guter Weg, um sich erst einmal besser kennenzulernen. Dass es mit ihr/ihm auf Dauer nicht beim locker-kühlen Talk bleibt, ist so gut wie vorprogrammiert!

☉♀ △ ♀⚤

Lust auf Lust

Was die schönen und sinnlichen Aspekte des Lebens betrifft, so sind Sie beide sehr ähnliche gepolt. Das kann ganz lustig sein. Und gemeinsam können Sie auch ganz wunderbar genießen. Doch brauchen Sie unbedingt noch andere starke Planetenverbindungen, denn diese Konstellation allein macht Sie beide etwas passiv und jeder wartet darauf, dass der andere endlich anfängt.

☉♀ △ ♂⚤

Ab ins Bett

Ein ganz starker erotischer Flirtaspekt. Es läuft im Sex und auch sonst im gemeinsamen Leben am allerbesten, da Sie sich verwöhnen lassen und Ihrem Flirtpartner den aktiven, draufgängerischen Part spielen kann. Verletzungen sind möglich angesichts solch heißblütiger Planetenkonstellationen.

♀ △ ♃

Im Schlaraffenland

Mit Ihrem Lust- und Vergnügungsbedürfnis rennen Sie bei ihr/ihm offene Türen und Tore ein. Erstaunt werden Sie feststellen, wie viele schöne Dinge man gleichzeitig machen kann, zu welcher Üppigkeit sich das dann immer noch steigern lässt. Entweder werfen Sie Ihre Badezimmerwaage auf dem Müll oder Sie nehmen ab und zu Urlaub vom Vergnügen – gemeinsam natürlich!

♀ △ ♄

Klassische Ehekonstellation

Ihre sinnlichen Seiten stoßen bei ihr/ihm niemals wirklich auf Granit. Wenn sie an einer dauerhaften Beziehung interessiert sind, dann werden Sie vielleicht heiraten. Langfristig können Sie feststellen, dass Treue Ihre Beziehung prägt. Aber ist es wirklich genau das, was Sie wollen?

♀ △ ♄

Freiheit ist Liebe

Diese Planetenverbindung gehört zu den stärksten Flirtkonstellationen überhaupt. Ihr Charme und die Wachheit des Flirtpartners führen zu sinnlichen Abenteuern außerhalb der Reihe, die ihresgleichen suchen.

♀ △ ♆

Heimliche Erotik

Ihre Verführungskünste verfolge. Sie/er noch im Schlaf, weil Sie es geschickt anstellen. Das. Sie/er Ihnen ganz offen und direkt die Liebe erklären wird, erwarten Sie gar nicht erst. Achten Sie auf versteckte Hinweise und wählen Sie dunkle, stille Ecken. Dann wird sich sie/er mit Sicherheit offenbaren.

⊛ ♀ △ ♇ ♡

Lust und Geld

Ihre Sinnlichkeit erreich. Sie/er ganz tief drinnen in der Seele – und das hat immer auch einen finanziellen Aspekt. Sie/er wird Sie dafür kaum hassen, noch besitzergreifend lieben.

⊛ ♀ △ ☊ ♡

Gesellige Kontakte

Mit Ihnen an der Seite wir. Sie/er schöne Momente erleben und im Leben ein ganzes Stück weiterkommen. Sie werden im Gegenzug durch sie/ihn viele interessante und vor allem nette Leute kennenlernen. Eine harmonische Verbindung!

⊛ ♀ △ ⚷ ♡

Zärtliche Pflege

Flirt berühren Sie liebevoll an der verletzlichsten Seite. Das kann Leiden hervorrufen, die schon lange in ihr/ihm gespeichert sind. Doch wird es Ihnen gelingen, quasi als Krankenschwester oder Krankenpfleger Schmerzen zu lindern und Trost zu spenden. Die Helferrolle müssten Sie allerdings schon annehmen können.

⊛ ♀ △ ☾ ♡

Lust und noch viel mehr

Ihre charmante und sinnliche Art wird in ihr/ihm heftige, vielleicht rational nicht erklärbare Gefühle wecken. Die ganze Palette der Emotionen bis hin zu erotischer Leidenschaft steht ihnen beiden zur Verfügung.

♂ △ Asc

Sieg auf ganzer Linie

Für Sie verkörper. Sie/er Kraft und Energie. Das kann ganz schön heftig werden, zumal Sie alles tun, u. Sie/er zu provozieren und in Rage zu bringen. Ihre Kunst besteht darin, das im anderen geweckte Feuer geschickt in rechte Bahnen zu lenken. Da das gelingt, bilden Sie beide ein unschlagbares Team.

♂ △ Mc

Durchmarsch in der Karriere

In der Öffentlichkeit bringen Sie dem Flirtpartner dazu, sich stark zu präsentieren und gegenüber Mitbewerbern durchzusetzen. Dadurch fördern Sie ihr/ihm. Es besteht keinerlei Gefahr, wichtige Persönlichkeiten vor den Kopf zu stoßen.

♂ △ ☉

Mitstreiter

Zusammen sind Sie beide derart stark, dass schon mal die Funken fliegen können. Ganz wichtig ist, dass Ihre ungeduldige Art und der Stolz des Flirtpartners zusammen harmonieren und Sie sich nicht beide gegenseitig im Streit hochschaukeln. Seien Sie zusammen produktiv!

♂ △ ☽

Knuffelig

Sie stürmen au. Sie/er beinahe rücksichtslos ein und der andere kann eigentlich nur noch reagieren. Da es Ihnen gelingt. Sie/er klar zu machen, dass Ihre nassforsche Art nicht böse gemeint ist, sondern nur dazu dient, Mut zu machen und den Partner in Schwung zu bringen, können Sie es so richtig krachen lassen.

♂ △ ☿

Lautstark

Was auch immer Sie tun, um Ihrem Flirtpartner wird es intellektuell reflektieren und kühle Kommentare dazu abgeben. Das kann ganz interessant sein und wird Sie nicht befangen machen. Eine gute Verbindung, da die Rollen klar verteilt sind.

♂ △ ♀

Lust bis an die Schmerzgrenze

Sie gehen ran und treffe. Sie/er lustvoll in die Weichteile. Die Gefahr, dass dabei Verletzungen entstehen, ist nicht gegeben, da diese Berührungen ganz lieb gemeint sind.

♂ △ ♂

Energieball

I. Sie/er haben Sie einen Menschen gefunden, der Ihren Mut teilt und mit Ihnen durch dick und dünn gehen kann. Gut ist, dass Sie trotz aller Gemeinsamkeit akzeptieren, dass doch jeder ein Recht auf seine eigenen Bedenken und Vorsichtsregeln hat. So wird verhindert, dass man sich durch Unvorsichtigkeit selbst in Gefahr begibt.

♂ △ ♃

Weitreichende Aktionen

Ihr forsches Auftreten wird bei ihr/ihm gut ankommen. Sie werden ermutigt, mehr davon zu zeigen. Sie/er wird Ihnen viele Möglichkeiten bieten, Ihre Kräfte auszuleben, ohne dass Sie dabei übermütig werden oder in die Irre gehen. Sie hören auf den klugen Rat des Flirtpartners und lassen sich führen.

♂ △ ♄

Kampfsport

Sie kommen mit Ihrer forschen Art bei ihr/ihm sehr gut an, werden auf Widerstand treffen und Schutzmechanismen auslösen. Auch als Trainer oder Lehrer is. Sie/er sicherlich ein guter Partner für Sie.

♂ △ ♄

Schnelles Reaktionsvermögen

Ihre Spontanität wir. Sie/er immer wieder positiv überraschen. Sie/er ist derartig wach und aufmerksam, dass ihm keine Ihrer Aktivitäten verborgen bleibt.

♂ △ ♆

Intuitive Reaktion

So stark Sie auch auftreten und was immer Sie auch anstellen. Sie/er wird auf Ihre Aktivität immer intuitiv richtig reagieren. Besonders im künstlerischen Bereich eine gute Partnerschaftskonstellation.

♂ △ ♇

Machtvolle Aktionen

Ihr spontanes und ganz unmittelbares Draufgängertum wird das Kontrollbedürfnis des Flirtpartners im positiven Sinne wecken, denn Ihre Aktionen berühre. Sie/er tief in der Psyche. Sie genießen es, als Abenteurer gleichzeitig gefürchtet und bewundert zu werden.

♂ △ ☊

Powervolle Entwicklung

So spontan, wie sie agieren, rennen Sie bei ihr/ihm offene Türen ein. Sie/er wird sich auf Ihre Energie sehr gut einstellen können, es wird nie wirklich anstrengend sein.

⊛ ♂ △ ⚷ ♡

Spontane Hilfsaktionen

Ihre Aktivität könnte bei ihr/ihm Verletzungen heilen, die schon ganz alt sind. Es kann Ihnen gelingen. Sie/er von eingebildeten oder wirklichen Ängsten zu befreien. Als Mutmacher sind Sie gut für ihr/ihm, und auch auf Dauer werden Sie durch die Empfindsamkeit des Flirtpartners nicht gebremst.

⊛ ♂ △ ☾ ♡

Abenteuer in der Natur

In dieser Planetenverbindung wird es leicht für Sie sein, spontan und unbekümmert zu handeln. Ihr Mut löst die Angst bei ihr/ihm und weckt kaum Widerspruch. Im besten Fall erzeugen Sie Lust und Leidenschaft. Dann kann es wirklich hoch hergehen.

⊛ ♃ △ Asc ♡

Mut machende Förderung

Sie finden in ihr/ihm all das verkörpert, was in Ihren Augen Optimismus und Lebenslust ausmacht. Aus dieser Verbindung kann eine echte Freundschaft werden, in der man sich das gibt, was der andere braucht, um hoffnungsvoll in die Zukunft zu schauen.

⊛ ♃ △ Mc ♡

Unterstützung im Beruf

Für die öffentliche Position des Flirtpartners und das Streben nach Anerkennung bringen Sie viel Verständnis auf. In Beruf und Karriere eine wichtige Planetenverbindung, die auch positive Rückschlüsse auf Chancen für eine private Verbindung zulässt.

♃ △ ☉

Große Anerkennung

Sie sind begeistert vom Charisma des Flirtpartners und seiner persönlichen Ausstrahlung. Wann immer sie/er sich schöpferisch in Szene setzt, kann mit Ihrem Wohlwollen und Ihrer Unterstützung gerechnet werden. Respekt und Achtung stärken das Selbstbewusstsein.

♃ △ ☽

Große Gemütlichkeit

Sie bringe. Sie/er ungeheuer viel Verständnis entgegen und werden mit Ihrer Weltanschauung bei ihr/ihm auch sehr gut ankommen. Eine Konstellation, die viel Gemütlichkeit und Vertrauen erzeugt - eine gute Basis für Freundschaft oder vielleicht auch mehr.

♃ △ ☿

Akademische Verbindung

Ganz hervorragend wird sich mit ihr/ihm der intellektuelle Austausch gestalten. Sie sehen die großen Zusammenhänge und verfügen zugleich über ein ausreichendes Aufnahmevermögen, um die hin und her springenden Gedanken des Flirtpartners in Ruhe aufzunehmen und zu einem sinnvollen Ganzen zusammenzufassen.

♃ △ ♀

Grenzenlose Verwöhnung

Sie sind sehr tolerant und geistig verständnisvoll. Das ist genau das Richtige, um Charme und Lust des Flirtpartners zu wecken, alle sinnlichen Vergnügungen, die diese Welt bietet, auch mal auszuprobieren. Man gönnt sich ja sonst nichts!

♃ △ ♂

Heldenhafte Aktionen

Sie finden es ganz großartig, wie unbekümmert sie/er zur Sache geht. Ihr Optimismus ist genau das, was sie/er braucht, um die eigenen Energien sinnvoll einzusetzen. Sie werden beide ein gutes Team abgeben, bei dem Sie die Richtung vorgeben und Ihrem Flirtpartner dann kraftvoll zur Tat schreitet.

♃ △ ♃

Gegenseitige Förderung

Was die großen Linien des Lebens betrifft, so sind Sie sich mit ihr/ihm eins. Um allerdings in einem Flirt enger zusammen zu kommen, bedarf es noch vieler anderer Gemeinsamkeiten, welche sich dann vor allem im Alltagsleben finden müssten.

♃ △ ♄

Sinnvolle Ergänzung

Ihr Optimismus wird des Flirtpartners im Großen und Ganzen geteilt. Sie fühlen sich immer genau dort unterstützt, wo es vernünftig ist und Sinn macht.

♃ △ ♄

Auf zu den Sternen

Zusammen können Sie sich beide – zumindest im Geiste – bis zu den Sternen aufschwingen. Wenn sich die positive Energie dieser Planetenverbindung auch in weiteren Aspekten Ihres Horoskopvergleichs wiederfindet, stehen die Chancen auf ein wirklich interessantes Miteinander gut.

♃ △ ♆

Auf zu fernen Galaxien

Auf der musischen und künstlerischen Ebene könnten Sie sehr gut harmonieren und sich gegenseitig eine Menge Inspirationen geben. In einer festen Beziehung kann das Visionäre und Traumhafte dieser Planetenverbindung sehr angenehme Auswirkungen haben.

♃ △ ♇

Urvertrauen

Ein Planetenaspekt, der verlangt, dass Sie an das glauben, was sie/er Ihnen verheimlicht. Wenn Sie ganz tief vertrauen können – und dabei auch noch richtig liegen – kann es eine interessante Verbindung sein. Es liegt kein Zwang in dieser Konstellation, aber ein ungeheures Potenzial!

♃ △ ☊

Einführung in die Gesellschaft

Die guten Kontakte, die sie/er pflegt, werden Ihnen gefallen. Ihr Optimismus führt zudem dazu, dass sich sie/er weiterentwickeln will. Man glaubt an den Fortschritt und ermutigt sich gegenseitig.

♃ △ ⚷

Lehrer und Schüler

Sie spüren, welche Verletzlichkeit sie/er in sich birgt, und können Lösungsmöglichkeiten anbieten. Dies ist eine gute therapeutische Konstellation, für einen lockeren Flirt vielleicht ein wenig zu anspruchsvoll.

♃ △ ☾

Für alles zu haben

Sie sind, was die dunklen und wilden Seiten im Leben des Flirtpartners betrifft, erstaunlich offen, tolerant und großzügig. Das wird die Leidenschaft in ihr/ihm wecken, und es wird sich zeigen, dass sich dabei wahre Natürlichkeit entwickelt.

♄ △ Asc

Treues Zusammenhalten

Flirt macht auf Sie einen recht guten Eindruck und unwillkürlich spüren Sie den Impuls. Sie/er in der äußeren Erscheinung und im Auftreten zu stabilisieren.

♄ △ MC

Ernsthaft dabei

Das Auftreten des Flirtpartners in der Öffentlichkeit kommt bei Ihnen sehr gut an. Sie stellen hohe Ansprüche an die Karriere des Flirtpartners und werden alles tun, damit sich diese weiterhin gut entwickelt.

♄ △ ☉

Stabilität schafft Selbstvertrauen

Es ist zu erwarten, dass sich sie/er auf Dauer durch Sie gestärkt fühlt. Etwas Disziplinierung wird gut angenommen. Treue ist der Dank!

♄ △ ☽

Stabilisierung des Gefühlslebens

Eine starke Konstellation, die dafür sorgt, dass sich sie/er bei Ihnen wohl und angenommen fühlen wird. Sie können beide sehr viel Geduld und Einfühlungsvermögen für einander aufbringen und gemeinsam wirklich glücklich werden.

♄ △ ☿

Die passenden Worte finden

Für Ihre Verhältnisse redet sie/er etwas viel, doch der Flirtpartner gewöhnt sich eine ganze Menge Disziplin an. Für einen rein akademischen oder geschäftlichen Kontakt ist diese Planetenverbindung sehr gut.

♄ △ ♀

Harmonie und Beständigkeit

Sie werden kaum versuchen, den Charme des Flirtpartners zu bremsen, um eine dauerhafte und feste Bindung zu erreichen. Vielmehr siegen Sie durch Geduld und Treue.

♄ △ ♂

Handfeste Sachen

Die Energie des Flirtpartners wird an Ihnen nicht abprallen und Sie auch nicht zerbrechen. Auf Dauer ist eine Trainer-Sportler-Beziehung zwischen Ihnen beiden gut möglich, wobei Sie die Vorgaben aussprechen und Ihrem Flirtpartner sich daran halten wird.

♄ △ ♃

Aufbaustimmung

Notgedrungen oder aber aus reiner Freude werden Sie die Höhenflüge des Flirtpartners etwas abbremsen. Sie konfrontieren die Ideen und Pläne des anderen jedoch nicht sofort mit der grausamen Realität. Reiben Sie sich lange an einander, kann bestimmt etwas Fruchtbares daraus entstehen.

♄ △ ♄

Verlässlichkeit

Sie haben beide ähnliche Ängste, stellen ähnliche Ansprüche an das Leben und wollen ähnliches erreichen. In der Partnerschaft wird der Disziplinierte von Ihnen beiden dem Blick in die Realität gerichtet halten, während der andere sich ganz ruhig entspannen kann.

☉ ♄ △ ♄ ♡

Weiterentwicklung

Es ist zwischen Ihnen beiden ein ständiges Ausbalancieren in der Frage, ob man auf Althergebrachtem beharren sollte @Auffassung @) oder ob es besser wäre, ganz neue Wagnisse einzugehen @Haltung @). Es gelingt Ihnen auf lange Sicht, Fortschritt durch allmählichen Wandel zu erreichen.

☉ ♄ △ ♆ ♡

Träume wahr werden lassen

Während Sie die Rolle des Realisten spielen, bleibt e. Sie/er überlassen, für die Sehnsucht nach Träumen und Paradiesen gerade zu stehen. Langfristig können Sie das Paradies auf Erden schaffen!

☉ ♄ △ ♇ ♡

Schwerwiegendes

Eine sehr ernste Verbindung zwischen Ihnen beiden mit schicksalhaftem Charakter. Es werden schon viele andere harmonische Planetenaspekte hinzukommen müssen, damit es genug Ausgleich für die gemeinsam erlebten Härten gibt.

☉ ♄ △ ☊ ♡

Seriöse Kontakte

Sie sehen, wie sich sie/er bemüht und welche Kontakte sie/er hat. Das reicht Ihnen aus. Sie stellen zwar große Ansprüche, aber es ist keine Frage, dass es sich für den anderen lohnt, diese zu erfüllen.

☉ ♄ △ ⚷ ♡

Geduldige Heilung

Eine ernste Verbindung, denn die kleinen Fehler des Flirtpartners werden Sie manchmal aus dem gewohnten Trott bringen und verunsichern. Doch sicher gelingt es Ihnen. Sie/er mit Ihrer Selbstdisziplin anzustecken. Dann ist doch schon einiges erreicht.

♄ △ ☾

In Ruhe zur Natur

Eine recht ernsthafte Aspektierung, bei der Sie dem Flirtpartner recht stark an der impulsiven Auslebung von Trieben und Leidenschaften beteiligt. Es ist eine solche Tiefe in diesem Planetenaspekt vorhanden, dass das Seelische in ihr/ihm irgendwann einen natürlichen Ausdruck finden wird.

⛢ △ Asc

Unkonventionelles Mitmachen

Das Auftreten des Flirtpartners entspricht in allem dem, was Sie unter Individualismus verstehen – im positiven Sinne. Sie müssen sich nicht entscheiden, ob Sie dem Flirtpartner als Bereicherung Ihres Lebens empfinden wollen: Es ist einfach so!

⛢ △ Mc

Quereinsteiger

Beruflich bewundern Sie a. Sie/er den Mut zum Eigensinn. Gerade das Gewagte und die Selbstständigkeit sorgen für einen überraschenden Karrieresprung. Gut wäre auch, wenn sich sie/er mit Ihrer Unterstützung zum Freiberufler entwickeln würde.

⛢ △ ☉

Witz

Bevor Sie in Erscheinung traten, hatte das Leben für sie/ihn noch eine gewisse Überschaubarkeit. Nun aber kommen Sie! Als vermutlich erster Mensch sorgen Sie dafür, dass sie/er endlich mal so richtig herzlich über sich selbst lachen kann. Wenn das nichts ist!

⦾ ⛢ △ ☽ ♡

Spritzige Gemütlichkeit

Seit Sie in das Leben des Flirtpartners getreten sind, findet diese Person so gut wie keinen Platz mehr, um sich auszuruhen. Aber das macht ihr überhaupt nichts aus. Ganz im Gegenteil. Sie/er kann es durch Ihren Einfluss endlich einmal wagen, Familienbande zu kappen und eine herzerfrischende Unabhängigkeit von Herkunft und Wurzeln zu erreichen.

⦾ ⛢ △ ☿ ♡

Intellektuelle Übereinstimmung

Ihre nervös-intelligente Spannung bring. Sie/er dazu, die Dinge endlich einmal aus einer anderen Perspektive zu sehen. Dabei wir. Sie/er wenig Zeit haben, um einen kompletten Gedanken zu formulieren. Aber das macht überhaupt nichts!

⦾ ⛢ △ ♀ ♡

Sympathie über lange Distanz

In puncto Liebe verstehen Sie sich so gut, dass es schon fast wieder lustig ist. Deshalb kann einer von Ihnen beiden nach jeder innigen Begegnung ruhig das Weite suchen. Dauerhafte Nähe brauchen Sie eigentlich nicht.

⦾ ⛢ △ ♂ ♡

Rasche Energiemobilisierung

Ihre Gegenwart bewirkt, dass sie/er schneller als gewohnt handeln kann. Sicherlich stellt sich vor lauter Stress nun Nervosität ein, die durchaus anregend wirkt. Suchen Sie gemeinsam nach aufregenden Abenteuern und erkämpfen Sie sich gemeinsam Freiheiten!

⛢ △ ♃

Spaß an alles, was neu ist

Wenn es darum geht, von einem Moment zum anderen eine Reise anzutreten, Last minute und mit unbekanntem Ziel, dann können Sie so etwas gut gemeinsam starten. Auch alle anderen nicht gerade normalen Dinge im Leben werden Sie zusammen gut meistern können.

⛢ △ ♄

Stetige Modernisierung

Es gibt Charakterzüge an Ihnen beiden, die sind zwar unvereinbar und so gänzlich gegensätzlich, dass Sie einfach nicht unter einen Hut passen. Doch dieser Planetenaspekt deutet darauf hin, dass Sie gemeinsam alles versuchen werden, um die aufkommenden Spannungen auszugleichen und daraus etwas gemeinsames Drittes zu erschaffen.

⛢ △ ☊

Angenehme Überraschungen

Durch den Flirtpartner kommen Sie mit Leuten zusammen, die in Ihren Augen die Zukunft symbolisieren. Diese Kontakte werden höchst interessant, aber keineswegs anstrengend sein.

⛢ △ ⚷

Überraschende Heilung

Diese Planetenverbindung lässt vermuten, dass Sie ungewöhnliche und zugleich heilsame Erlebnisse miteinander haben werden. Vielleicht entsteht am Anfang die Idee, dass sich alle Probleme wie von selbst lösen. Doch besser ist es, wenn Sie sich darauf einstellen, immer wieder neu zu improvisieren.

⛢ △ ☾

Experimentelle Naturerlebnisse

Das Ursprüngliche und nicht Zivilisierbare in ihr/ihm wird durch Ihre Anwesenheit stark angesprochen und kann sich angenehm entwickeln. Stellen Sie sich auf wilde Erotik und andere interessante Erlebnisse ein.

♆ △ Asc

Romantische Begleitung

Mit Ihrer sanften und einfühlsamen Art werden Sie dem Flirtpartner dazu bringen, sanfter aufzutreten, mehr Rücksicht auf andere zu nehmen und ein großes Gespür im Umgang mit anderen Menschen zu entwickeln.

♆ △ Mc

Eine alternative Karrieregestaltung

Auf eine ganz eigene Weise gelingt es Ihnen, die Karriereziele des Flirtpartners geschickt und sinnvoll in Richtung Kunst, Ökologie oder alternatives Leben zu lenken.

♆ △ ☉

Unsichtbare Unterstützung

Sie werden mit Ihrer fantasievollen Art au. Sie/er einen magisch-mystischen Einfluss ausüben. Sie/er wird auf Eitelkeit und falschen Stolz ganz freiwillig verzichten.

♆ △ ☽

Sinnliches Einverständnis

So viel Feingefühl, wie Sie dem Flirtpartner abverlangen, lässt sich erstaunlicherweise aufbringen. Sie spüren, dass sie/er ganz einfach Liebe und Geborgenheit braucht. In gewissen Momenten werden Sie gemeinsam Erlebnisse seelischen Zerfließens erleben. Dann können Tränen ganz natürlich fließen.

♆ △ ☿

Musikalisch

Ohne Worte werden Sie gemeinsam eine Verständigung erreichen. Das ist eine ganz hohe Kommunikation, was sie/er auf intellektueller Ebene da mit Ihnen veranstaltet. Sie verfügen zwar über unterschiedliche Denkweisen, jedoch kompatible Kommunikationskanäle.

♆ △ ♀

Feinstoffliche Liebe

Die Verführung des Partners wird erfolgreich auf Umwegen geschehen, durch Versteckspiel, Täuschung, Illusion und Einsatz sonstiger Hilfsmittel. Sie agieren auf einer spirituellen Ebene, suchen die Vereinigung mit allen Menschen, biete. Sie/er jedoch zugleich ein konkretes Gegenüber in der Partnerschaft.

♆ △ ♂

Meeresrauschen

Während Sie in Traumwelten leben, kämpf. Sie/er ganz konkret im Hier und Jetzt. Und trotzdem kommen Sie wunderbar mit einander aus. Nicht nur in gewissen Extremsituationen, in denen sich die Energien wie im Rausch entfalten, können Sie sich großartig begegnen.

♆ △ ♃

Schwärmerisch

Sie streben intuitiv ohne langes Nachdenken nach Verständigung mit allem und jedem, währen. Sie/er das gleiche Ziel mithilfe von Logik und Verstand erreichen möchte. Auf philosophischer Ebene können Sie sich wunderbar treffen.

⊛ ♆ △ ♄ ♡

Paradiesisch

Es wird für sie/ihn nicht wichtig sein, Sie auf einen konkreten Standpunkt festzunageln. Groß ist Ihre Schüchternheit und häufig leben Sie in Ihrer Traumwelt verfangen. Trotzdem wird weder die Direktheit des Flirtpartners Sie verletztten, noch werden Sie Ihr Gegenüber in Verwirrung stürzen.

⊛ ♆ △ ☊ ♡

Künstlerisches Gesellschaftsleben

Flirt bewegt sich in einem Kreis von Leuten, die äußerst unkonventionell und verspielt sind, zwar nicht so recht mit beiden Beinen auf dem Boden stehen, aber für Sie ungeheuer interessant und vor allen Dingen auch inspirierend sind.

⊛ ♆ △ ⚷ ♡

Spirituelle Heilkunst

Auf die tiefen Verletzungen und Kränkungen, die sie/er im Leben erlebt hat, reagieren Sie mit großem Mitgefühl und viel Verständnis. Das lindert bei ihr/ihm Schmerzen, kann langfristig sogar zur Heilung führen.

⊛ ♆ △ ☾ ♡

Die Stimme der Natur hören

Sie fühlen sich äußerst sensibel in die urtümlichen Triebe und Begierden des Flirtpartners ein. Mit der Feinheit, die Sie dabei an den Tag legen, kann e. Sie/er sogar ermöglicht werden, tief verborgenen Gram und Hass abzulegen.

♇ △ Asc

Machtvolles Mitstreitertum

Durch das ganz spontane Auftreten des Flirtpartners und seine äußere Erscheinung werden Sie tief berührt in Ihren verborgenen Sehnsüchten nach Macht und Größe. Sie spiegeln sich derartig klug in ihr/ihm wider, dass es Ihnen leicht fällt, das konkrete Gegenüber und Ihre eigenen Projektionen auseinanderzuhalten. Zudem setzen Sie alles daran, sie/ihn in existenziellen Kämpfen zu unterstützen.

♇ △ Mc

Aufstieg aus der Tiefe

Die Art und Weise, wie sich sie/er in der Öffentlichkeit verhält, löst bei Ihnen ganz starke Bilder aus, die große Stärke und Macht symbolisieren. Ganz sicher ist, dass Sie dem Flirtpartner zu einem grundlegenden Karrierewechsel verhelfen können.

♇ △ ☉

Magische Strahlkraft

Flirt wird durch persönliche Ausstrahlung starke innere Bilder bei Ihnen auslösen, die viel mit dem zu tun haben, wonach Sie sich sehen. In ihr/ihm lösen Sie den Wunsch nach Selbsthinterfragung und Veränderung aus.

♇ △ ☽

Zu den Quellen

Ihre Art und Weise, wie sie mit den Gefühlen des Flirtpartners umgehen, löst starke Reaktionen aus. Diese reichen von absoluter Geborgenheit bis hin zu totaler Hingabe. Sie/er wird sich erstickt und umsorgt zugleich fühlen – auf jeden Fall aber die eigenen Gewohnheiten verändern wollen.

㊋ ♇ △ ☿ ♒

Sprache der Macht

Ein kluges Infragestellen schwingt immer mit, wenn sich sie/er in Ihrer Gegenwart äußert. Was zwischen den Zeilen geschrieben bzw. unterschwellig ausgesprochen wird, bekommt eine große Bedeutung. Das kann den Flirtpartner stark inspirieren.

㊋ ♇ △ ♀ ♒

Abgrundtief lustvoll

Sie wollen auf erotischem Gebiet absolut alles, und das wir. Sie/er vom ersten Moment an akzeptieren. Die liebreizende Art des Flirtpartners hat bei Ihnen tiefe Instinkte geweckt. Sie werden sich gemeinsam lustvoll an gewissen Schamgrenzen reiben.

㊋ ♇ △ ♂ ♒

Durchschlagskraft

Die Art, wie sie/er die Dinge anpackt, versetzt Sie kaum in Furcht und weckt in Ihnen nur etwas das Bedürfnis. Sie/er zu kontrollieren. Der Machtaspekt spielt eine große Rolle. Es steht außer Frage, dass sie/er bereit ist, sich in puncto Spontanität ein wenig fremdbestimmen zu lassen.

㊋ ♇ △ ♃ ♒

Abgrundtiefes Vertrauen

In religiösen Dingen kommen zwei Grundhaltungen zu einander. So wie sie/er die Beziehung zu Gott definiert, können Sie leicht mit Sarkasmus oder Desillusionierung kontern. Im Grunde verstehen Sie sich ganz wunderbar.

@ ♇ △ ♄ ♡

Familienthemen

Tiefe psychologische Themen, die eventuell gesellschaftlich bedingt sind bzw. in der Familiengeschichte liegen, spielen in Ihrer Beziehung eine große Rolle. Es ist der Wille @, daran zu arbeiten und es zu einer grundsätzlichen Wandlung kommen zu lassen.

@ ♇ △ ☊ ♡

Machtvolle Kreise

Flirt strebt den Kontakt mit gewissen Menschen an, die eine Art von Geistesverwandtschaft darstellen, stärker als verwandtschaftliche Bindungen. Sie sind interessiert und möchten daran beteiligt werden.

@ ♇ △ ⚷ ♡

Linderung durch Erkenntnis

So wie sich Ihrer Meinung nach die Probleme des Flirtpartners darstellen, kann es gut zu einer heilsamen Veränderung kommen. Damit stoßen Sie bei ihr/ihm in eiternde Wunden und können so manchen Giftpfropfen entfernen.

@ ♇ △ ☾ ♡

In die Tiefe der Natur

Starke Gefühle sind in ihr/ihm verborgen. Sie spüren dies, begeben sich in den Untergrund und ringen mit dem Teufel, ganz in der berechtigten Hoffnung, nach dem Sieg einen Engel ans Tageslicht geleiten zu können.

@ ☊ △ Asc ♡

Gute Kontakte

Sie nehme. Sie/er gerne zu jenen Leuten mit, die Ihnen wichtig sind und die einen Lebensstil führen, welcher Ihnen erstrebenswert erscheint. Das ist eine kluge Entscheidung.

☊ ♌ △ MC ♡

Weiterempfehlung

Die gesellschaftliche Position, die sie/er einnimmt, passt ganz wunderbar zu dem, was Sie im Leben für erstrebenswert halten und wozu Sie sich hingezogen fühlen.

☊ ♌ △ ☉ ♡

Glückhafte Verbindung

Zu all dem, was Ihnen erstrebenswert erscheint, kann den Flirtpartner Ihnen Kraft persönlicher Ausstrahlung verhelfen, zumindest ansatzweise. Ein positiver Einfluss, der nicht zu unterschätzen ist.

☊ ♌ △ ☽ ♡

Im Einklang

Auf eine ganz natürliche Weise passen Sie mit ihr/ihm zusammen, speziell im Alltag und im Privatleben. Sie können gemeinsam wunderbar regenerieren und sich Geborgenheit geben.

☊ ♌ △ ☿ ♡

Jungbrunnen für den Geist

Auf intellektuellem Gebiet pass. Sie/er hervorragend zu jenen Kontakten, die Sie im Leben aufbauen wollen. Die geistige Anregung ist wirklich groß.

☊ ♌ △ ♀ ♡

Charmante Motivierung

Der Liebreiz des Flirtpartners kommt besonders dann zur Geltung, wenn Sie sich um die Zukunft kümmern und an Dinge wagen, die für ihre persönliche Weiterentwicklung unbedingt notwendig sind.

☉ ♌ △ ♂

Forsche Herangehensweise

Flirt hat so eine bestimmte Art, an die Dinge heranzugehen. Das gefällt Ihnen einfach. Und persönlich bringt es Ihnen auch immer etwas ein.

☉ ♌ △ ♃

Starke Motivation

Flirt gelingt es immer wieder, Ihnen im rechten Augenblick Mut zu machen, besonders dann, wenn Sie Dinge wagen, die vernünftig sind und der Entwicklung Ihrer eigenen Persönlichkeit dienen.

☉ ♌ △ ♄

Anregende Disziplin

Eine sanfte Skepsis schlägt Ihnen des Flirtpartners entgegen, wenn Sie sich bemühen, Ihr eigenes Leben voranzubringen. Das kann stark motivieren.

☉ ♌ △ ♄

Euphorisierender Stress

Höchste Aufmerksamkeit erleben Sie, wenn Sie sich Ihren eigenen Zielen widmen und dabei Erfolg und Bewunderung erleben.

☉ ♌ △ ♆

Großes Taktgefühl

Mit viel Gespür für den richtigen Zeitpunkt und das entsprechend angepasste Auftreten unterstützt Sie dem Flirtpartner bei Ihren Bemühungen, mit den richtigen Leuten in Kontakt zu kommen, damit es mit Ihnen aufwärtsgeht.

☊ △ ♇

Mächtige Freundschaften

Großes psychologisches Geschick setz. Sie/er ein, um Sie bei Ihrer persönlichen Weiterentwicklung zu unterstützen. Sie sind bereit, die eine oder andere Veränderung zu akzeptieren.

☊ △ ⚷

Heilende Begegnungen

Durch den Flirtpartner kommen Sie mit komischen Vögeln und anderen merkwürdigen Zeitgenossen in Kontakt. Das kann Sie ganz gewaltig inspirieren.

☊ △ ☾

Interessante Individualisten

Flirt wird Sie mit Menschen in Kontakt bringen, die sich einfach nicht an die herrschende Zivilisation anpassen wollen und völlig auf sich selbst gestellt ihres Lebens gehen wollen. Es ist eine große Inspiration.

⚷ △ Asc

Weiser Rat

Wenn es in Ihren Augen jemanden mit Fehlern und Macken gibt, der trotzdem liebenswert erscheint, dann ist es ihr/ihm. Sie spüren genau die Ängste und Unsicherheiten der anderen Person. Sogleich aktivieren Sie Ihren Beschützer- und Helferinstinkt.

⚷ △ Mc

Kluge Anleitung

Kleine oder größere Störungen werden Sie schon in das Leben des Flirtpartners bringen, speziell was das berufliche Vorankommen betrifft. Doch keine Sorge, das wirkt sich alles ganz positiv aus.

⚷ △ ☉

Tolerierte Fehlerchen

Was Stolz und Anerkennung betrifft, so wir. Sie/er in Ihrer Gegenwart kaum Anpassungsschwierigkeiten haben. Sie tolerieren Macken gern.

⚷ △ ☽

Viel Verständnis

Die absolute Urgeborgenheit kann den Flirtpartner bei Ihnen schon erleben. Sie/er kommt in den Genuss Ihrer Hilfsbereitschaft. Und das ist doch auch schon eine ganze Menge.

⚷ △ ☿

Leichte Wortverdreher

Flirt wird durch Ihren Perfektionsanspruch und Ihre Detailversessenheit kaum irritiert sein. Manchmal kommen vielleicht die Worte durcheinander und es kommt nicht mehr genau das über die Zunge, was man sich eigentlich gedacht hat. Aber mit etwas Humor und Witz kommt man sich dennoch näher.

⚷ △ ♀

Kleine Fehler erhöhen die Schönheit

Im Grunde gibt es überhaupt keinen Menschen, der äußerlich oder vom Wesen her perfekt ist. Sie/er wird durch Sie lernen können, dass das überhaupt nichts ausmacht. Ganz im Gegenteil: Erst durch gewisse charmante Fehler wird ein Mensch liebenswert.

⚷ △ ♂

Am Anfang kommt Hilfe

Flirt braucht in Ihrer Gegenwart immer ein bisschen, um wirklich in die Gänge zu kommen. Das werden Sie verzeihen, denn wegen Ihrer Detailversessenheit sehen Sie sich in gewisser Weise auch als ein Teil des Problems.

⚷ △ ♃

Verständigung über alle Grenzen hinweg

Obwohl Sie zu sehr aufs Detail schielen, ha. Sie/er keine Schwierigkeiten, Ihnen größere Zusammenhänge zu vermitteln.

⚷ △ ♄

Auflösung von Verkrampfungen

Mit Stress und Unruhe setzen Sie dem Flirtpartner kaum zu. Sie/er kann akzeptieren, dass Sie auch nur ein Mensch sind.

⚷ △ ♄

Eine gewisse Leichtigkeit

Freiheit und Unabhängigkeit sind Ideale, die sich in Ihrem Beisammensein nicht reibungslos verwirklichen lassen. Wenn Sie gemeinsam abheben wollen, dann überlassen Sie am besten ihr/ihm die Führung und vergessen Ihre Bedenken.

⚷ △ ♆

Heilung im Schlaf

Manchmal machen Sie sich zu viele Sorgen und kommen aus dem Grübeln kaum heraus. Da wird Ihnen die Einfühlsamkeit und meditative Entspanntheit dem Flirtpartner wirklich guttun.

⚷ △ ♇

Weisheit und Tiefgang

Diese Konstellation deutet auf eine tiefenpsychologische Verbindung hin, die zwischen Ihnen beiden besteht. Ihre Analysefähigkeit und der Scharfsinn des Flirtpartners können Ihrer Beziehung einen therapeutischen Touch geben, der einzigartig ist.

⚷ △ ☊

Kluge Richtungsweisung

Sie werden gerade durch Ihre kleinen Fehler und Macke. Sie/er in eine Richtung bringen, die für sie/ihn nur von Vorteil sein kann.

⚷ △ ☽

Paradoxes Verständnis

Diese Planetenkonstellation kann zwar für manche Missverständnisse zwischen Ihnen beiden sorgen, doch die sind nicht unlösbar. Gerade durch diese Erlebnisse ist es möglich, dass heilsame Energien zwischen Ihnen beiden kreisen.

☽ △ Asc

Natürliche Kräfte

Flirt verkörpert für Sie so etwas wie ungebändigte Natur in Reinstform. Das kann animalische Leidenschaften entfachen.

☽ △ MC

Außergewöhnliche Erfolge

Sie werden mit Ihrer ungeschminkten Art gerade auf die Karrierepläne des Flirtpartners einen großen Einfluss ausüben. Dass dies ein positiver Einfluss ist, wird sich im Verlauf des weiteren Kontakts herausstellen.

☽ △ ☉

Trotzdem wird alles gut

Flirt wird sich durch Sie im Selbstverständnis und Stolz möglicherweise etwas verletzt fühlen, auf jeden Fall aber Applaus und Anerkennung erhalten.

☉ ☾ △ ☽ ♡

Ganz tiefe Sicherheit

In Ihrer Gegenwart wir. Sie/er aus dem gewohnten Trott kommen und eingeschleifte Gewohnheiten infrage stellen müssen. Dieser Umstand wird zu neuer Geborgenheit führen.

☉ ☾ △ ☿ ♡

Leichte Sticheleien

Ihre Art wir. Sie/er aus den gewohnten Gedanken bringen. Das kann manchmal Ängste auslösen, aber auch ganz gewiss zu neuem Tiefgang führen.

☉ ☾ △ ♀ ♡

Erotische Abenteuer

Der Liebreiz und die Eleganz des Flirtpartners werden Sie provozieren. Dabei werden ganz natürliche Triebe bei Ihnen geweckt. Das kann auch au. Sie/er anregend wirken.

☉ ☾ △ ♂ ♡

Wilde Kräfte der Natur

Der Kontakt mit Ihnen kann bei ihr/ihm wilde Leidenschaft auslösen, die in gewissen Momenten die Konventionen der zivilisierten Gesellschaft wohltuend durchbricht.

☉ ☾ △ ♃ ♡

Natürliches Vertrauen entwickeln

Die Art, wie sie/er Optimismus verbreitet, kommt bei Ihnen recht gut an. Sie sind damit zufriedenzustellen und spüren Echtheit. Das ist doch wirklich etwas wert!

☉ ☾ △ ♄ ♡

Wohltuende Distanz

Trotz starrer Konventionen und etwas antiquiertem Verhalten kann den Flirtpartner bei Ihnen nicht landen. Das provoziert Sie, und gleichzeitig fühlen Sie auf angenehme Weise Ihre Individualität gewahrt.

☉ ☾ △ ♄ ♡

Außergewöhnliche Erlebnisse

Großartige Ideen von Freiheit und Unabhängigkeit kann den Flirtpartner Ihnen auf den Tisch legen. Das weckt Ihr Interesse.

☉ ☾ △ ♆ ♡

Mystisch-magische Träumereien

Sie lieben die Träume des Flirtpartners und diese gewisse Form von Harmonie. Auf Verschleierungstaktiken fahren Sie geradezu ab, und Ihr kleiner Giftstachel wirkt au. Sie/er höchst anregend.

☉ ☾ △ ♇ ♡

Aufwühlende Begegnung

Öfter mal werden Sie beide in den Urgründen des Seelischen wühlen und gewisse Erlebnisse heraufbeschwören. Gehen Sie dieses Abenteuer bis zum Ende gemeinsam, werden Sie zu den Quellen vorstoßen.

☉ ☾ △ ☊ ♡

Gemeinsame Suche

Sie werden die Kontakte und Ziele, die sie/er anstrebt, mit Interesse begleiten. Denn nur das, was wirklich echt ist und zur Natur der Seele führt, können Sie im Grunde akzeptieren.

☉ ☾ △ ⚷ ♡

Hilfe ohne Entmündigung

Sie stacheln gerne und fühlen sich von der Hilfsbereitschaft des Flirtpartners wohltuend berührt. Sie/er wird letzten Endes doch nur feststellen, dass Sie sich von einem übertriebenen Helferkomplex nicht beeindrucken lassen.

Sextil-Aspekte

⚹

Welche verborgenen Stärken Sie beide gemeinsam entwickeln können

☉ ⚹ Asc

Ein schöner äußerer Eindruck

Sobald Sie dem Flirtpartner sehen, glauben Sie sich selbst zu erkennen. Dies ist ein großer, starker Partnerschaftsaspekt, der allerdings ein kleines Missverständnis mit einschließt. Sie/er verkörpert lediglich das, womit Sie sich in Ihrem ganzen Selbstverständnis identifizieren, was Sie selbst probieren, zu leben, womit Sie sich mit Ihrem Ego identifizieren. Sie/er ist all dies äußerlich - innerlich jedoch möglicherweise ganz anders.

☉ ⚹ MC

Wunderbares Auftreten

In der Öffentlichkeit können Sie mit ihr/ihm wunderbar auftreten. Ihr Charisma und Ihre Ausstrahlung wir. Sie/er dazu verhelfen, wichtige Kontakte zu schließen, in der Gesellschaft möglicherweise sogar aufzusteigen. Doch kann es auch sein, dass Sie sich vom Flirtpartner in eine gewisse Rolle hineingedrängt fühlen und sich manchmal trotz all der offiziellen Anerkennung unwohl und eingeschränkt fühlen - und innerlich einsam.

☉ ⚹ ☉

Echt gute Selbstdarstellung

Dieser Planetenaspekt funktioniert gut im zwischenmenschlichen Miteinander, da Sie beide untereinander genau ausmachen, wer den Ton angibt und wer still im Hintergrund bleibt, bewundert, anhimmelt und auf seinen eigenen Stolz verzichtet.

☉ ⚹ ☽

Mit einander arbeiten können

Ein ganz wunderbarer Partnerschaftsaspekt, der am besten dann funktioniert, wenn Sie die Impulse geben, also die archetypisch männliche Rolle übernehmen, und Ihrem Flirtpartner damit einverstanden ist, in die weibliche Rolle zu schlüpfen, sich also von Ihrem Ego inspirieren und bestrahlen zu lassen, Ihre Impulse in sich aufzunehmen und jede nur erdenkliche Unterstützung zu leisten.

☉ ⚹ ☿

Austausch intellektueller Kräfte

Dies ist ein starker Beziehungsaspekt, der vermuten lässt, dass Sie durch sie/ihn intellektuell gespiegelt und hinterfragt werden, was zu einer starken geistigen Verbindung führt. Allerdings müssen Sie in Kauf nehmen, dass sich das Interesse des Flirtpartners an Ihrer Person lediglich auf den intellektuellen Bereich beschränkt und auch langfristig kaum darüber hinausgeht.

☉ ⚹ ♀

Große Chancen für die Liebe

Eine der stärksten Konstellationen für einen sinnlich-erotischen Flirt. Sie heizen die Libido des Flirtpartners geradezu auf. Es knistert vor Sex. Aus solch einer Verbindung kann Liebe werden - wenn Sie den männlich-aktiven Part spielen und die Erotik und Sinnlichkeit des Flirtpartners schätzen und begehren - aber ansonsten keine große eigene Aktivität verlangen.

☉ ⚹ ♂

Im Team Kraft entfalten

Es kann etwas krachen und stürmen bei dieser Konstellation. Ganz automatisch stacheln Sie durch Ihr Ego und durch eine gewisse Eitelkeit den Flirtpartner auf, was zu einem positiven Vater-Sohn-Miteinander führt, in dem Sie die Rolle des Vaters einnehmen und Ihrem Flirtpartner zum rebellischen Sohn wird. Positiv ausgelebt verfügen Sie beide als Paar über eine ungeheure Durchschlagskraft.

☉ ⚹ ♃

Sich gegenseitig Unterstützung gewähren

Alles, was Sie tun und worauf Sie stolz sind, wird der Flirtpartner positiv aufgenommen und Sie werden ermutigt, immer noch mehr zu machen. Begeisterung schlägt Ihnen entgegen. Das kann im Extrem dazu führen, dass Sie Ihr Ego aufblasen und sich in nur großartigen Aktionen verlieren, erschöpfen und verausgaben.

☉ ⚹ ♄

Ernsthafte Orientierung geben

Was auch immer Sie tun, bei ihr/ihm werden Sie Treue erfahren. Das kann Sie auf Dauer ermutigen. Bedenken Sie, dass sie/er Sie sehr ernst nimmt, vielleicht ernster als irgendein anderer Mensch auf dieser Welt. Reagieren Sie in Anbetracht dessen mit Ruhe, Gelassenheit - und vor allen Dingen mit Respekt.

☉ ⚹ ♄

Intuitiv miteinander übereinstimmen

Diese Konstellation zeigt, dass Sie mit allem, was Sie tun, Begeisterung bei ihr/ihm auslösen. Das kann zu einer positiven Spannung führen. Der Grund liegt in der großen Intensität, die Sie dem Flirtpartner entgegenbringen. Diese Beziehung hat ein großes Potenzial: Fast alles ist gemeinsam möglich.

☉ ⚹ ♆

Stärken der Intuition

Für den Flirtpartner stellen Sie all das dar, was unerreichbar ist und wonach sich sie/er sehnt: Große Liebe und Faszination.

⊛ ⊙ ⚹ ♇ ♡

Sich gegenseitig den Rücken decken

Für den Flirtpartner symbolisieren Sie alles, was Kraft und Größe darstellt. Sie werden gemeinsam magische Momente voller Kraft erleben!

⊛ ⊙ ⚹ ☊ ♡

Sich gegenseitig souverän fördern

Flirt wird Sie in all Ihren wichtigen Bestrebungen unterstützen und Sie mit wichtigen Leuten in Kontakt bringen, die Ihnen ein neues Betätigungsfeld eröffnen. Es wir. Sie/er eine große Freude bereiten, dies für Sie zu tun!

⊛ ⊙ ⚹ ⚷ ♡

Von größten Verletzungen befreien

Ihr Auftreten wird in ihr/ihm eine Wunde lindern, die schon seit langer Zeit besteht und nicht geheilt werden kann. Nehmen Sie diesen Aspekt Ihrer Begegnung an, dann liegt es in Ihrer Macht, bei ihr/ihm positive Veränderungen zu erreichen. Doch erwarten Sie nicht, dass Sie schnell aus der Rolle des Therapeuten entlassen werden.

⊛ ⊙ ⚹ ☾ ♡

In der Natur was erleben

Sie wecken in ihr/ihm eine leidenschaftliche Seite, das Furienhafte und Unbezwingbare. Wenn Sie das Abenteuer der Psyche erleben wollen, dann brauchen Sie nichts anderes zu tun, als einfach Ihren Stolz und Ihr Ego auszufahren - und dann abzuwarten, was passiert. Eine heiße Angelegenheit!

☽ ⚹ Asc

Wie eine Mutter reagieren

Eine magische Beziehung. Sie/er verkörpert für Sie alles, was Geborgenheit und Wärme aus Ihrer Sicht bedeutet. Eine ganz großartige astrologische Partnerschaftskonstellation. Auf der emotionalen Ebene werden Sie sich ganz wunderbar verstehen.

☽ ⚹ MC

Sich nähren und fördern

Bei öffentlichen Veranstaltungen und auf der gesellschaftlichen Ebene werden Sie mit ihr/ihm sehr gut harmonieren. Allerdings kann es sein, dass darüber hinaus wenig möglich ist und Sie darunter leiden, auf die Rolle des Mitläufers reduziert zu werden.

☽ ⚹ ☉

Hervorragend zusammenarbeiten

Sie werden beide ganz großartig miteinander harmonieren, da Sie akzeptieren, dass sie/er den Hammer spielt und Sie den Part des Ambosses übernehmen. Das ist keineswegs abwertend gemeint. Damit wird lediglich jene Rollenverteilung zwischen Ihnen beiden beschrieben, die am allerbesten funktioniert.

☽ ⚹ ☽

Es sich gemeinsam wohl gehen lassen

Auf der ganz privaten Ebene, wenn es um Geborgenheit und Mitgefühl geht, passen sie ganz wunderbar zusammen. Eine kleine Gefahr dieser Partnerschaftskonstellation liegt in der Konkurrenz des Gefühls: Einer von Ihnen beiden muss die Rolle des Aktiven einnehmen, welcher die Impulse setzt. Wenn das geklärt ist, klappt es auch mit der Geborgenheit.

♋ ☽ ⚹ ☿ ♡

In der Poesie vereint

Niemand kann das, was Sie fühlen, so gut in Worte fassen wie ihr/ihm. Das ist wirklich ein Phänomen. Es stört Sie keineswegs, dass sie/er auf jede Ihrer emotionalen Regungen kühl und neutral reagiert, sich um Rationalisierung und Analyse bemüht.

♋ ☽ ⚹ ♀ ♡

Erotik und Gemütlichkeit

Sie wünschen Streicheleinheiten und Schmuserei. Sie/er will Erotik, Spannung, Kitzel und Unterhaltung. Das kann gut gehen!

♋ ☽ ⚹ ♂ ♡

Sich gegenseitig necken

Sie zeigen sich schwer beeindruckt von den mutigen und kraftvollen Aktionen (, sind im Gegenzug nicht beleidigt, wenn sie/er total aufdreht und Ihnen ganz heftig ans Leder geht. Was sich liebt, das neckt sich.

♋ ☽ ⚹ ♃ ♡

Sich die Sorgen nehmen

Wie sie/er Zusammenhänge erkennt und die großen Weltzusammenhänge erklärt, wird Sie schwer beeindrucken. Natürlich bringt das eine gewisse Unruhe mit sich. Das akzeptieren Sie einfach. Eine andere Möglichkeit haben Sie sowieso nicht.

♋ ☽ ⚹ ♄ ♡

In Treue verbunden sein

Sie wissen, dass sie/er Ihnen wohl gesonnen ist. Ihre Gefühlsausbrüche werden bloß auf ein vernünftiges Maß zurechtgestutzt. Das ist ganz okay. Sie/er nimmt Sie absolut ernst und versucht einfach alles, was von Ihnen kommt, wortwörtlich zu nehmen.

☽ ⚹ ♄

Fünfe auch mal gerade sein lassen

Auf Ihr Gefühlsleben wir. Sie/er blitzartig reagieren, mit ganz neuen Ideen. Das darf bei Ihnen nicht zu dem Trugschluss fühlen, dass Sie nicht ernst genommen werden. Ganz im Gegenteil. Sie/er nimmt Sie fürchterlich wichtig, ist jedoch manchmal etwas überfordert durch das, was an Lebendigkeit und Menschlich-Allzumenschlichem von Ihnen ausgeht.

☽ ⚹ ♆

Emotional zerfließen

Sie sprechen in ihr/ihm starke Sehnsüchte und Traumbilder an. Das kann den Flirtpartner nicht konkret artikulieren, aber dafür umso besser darauf reagieren. Sie werden sich als Person vom Flirtpartner verstanden fühlen. Und Sie lösen bei Ihrem Gegenüber starke Gefühle aus.

☽ ⚹ ♇

Seelisch zu den Quellen vordringen

Vielleicht denken Sie, dass sie/er Sie vereinnahmen will, und Sie haben etwas Angst. Doch das ist nur eine Illusion. Vergessen Sie Ihre Ressentiments und spüren Sie die magische Kraft dieser Beziehung. Sie werden ungeahnte Gefühlstiefen erleben und zu den Wurzeln Ihrer Identität gehen.

☽ ⚹ ☊

Angenehme Leute kennenlernen

Flirt wird Sie mit Leuten zusammenbringen, bei denen Sie sich wirklich wohlfühlen. Diese astrologische Verbindung ist sehr stark und sehr erfolgreich. Lassen Sie sich vom Flirtpartner ruhig führen und geleiten. Es wird Ihnen nur von Vorteil sein.

☽ ⚹ ⚷

Probleme gemeinsam meistern

Sie werden im Kontakt mit ihr/ihm Schmerzen und Leid erleben, aber auch ungeheure Tiefe und Nähe erfahren. Sie nehmen die Verletzungen, die Sie bei ihr/ihm erleben, großzügig an. Und zudem zeigen Sie Mitgefühl. Dadurch werden Sie sehr schnell einen intimen Kontakt aufbauen.

☽ ⚹ ☾

Nicht menschliches fremd finden

Erwarten Sie ruhig, dass sie/er auf Ihre Gefühle im Grunde freundlich reagiert. Sie lösen, je länger Sie sich mit ihr/ihm beschäftigen, nur oberflächlich Wut und Bitterkeit aus. Dies ist jedoch nur ein Aspekt dieser Beziehung. Die Intensität und Leidenschaftlichkeit dieser Begegnung ist großartig und wird tiefe Seelenwelten eröffnen.

☿ ⚹ Asc

Ein Schwätzchen in Ehren

Ihre Ideen und Gedanken stoßen bei ihr/ihm auf ein sehr offenes Ohr. Sie/er kann genau das ausdrücken, was Sie denken. Das ist eine starke intellektuelle Verbindung. Ob mehr als nur ein geistiger Kontakt zwischen Ihnen beiden zustande kommt, steht auf einem anderen Blatt.

☿ ⚹ Mc

Ganz wichtige Informationen

Sie können all die Pläne und Ziele, die sie/er im Leben hat, wunderbar ausformulieren. Das hilf. Sie/er im Berufsleben und bei allen öffentlichen Auftritten – gut für das berufliche Weiterkommen und ein effektives Miteinander am Arbeitsplatz. Für eine wirkliche Liebesverbindung müssen allerdings noch andere Verbindungen zwischen Ihren beiden Horoskopen vorhanden sein.

☊ ☿ ⚹ ☉ ♁

Kommunikativ bestens dastehen

Stolz und Ego des Flirtpartners regen Sie intellektuell an – und lösen auch gleichzeitig intellektuelle Aktivität bei Ihnen aus. Sie werden all das, womit ihr/ihm sich identifiziert, hellwach aufnehmen und von einem kühlen, neutralen Standpunkt aus betrachten. Dort, w. Sie/er eigenblind ist, bleiben Sie sachlich und geben einen unbestechlichen Spiegel ab.

☊ ☿ ⚹ ☽ ♁

Reden, wie die Seele es will

Sie können gut in Worte fassen und schriftlich formulieren, was sie/er innerlich so bewegt. Sie/er wird eigene Gefühle bei Ihnen sachlich und neutral widergespiegelt finden. Eine starke emotionale Verbindung, die allerdings von Ihrer Seite aus etwas kühl-intellektuell gesehen wird.

☊ ☿ ⚹ ☿ ♁

Der Sprache einen Wert geben

Intellektuell passen Sie absolut hervorragend zusammen. Das ist eine Traumkonstellation, die so gut ist, dass allein schon deshalb ab und zu Missverständnisse aufkommen könnten. Auf lange Sicht wird einer von Ihnen Wortführer werden, und danach wird sich der andere dann ausrichten – problemlos.

☊ ☿ ⚹ ♀ ♁

Lustvolle Aussprache

Sie finden exakt jene Worte, die bei ihr/ihm sinnlich-erotische Gefühle auslösen. Das ist ein wunderbarer Anknüpfungspunkt für einen lockeren Flirt. Zwar wird Ihnen auch ab und zu auffallen, dass sie/er flunkert und die Sachlage etwas verbiegt, um die Harmonie aufrecht zu halten - doch das verzeihen Sie gerne.

⊙ ☿ ⚹ ♂ ♡

Gerne deutliche Worte finden

Ihre Worte lösen bei ihr/ihm starke Reaktionen aus: Entweder Wut und Aggression, oder Tatkraft und positiven Aktionismus. Auf jeden Fall läss. Sie/er nicht kalt, was Sie denken und auch aussprechen. Sie sind keinesfalls verletzt, wenn sie/er so intensiv reagiert. Stattdessen versuchen Sie lieber, gemeinsam etwas Konstruktives auf die Beine zu stellen.

⊙ ☿ ⚹ ♃ ♡

Gemeinsame geistige Höhenflüge

Gespräche zwischen Ihnen beiden können sehr lange dauern. Sie möchten Ihre Gedanken äußern, im Detail und ganz exakt. Sie/er fühlt sich herausgefordert, all das Gesagte in große Zusammenhänge einzubetten, und wird auf die einzelnen Worte wahrscheinlich gar nicht so achten. Sie haben viel Zeit, um gemeinsam immer wieder auf einen Nenner zu kommen.

⊙ ☿ ⚹ ♄ ♡

Dem anderen genau zuhören

Was Sie ansprechen, kann bei ihr/ihm eine wunde Stelle anrühren oder zumindest Überforderung bewirken. Sie/er wird ständig versuchen, Ihren Gedankenstrom zu bündeln und auf den Punkt zu bringen. Das führt zu intensiven Gesprächen. Auch schriftlich könnten Sie sehr gut miteinander in Verbindung treten.

⊙ ☿ ⚹ ♄ ♡

Blitzartiges gegenseitiges Verstehen

Sie lösen durch Ihre Wortwahl und die ganze Art, wie sie sich sprachlich äußern, bei ihr/ihm blitzartige Assoziationen aus, sodass ganz schnelle Reaktionen kommen, vielleicht schon bevor Sie einen Satz oder ein Wort zu Ende gesprochen haben. Eine starke geistige Verbindung.

☿ ⚹ ♆

Auch ohne viel Worte

Sie versuchen. Sie/er nicht nur intellektuell zu verstehen. Sie erwarten keine rationalen Reaktionen auf Ihre geäußerten Gedanken. Das würde nur in Chaos enden. Es kann sein, dass sie/er scheinbar überhaupt nicht wahrnimmt, was Sie so alles sagen. Doch dem ist natürlich nicht so. Diese Verbindung regt im anderen ganz stark das Gefühlsleben an, ist mystisch und besonders im künstlerischen Bereich ungeheuer produktiv.

☿ ⚹ ♇

Zwischen den Zeilen lesen

Was auch immer Sie ansprechen, es wird bei ihr/ihm ganz tief in die Seele und ins Unterbewusste gehen. Sie fühlen vielleicht, dass Sie bestimmte Dinge überhaupt nicht ansprechen dürfen. Doch genau das ist es, was Sie a. Sie/er am meisten interessiert. Und dass Sie es trotzdem tun, wird Ihnen gedankt!

☿ ⚹ ☊

Jeden und alles kennen

Sie haben genau die richtigen Ideen und Gedanken, die sie/er voranbringen und zu einer Weiterentwicklung der Persönlichkeit führen. Gemeinsam werden Sie interessante Menschen kennenlernen und sicher auch ein paar gute Geschäfte abschließen.

☿ ⚹ ⚷

Probleme nicht aussparen

Durch Ihre Worte werden bei ihr/ihm alte Wunden versorgt. Sie können getrost versuchen, die Rolle des Beraters und Heilers zu übernehmen. Das könnte intellektuell auf Dauer etwas anstrengend sein. Ein Kontakt, der interessant ist, doch nicht unbedingt eine dauerhafte, harmonische Beziehung verspricht.

⚷ ☿ ⚹ ☽ ⚸

Gewisse Worte ruhig in den Mund nehmen

Möglich, dass Sie eine leidenschaftliche, verbitterte, aber auch extrem lustvolle und zotige Seite in ihr/ihm ansprechen. Sie analysieren gekonnt, wie sie/er mit den eigenen animalischen Trieben umgeht. Eine abenteuerliche Partnerschaftskonstellation.

⚷ ♀ ⚹ ASC ⚸

Stilkunde

Sie haben eine ganz bestimmte Vorstellung davon, was schön und ästhetisch ist. Sie/er verkörpert durch körperliche Erscheinung und Auftreten in etwa dieses Ideal. Dies ist eine ganz starke, sinnliche Partnerschaftskonstellation, eine harmonische Verbindung mit viel Charme und Erotik.

⚷ ♀ ⚹ MC ⚸

Im Glanz der Scheinwerfer

Besonders in der Öffentlichkeit wird Ihr Charme au. Sie/er einen großen Eindruck machen. Sie können sich gemeinsam auf Veranstaltungen gut sehen lassen. Auch in Bezug auf das Privatleben ist diese Verbindung ideal.

⚷ ♀ ⚹ ☉ ⚸

Mit ganz viel Herz

Eine starke Liebeskonstellation, bei der Ihre Sinnlichkeit durch die Kraft und Energie des Flirtpartners ungeheuer angeheizt wird. Da Sie bereit sind, den weiblichen Part in dieser Beziehung voll und ganz zu übernehmen, passen Sie ungeheuer gut zusammen.

⚤ ♀ ⚹ ☽ ⚤

Sinnlich und kuschelig

Sie treten charmant und sinnlich auf. Un. Sie/er sehnt sich vor allem nach Geborgenheit und echtem Gefühl. Ihr Sinn für Ironie kommt bei ihr/ihm gut an. Zudem werden Sie selbst in Ihrem Bedürfnis, mal wieder neue Leute kennenzulernen und sich draußen in der Welt sehen zu lassen, vom Flirtpartner ganz erheblich unterstützt.

⚤ ♀ ⚹ ☿ ⚤

Mit Worten kitzeln

Mit Ihrem Charme machen Sie dem Flirtpartner neugierig und Sie werden schnell ins Gespräch kommen. Dies ist ein guter Weg, um sich erst einmal besser kennenzulernen. Dass es auf Dauer mit ihr/ihm nicht beim locker-kühlen Talk bleibt, ist so gut wie vorprogrammiert!

⚤ ♀ ⚹ ♀ ⚤

Vergnügen teilen

Was die schönen und sinnlichen Aspekte des Lebens betrifft, so sind Sie beide sehr ähnliche gepolt. Das kann ganz lustig sein. Gemeinsam können Sie auch ganz wunderbar genießen. Doch brauchen Sie unbedingt noch andere starke Planetenverbindungen, denn diese Konstellation allein macht Sie beide etwas passiv und jeder wartet darauf, dass der andere endlich anfängt.

⚤ ♀ ⚹ ♂ ⚤

Lustvolle Gelegenheiten

Ein ganz starker erotischer Flirtaspekt. Es läuft im Sex und auch sonst im gemeinsamen Leben am allerbesten, da Sie sich verwöhnen lassen und Ihrem Flirtpartner den aktiven, draufgängerischen Part spielen kann. Verletzungen sind möglich angesichts solch heißblütiger Planetenkonstellationen.

☊ ♀ ⚹ ♃ ☋

Sich gegenseitig verwöhnen

Mit Ihrem Lust- und Vergnügungsbedürfnis rennen Sie bei ihr/ihm offene Türen und Tore ein. Erstaunt werden Sie feststellen, wie viele schöne Dinge man gleichzeitig machen kann, zu welcher Üppigkeit sich das dann immer noch steigern lässt. Entweder werfen Sie Ihre Badezimmerwaage auf dem Müll oder Sie nehmen ab und zu Urlaub vom Vergnügen – gemeinsam natürlich!

☊ ♀ ⚹ ♄ ☋

Genüsse für später aufsparen

Ihre sinnlichen Seiten stoßen bei ihr/ihm niemals wirklich auf Granit. Wenn sie an einer dauerhaften Beziehung interessiert sind, dann werden Sie vielleicht heiraten. Langfristig können Sie feststellen, dass Treue Ihre Beziehung prägt. Aber ist es wirklich genau das, was Sie wollen?

☊ ♀ ⚹ ♄ ☋

Experimente der Lust

Diese Planetenverbindung gehört zu den stärksten Flirtkonstellationen überhaupt. Ihr Charme und die Wachheit führen zu sinnlichen Abenteuern außerhalb der Reihe, die ihresgleichen suchen.

☊ ♀ ⚹ ♆ ☋

Im Dunkeln ist gut Munkeln

Ihre Verführungskünste verfolge. Sie/er noch im Schlaf, weil Sie es geschickt anstellen. Das. Sie/er Ihnen ganz offen und direkt die Liebe erklären wird, erwarten Sie gar nicht erst. Achten Sie auf versteckte Hinweise und wählen Sie dunkle, stille Ecken. Dann wird sich sie/er mit Sicherheit offenbaren.

♀ ⚹ ♇

Es ganz intensiv werden lassen

Ihre Sinnlichkeit erreich. Sie/er ganz tief drinnen in der Seele – und das hat immer auch einen finanziellen Aspekt. Sie/er wird Sie dafür kaum hassen, noch besitzergreifend lieben.

♀ ⚹ ♌

Viel Spaß auf Partys

Mit Ihnen an der Seite wir. Sie/er schöne Momente erleben und im Leben ein ganzes Stück weiterkommen. Sie werden im Gegenzug durch sie/ihn viele interessante und vor allem nette Leute kennenlernen. Eine harmonische Verbindung!

♀ ⚹ ⚷

Wunden gegenseitig lecken

Flirt berühren Sie liebevoll an der verletzlichsten Seite. Das kann Leiden hervorrufen, die schon lange in ihr/ihm gespeichert sind. Doch wird es Ihnen gelingen, quasi als Krankenschwester oder Krankenpfleger Schmerzen zu lindern und Trost zu spenden. Die Helferrolle müssten Sie allerdings schon annehmen können.

♀ ⚹ ☽

Lust an der Natur

Ihre charmante und sinnliche Art wird in ihr/ihm heftige, vielleicht rational nicht erklärbare Gefühle wecken. Die ganze Palette der Emotionen bis hin zu erotischer Leidenschaft steht ihnen beiden zur Verfügung.

☊ ♂ ⚹ Asc ⚷

Kampf Seite an Seite

Für Sie verkörper. Sie/er Kraft und Energie. Das kann ganz schön heftig werden, zumal Sie alles tun, u. Sie/er zu provozieren und in Rage zu bringen. Ihre Kunst besteht darin, das im anderen geweckte Feuer geschickt in rechte Bahnen zu lenken. Da das gelingt, bilden Sie beide ein unschlagbares Team.

☊ ♂ ⚹ Mc ⚷

Sich nach oben durchboxen

In der Öffentlichkeit bringen Sie dem Flirtpartner dazu, sich stark zu präsentieren und gegenüber Mitbewerbern durchzusetzen. Dadurch fördern Sie ihr/ihm. Es besteht keinerlei Gefahr, wichtige Persönlichkeiten vor den Kopf zu stoßen.

☊ ♂ ⚹ ☉ ⚷

In den Kampf ziehen

Zusammen sind Sie beide derart stark, dass schon mal die Funken fliegen können. Ganz wichtig ist, dass Ihre ungeduldige Art und der Stolz des Flirtpartners zusammen harmonieren und Sie sich nicht beide gegenseitig im Streit hochschaukeln. Seien Sie zusammen produktiv!

☊ ♂ ⚹ ☽ ⚷

Mal etwas derb werden

Sie stürmen au. Sie/er beinahe rücksichtslos ein und der andere kann eigentlich nur noch reagieren. Da es Ihnen gelingt. Sie/er klar zu machen, dass Ihre nassforsche Art nicht böse gemeint ist, sondern nur dazu dient, Mut zu machen und den Partner in Schwung zu bringen, können Sie es so richtig krachen lassen.

♂ ⚹ ☿

Die Stimme gemeinsam erheben

Was auch immer Sie tun, Ihr Flirtpartner wird es intellektuell reflektieren und kühle Kommentare dazu abgeben. Das kann ganz interessant sein und wird Sie nicht befangen machen. Eine gute Verbindung, da die Rollen klar verteilt sind.

♂ ⚹ ♀

Abenteuer der Lust

Sie gehen ran und treffe. Sie/er lustvoll in die Weichteile. Die Gefahr, dass dabei Verletzungen entstehen, ist nicht gegeben, da diese Berührungen ganz lieb gemeint sind.

♂ ⚹ ♂

Power zu Zweit

I. Sie/er haben Sie einen Menschen gefunden, der Ihren Mut teilt und mit Ihnen durch dick und dünn gehen kann. Gut ist, dass Sie trotz aller Gemeinsamkeit akzeptieren, dass doch jeder ein Recht auf seine eigenen Bedenken und Vorsichtsregeln hat. So wird verhindert, dass man sich durch Unvorsichtigkeit selbst in Gefahr begibt.

♂ ⚹ ♃

Die Welt umsegeln

Ihr forsches Auftreten wird bei ihr/ihm gut ankommen. Sie werden ermutigt, mehr davon zu zeigen. Sie/er wird Ihnen viele Möglichkeiten bieten, Ihre Kräfte auszuleben, ohne dass Sie dabei übermütig werden oder in die Irre gehen. Sie hören auf den klugen Rat und lassen sich führen.

☉ ♂ ⚹ ♄

Berge erklimmen

Sie kommen mit Ihrer forschen Art bei ihr/ihm sehr gut an, werden auf Widerstand treffen und Schutzmechanismen auslösen. Auch als Trainer oder Lehrer is. Sie/er sicherlich ein guter Partner für Sie.

☉ ♂ ⚹ ♄

In die Lüfte schwingen

Ihre Spontanität wir. Sie/er immer wieder positiv überraschen. Sie/er ist derartig wach und aufmerksam, dass ihm keine Ihrer Aktivitäten verborgen bleibt.

☉ ♂ ⚹ ♆

In die Fluten tauchen

So stark Sie auch auftreten und was immer Sie auch anstellen. Sie/er wird auf Ihre Aktivität immer intuitiv richtig reagieren. Besonders im künstlerischen Bereich eine gute Partnerschaftskonstellation.

☉ ♂ ⚹ ♇

Schätze erobern

Ihr spontanes und ganz unmittelbares Draufgängertum wird das Kontrollbedürfnis des Flirtpartners im positiven Sinne wecken, denn Ihre Aktionen berühre. Sie/er tief in der Psyche. Sie genießen es, als Abenteurer gleichzeitig gefürchtet und bewundert zu werden.

☉ ♂ ⚹ ☊

Draufgänger kennenlernen

So spontan, wie sie agieren, rennen Sie bei ihr/ihm offene Türen ein. Sie/er wird sich auf Ihre Energie sehr gut einstellen können, es wird nie wirklich anstrengend sein.

☉ ♂ ⚹ ⚷ ♡

Im Notfall immer bereit

Ihre Aktivität könnte bei ihr/ihm Verletzungen heilen, die schon ganz alt sind. Es kann Ihnen gelingen. Sie/er von eingebildeten oder wirklichen Ängsten zu befreien. Als Mutmacher sind Sie gut für ihr/ihm, und auch auf Dauer werden Sie durch die Empfindsamkeit des Flirtpartners nicht gebremst.

☉ ♂ ⚹ ☾ ♡

Ungebändigte Kräfte erleben

In dieser Planetenverbindung wird es leicht für Sie sein, spontan und unbekümmert zu handeln. Ihr Mut löst die Angst des Flirtpartners und weckt kaum Widerspruch. Im besten Fall erzeugen Sie Lust und Leidenschaft. Dann kann es wirklich hoch hergehen.

☉ ♃ ⚹ Asc ♡

Sich großzügig zeigen

Sie finden in ihr/ihm all das verkörpert, was in Ihren Augen Optimismus und Lebenslust ausmacht. Aus dieser Verbindung kann eine echte Freundschaft werden, in der man sich das gibt, was der andere braucht, um hoffnungsvoll in die Zukunft zu schauen.

☉ ♃ ⚹ Mc ♡

Diplomatie als Königsweg

Für die öffentliche Position des Flirtpartners und sein Streben nach Anerkennung bringen Sie viel Verständnis auf. In Beruf und Karriere eine wichtige Planetenverbindung, die auch positive Rückschlüsse auf Chancen für eine private Verbindung zulässt.

♃ ⚹ ☉

Fördern und Anerkennen

Sie sind begeistert vom Charisma des Flirtpartners und seiner persönlichen Ausstrahlung. Wann immer sie/er sich schöpferisch in Szene setzt, kann mit Ihrem Wohlwollen und Ihrer Unterstützung gerechnet werden. Respekt und Achtung stärken das Selbstbewusstsein.

♃ ⚹ ☽

Vertrauen im Alltag

Sie bringe. Sie/er ungeheuer viel Verständnis entgegen und werden mit Ihrer Weltanschauung bei ihr/ihm auch sehr gut ankommen. Eine Konstellation, die viel Gemütlichkeit und Vertrauen erzeugt - eine gute Basis für Freundschaft oder vielleicht auch mehr.

♃ ⚹ ☿

Dicke Bücher wälzen

Ganz hervorragend wird sich mit ihr/ihm der intellektuelle Austausch gestalten. Sie sehen die großen Zusammenhänge und verfügen zugleich über ein ausreichendes Aufnahmevermögen, um die hin und her springenden Gedanken des Flirtpartners in Ruhe aufzunehmen und zu einem sinnvollen Ganzen zusammenzufassen.

♃ ⚹ ♀

In Gelüsten schwelgen

Sie sind sehr tolerant und geistig verständnisvoll. Das ist genau das Richtige, um in ihr/ihm Charme und Lust zu wecken, alle sinnlichen Vergnügungen, die diese Welt bietet, auch mal auszuprobieren. Man gönnt sich ja sonst nichts!

♃ ⚹ ♂

Heldentaten vollbringen

Sie finden es ganz großartig, wie unbekümmert sie/er zur Sache geht. Ihr Optimismus ist genau das, was sie/er braucht, um die eigenen Energien sinnvoll einzusetzen. Sie werden beide ein gutes Team abgeben, bei dem Sie die Richtung vorgeben und Ihrem Flirtpartner dann kraftvoll zur Tat schreitet.

♃ ⚹ ♃

Auf Entdeckungsreise gehen

Was die großen Linien des Lebens betrifft, so sind Sie sich mit ihr/ihm eins. Um allerdings in einem Flirt enger zusammen zu kommen, bedarf es noch vieler anderer Gemeinsamkeiten, welche sich dann vor allem im Alltagsleben finden müssten.

♃ ⚹ ♄

Stein auf Stein setzen

Ihr Optimismus wird der Flirtpartner im Großen und Ganzen geteilt. Sie fühlen sich immer genau dort unterstützt, wo es vernünftig ist und Sinn macht.

♃ ⚹ ♄

Den Weltraum erobern

Zusammen können Sie sich beide – zumindest im Geiste – bis zu den Sternen aufschwingen. Wenn sich die positive Energie dieser Planetenverbindung auch in weiteren Aspekten Ihres Horoskopvergleichs wiederfindet, stehen die Chancen auf ein wirklich interessantes Miteinander gut.

♃ ⚹ ♆

Die Weltmeere durchkreuzen

Auf der musischen und künstlerischen Ebene könnten Sie sehr gut harmonieren und sich gegenseitig eine Menge Inspirationen geben. In einer festen Beziehung kann das Visionäre und Traumhafte dieser Planetenverbindung sehr angenehme Auswirkungen haben.

♃ ⚹ ♇

Glauben wahrhaft erleben

Ein Planetenaspekt, der verlangt, dass Sie an das glauben, was sie/er Ihnen verheimlicht. Wenn Sie ganz tief vertrauen können – und dabei auch noch richtig liegen – kann es eine interessante Verbindung sein. Es liegt kein Zwang in dieser Konstellation, aber ein ungeheures Potenzial!

♃ ⚹ ☊

Geselligen Genossen kennenlernen

Die guten Kontakte, die sie/er pflegt, werden Ihnen gefallen. Ihr Optimismus führt zudem dazu, dass sich sie/er weiterentwickeln will. Man glaubt an den Fortschritt und ermutigt sich gegenseitig.

♃ ⚹ ⚷

Heilkünste erlernen

Sie spüren, welche Verletzlichkeit sie/er in sich birgt, und können Lösungsmöglichkeiten anbieten. Dies ist eine gute therapeutische Konstellation, für einen lockeren Flirt vielleicht ein wenig zu anspruchsvoll.

♃ ⚹ ⚸

Der Natur dienen

Sie sind, was die dunklen und wilden Seiten im Leben des Flirtpartners betrifft, erstaunlich offen, tolerant und großzügig. Das wird die Leidenschaft in ihr/ihm wecken, und es wird sich zeigen, dass sich dabei wahre Natürlichkeit entwickelt.

♄ ⚹ Asc

Starken Rückhalt gewähren

Flirt macht auf Sie einen recht guten Eindruck und unwillkürlich spüren Sie den Impuls. Sie/er in der äußeren Erscheinung und im Auftreten zu stabilisieren.

♄ ⚹ MC

Immer bei der Sache bleiben

Das Auftreten des Flirtpartners in der Öffentlichkeit kommt bei Ihnen sehr gut an. Sie stellen hohe Ansprüche an die Karriere des Flirtpartners und werden alles tun, damit sich diese weiterhin gut entwickelt.

♄ ⚹ ☉

Durchhaltekraft vermitteln

Es ist zu erwarten, dass sich sie/er auf Dauer durch Sie gestärkt fühlt. Etwas Disziplinierung wird gut angenommen. Treue ist der Dank!

♄ ⚹ ☽

Lang anhaltende Gefühle

Eine starke Konstellation, die dafür sorgt, dass sich sie/er bei Ihnen wohl und angenommen fühlen wird. Sie können beide sehr viel Geduld und Einfühlungsvermögen für einander aufbringen und gemeinsam wirklich glücklich werden.

♄ ⚹ ☿

Gut formulierte Worte

Für Ihre Verhältnisse rede. Sie/er etwas viel. Doc. Sie/er gewöhnt sich eine ganze Menge Disziplin an. Für einen rein akademischen oder geschäftlichen Kontakt ist diese Planetenverbindung sehr gut.

☉♄ ⚹ ♀♡

Durch Grenzen Nähe herstellen

Sie werden kaum versuchen, den Charme des Flirtpartners zu bremsen, um eine dauerhafte und feste Bindung zu erreichen. Vielmehr siegen Sie durch Geduld und Treue.

☉♄ ⚹ ♂♡

Gemeinsam Berge versetzen

Die Energie des Flirtpartners wird an Ihnen nicht abprallen und Sie auch nicht zerbrechen. Auf Dauer ist eine Trainer-Sportler-Beziehung zwischen Ihnen beiden gut möglich, wobei Sie die Vorgaben aussprechen und Ihrem Flirtpartner sich daran halten wird.

☉♄ ⚹ ♃♡

Große Pläne verwirklichen

Notgedrungen oder aber aus reiner Freude werden Sie die Höhenflüge des Flirtpartners etwas abbremsen. Sie konfrontieren die Ideen und Pläne des anderen jedoch nicht sofort mit der grausamen Realität. Reiben Sie sich lange an einander, kann bestimmt etwas Fruchtbares daraus entstehen.

☉♄ ⚹ ♄♡

Schritt für Schritt

Sie haben beide ähnliche Ängste, stellen ähnliche Ansprüche an das Leben und wollen ähnliches erreichen. In der Partnerschaft wird der Disziplinierte von Ihnen beiden dem Blick in die Realität gerichtet halten, während der andere sich ganz ruhig entspannen kann.

☺ ♄ ⚹ ♄ ♡

Experimente gut vorbereiten

Es wird zwischen Ihnen beiden ein ständiges Ausbalancieren geben in der Frage, ob man auf Althergebrachtem beharren sollte (Ihr Auffassung oder ob es besser wäre, ganz neue Wagnisse einzugehen (eher die Haltung des Flirtpartners). Es gelingt Ihnen auf lange Sicht, Fortschritt durch allmählichen Wandel zu erreichen.

☺ ♄ ⚹ ♆ ♡

Alternative Lebensplanung

Während Sie die Rolle des Realisten spielen, bleibt e. Sie/er überlassen, für die Sehnsucht nach Träumen und Paradiesen gerade zu stehen. Langfristig können Sie das Paradies auf Erden schaffen!

☺ ♄ ⚹ ♇ ♡

In die Tiefe hinabsteigen

Eine sehr ernste Verbindung zwischen Ihnen beiden mit schicksalhaftem Charakter. Es werden schon viele andere harmonische Planetenaspekte hinzukommen müssen, damit es genug Ausgleich für die gemeinsam erlebten Härten gibt.

☺ ♄ ⚹ ☊ ♡

Langfristige Verbindungen herstellen

Sie sehen, wie sich sie/er bemüht und welche Kontakte sie/er hat. Das reicht Ihnen aus. Sie stellen zwar große Ansprüche, aber es ist keine Frage, dass es sich für den anderen lohnt, diese zu erfüllen.

☺ ♄ ⚹ ⚷ ♡

Schritte hin zur Heilung

Eine ernste Verbindung, denn die kleinen Fehler des Flirtpartners werden Sie manchmal aus dem gewohnten Trott bringen und verunsichern. Doch sicher gelingt es Ihnen. Sie/er mit Ihrer Selbstdisziplin anzustecken. Dann ist doch schon einiges erreicht.

♄ ⚹ ☽

Sich Emotionen erarbeiten

Eine recht ernsthafte Aspektierung, bei der Sie dem Flirtpartner recht stark an der impulsiven Auslebung von Trieben und Leidenschaften beteiligt. Es ist eine solche Tiefe in diesem Planetenaspekt vorhanden, dass das Seelische in ihr/ihm irgendwann einen natürlichen Ausdruck finden wird.

♅ ⚹ Asc

Ungewöhnliche Wege gemeinsam gehen

Das Auftreten des Flirtpartners entspricht in allem dem, was Sie unter Individualismus verstehen – im positiven Sinne. Sie müssen sich nicht entscheiden, ob Sie dem Flirtpartner als Bereicherung Ihres Lebens empfinden wollen: Es ist einfach so!

♅ ⚹ Mc

Den Gipfel erstürmen

Beruflich bewundern Sie a. Sie/er den Mut zum Eigensinn. Gerade das Gewagte und die Selbstständigkeit sorgen für einen überraschenden Karrieresprung. Gut wäre auch, wenn sich sie/er mit Ihrer Unterstützung zum Freiberufler entwickeln würde.

♅ ⚹ ☉

Über sich selbst lachen

Bevor Sie in Erscheinung traten, war das Leben für sie/ihn noch in gewisser Weise überschaubar. Nun aber kommen Sie! Sie sorgen als vermutlich erster Mensch dafür, dass sie/er endlich mal so richtig herzlich über sich selbst lachen kann. Wenn das nichts ist!

♅ ⚹ ☽

Freiheit erleben

Seit Sie in das Leben des Flirtpartners getreten sind, findet diese Person so gut wie keinen Platz mehr, um sich auszuruhen. Aber das macht ihr überhaupt nichts aus. Ganz im Gegenteil. Sie/er kann es durch Ihren Einfluss endlich einmal wagen, Familienbande zu kappen und eine herzerfrischende Unabhängigkeit von Herkunft und Wurzeln zu erreichen.

♅ ⚹ ☿

Geistesblitze verschießen

Ihre nervös-intelligente Spannung bring. Sie/er dazu, die Dinge endlich einmal aus einer anderen Perspektive zu sehen. Dabei wir. Sie/er wenig Zeit haben, um einen kompletten Gedanken zu formulieren. Aber das macht überhaupt nichts!

♅ ⚹ ♀

Geschlechterrollen durcheinander bringen

In puncto Liebe verstehen Sie sich so gut, dass es schon fast wieder lustig ist. Deshalb kann einer von Ihnen beiden nach jeder innigen Begegnung ruhig das Weite suchen. Dauerhafte Nähe brauchen Sie eigentlich nicht.

♅ ⚹ ♂

Blitzstart

Ihre Gegenwart bewirkt, dass sie/er schneller als gewohnt handeln kann. Sicherlich stellt sich vor lauter Stress nun Nervosität ein, die durchaus anregend wirkt. Suchen Sie gemeinsam nach aufregenden Abenteuern und erkämpfen Sie sich gemeinsam Freiheiten!

☉⛢ ⚹ ♃ ♡

Astronaut spielen

Wenn es darum geht, von einem Moment zum anderen eine Reise anzutreten, Last minute und mit unbekanntem Ziel, dann können Sie so etwas gut gemeinsam starten. Auch alle anderen nicht gerade normalen Dinge im Leben werden Sie zusammen gut meistern können.

☉⛢ ⚹ ♄ ♡

Erneuerung wagen

Es gibt Charakterzüge an Ihnen beiden, die sind zwar unvereinbar und so gänzlich gegensätzlich, dass Sie einfach nicht unter einen Hut passen. Doch dieser Planetenaspekt deutet darauf hin, dass Sie gemeinsam alles versuchen werden, um die aufkommenden Spannungen auszugleichen und daraus etwas gemeinsames Drittes zu erschaffen.

☉⛢ ⚹ ☊ ♡

Alles ganz klar sehen

Durch den Flirtpartner kommen Sie mit Leuten zusammen, die in Ihren Augen die Zukunft symbolisieren. Diese Kontakte werden höchst interessant, aber keineswegs anstrengend sein.

☉⛢ ⚹ ⚷ ♡

Blitzartige Erkenntnisse

Diese Planetenverbindung lässt vermuten, dass Sie ungewöhnliche und zugleich heilsame Erlebnisse miteinander haben werden. Vielleicht entsteht am Anfang die Idee, dass sich alle Probleme wie von selbst lösen. Doch besser ist es, wenn Sie sich darauf einstellen, immer wieder neu zu improvisieren.

⊛ ⛢ ⚹ ☾ ♡

Ritt auf dem Besen

Das Ursprüngliche und nicht Zivilisierbare in ihr/ihm wird durch Ihre Anwesenheit stark angesprochen und kann sich angenehm entwickeln. Stellen Sie sich auf wilde Erotik und andere interessante Erlebnisse ein.

⊛ ♆ ⚹ Asc ♡

Traumhafte Partnerschaft

Mit Ihrer sanften und einfühlsamen Art werden Sie dem Flirtpartner dazu bringen, sanfter aufzutreten, mehr Rücksicht auf andere zu nehmen und ein großes Gespür im Umgang mit anderen Menschen zu entwickeln.

⊛ ♆ ⚻ Mc ♡

Außergewöhnliche Berufsentwicklung

Auf eine ganz eigene Weise gelingt es Ihnen, die Karriereziele des Flirtpartners geschickt und sinnvoll in Richtung Kunst, Ökologie oder alternatives Leben zu lenken.

⊛ ♆ ⚹ ☉ ♡

Traumhafte Verwandlung

Sie werden mit Ihrer fantasievollen Art au. Sie/er einen magisch-mystischen Einfluss ausüben. Sie/er wird auf Eitelkeit und falschen Stolz ganz freiwillig verzichten.

⊛ ♆ ⚹ ☽ ♡

Ganz sanfte Momente

So viel Feingefühl, wie Sie dem Flirtpartner abverlangen, lässt sich erstaunlicherweise aufbringen. Sie spüren, dass sie/er ganz einfach Liebe und Geborgenheit braucht. In gewissen Momenten werden Sie gemeinsam Erlebnisse seelischen Zerfließens erleben. Dann können Tränen ganz natürlich fließen.

♆ ⚹ ☿

Ohne Worte alles sagen

Wortlos werden Sie gemeinsam eine Verständigung erreichen. Das ist eine ganz hohe Kommunikation, was sie/er auf intellektueller Ebene da mit Ihnen veranstaltet. Sie verfügen zwar über unterschiedliche Denkweisen, jedoch kompatible Kommunikationskanäle.

♆ ⚹ ♀

Romantische Verführung

Die Verführung des Partners wird erfolgreich auf Umwegen geschehen, durch Versteckspiel, Täuschung, Illusion und Einsatz sonstiger Hilfsmittel. Sie agieren auf einer spirituellen Ebene, suchen die Vereinigung mit allen Menschen, biete. Sie/er jedoch zugleich ein konkretes Gegenüber in der Partnerschaft.

♆ ⚹ ♂

Die Wogen kraftvoll teilen

Während Sie in Traumwelten leben, kämpf. Sie/er ganz konkret im Hier und Jetzt. Und trotzdem kommen Sie wunderbar mit einander aus. Nicht nur in gewissen Extremsituationen, in denen sich die Energien wie im Rausch entfalten, können Sie sich großartig begegnen.

♆ ⚹ ♃

Alles und jeden verstehen

Sie streben intuitiv, ohne lang nachzudenken, nach Verständigung mit allem und jedem, währen. Sie/er das gleiche Ziel mithilfe von Logik und Verstand erreichen möchte. Auf philosophischer Ebene können Sie sich wunderbar treffen.

♆ ⚹ ♄

Träume wahr werden lassen

Es wird für sie/ihn nicht wichtig sein, Sie auf einen konkreten Standpunkt festzunageln. Groß ist Ihre Schüchternheit und häufig leben Sie in Ihrer Traumwelt verfangen. Trotzdem wird weder die Direktheit des Flirtpartners Sie verletzten, noch werden Sie Ihr Gegenüber in Verwirrung stürzen.

♆ ⚹ ☊

Sich in der Kunstszene bewegen

Flirt bewegt sich in einem Kreis von Leuten, die äußerst unkonventionell und verspielt sind, zwar nicht so recht mit beiden Beinen auf dem Boden stehen, aber für Sie ungeheuer interessant und vor allen Dingen auch inspirierend sind.

♆ ⚹ ⚷

Mystische Heilungserlebnisse

Auf die tiefen Verletzungen und Kränkungen, die sie/er im Leben erlebt hat, reagieren Sie mit großem Mitgefühl und viel Verständnis. Das lindert bei ihr/ihm Schmerzen, kann langfristig sogar zur Heilung führen.

♆ ⚹ ☾

Die Mystik der Natur erleben

Sie fühlen sich äußerst sensibel in die urtümlichen Triebe und Begierden des Flirtpartners ein. Mit der Feinheit, die Sie dabei an den Tag legen, kann e. Sie/er sogar ermöglicht werden, tief verborgenen Gram und Hass abzulegen.

♇ ⚹ Asc

Machtvolle Begleitung

Durch das ganz spontane Auftreten des Flirtpartners und die äußere Erscheinung werden Sie tief berührt in Ihren verborgenen Sehnsüchten nach Macht und Größe. Sie spiegeln sich derartig in ihr/ihm, dass es Ihnen schwerfällt, das konkrete Gegenüber und Ihre eigenen Projektionen auseinanderzuhalten. Zudem setzen Sie alles daran. Sie/er in existenziellen Kämpfen zu unterstützen.

♇ ⚹ Mc

Strategisch zum Erfolg

Die Art und Weise, wie sich sie/er in der Öffentlichkeit verhält, löst bei Ihnen ganz starke Bilder aus, die große Stärke und Macht symbolisieren. Ganz sicher ist, dass Sie dem Flirtpartner zu einem grundlegenden Karrierewechsel verhelfen können.

♇ ⚹ ☉

Furchtloses Auftreten

Flirt wird durch persönliche Ausstrahlung starke innere Bilder bei Ihnen auslösen, die viel mit dem zu tun haben, wonach Sie sich sehen. In ihr/ihm lösen Sie den Wunsch nach Selbsthinterfragung und Veränderung aus.

♇ ⚹ ☽

Einfach alles verstehen

Ihre Art und Weise, wie sie mit den Gefühlen des Flirtpartners umgehen, löst starke Reaktionen aus. Diese reichen von absoluter Geborgenheit bis hin zu totaler Hingabe. Sie/er wird sich erstickt und umsorgt zugleich fühlen – auf jeden Fall aber die eigenen Gewohnheiten verändern wollen.

♇ ⚹ ☿

Genau das Richtige sagen

Ein kluges Infragestellen schwingt immer mit, wenn sich sie/er in Ihrer Gegenwart äußert. Was zwischen den Zeilen geschrieben bzw. unterschwellig ausgesprochen wird, bekommt eine große Bedeutung. Das kann den Flirtpartner stark inspirieren.

♇ ⚹ ♀

Sinnlichste Nähe

Sie wollen auf erotischem Gebiet absolut alles, und das wir. Sie/er vom ersten Moment an akzeptieren. Die liebreizende Art des Flirtpartners hat bei Ihnen tiefe Instinkte geweckt. Sie werden sich gemeinsam lustvoll an gewissen Schamgrenzen reiben.

♇ ⚹ ♂

Wirkliche Kraft spüren

Die Art, wie sie/er die Dinge anpackt, versetzt Sie kaum in Furcht und weckt in Ihnen nur etwas das Bedürfnis. Sie/er zu kontrollieren. Der Machtaspekt spielt eine große Rolle. Es steht außer Frage, dass sie/er bereit ist, sich in puncto Spontanität ein wenig fremdbestimmen zu lassen.

♇ ⚹ ♃

Um Glauben ringen

In religiösen Dingen kommen zwei Grundhaltungen zu einander. So wie sie/er die Beziehung zu Gott definiert, können Sie leicht mit Sarkasmus oder Desillusionierung kontern. Im Grunde verstehen Sie sich ganz wunderbar.

@ ♇ ⚹ ♄ ♡

Ganz schwere Dinge anpacken

Tiefe psychologische Themen, die eventuell gesellschaftlich bedingt sind bzw. in der Familiengeschichte liegen, spielen in Ihrer Beziehung eine große Rolle. Es ist der Wille @, daran zu arbeiten und es zu einer grundsätzlichen Wandlung kommen zu lassen.

@ ♇ ⚹ ☊ ♡

Die richtigen Leute kennenlernen

Flirt strebt den Kontakt mit gewissen Menschen an, die eine Art von Geistesverwandtschaft darstellen, stärker als verwandtschaftliche Bindungen. Sie sind interessiert und möchten daran beteiligt werden.

@ ♇ ⚹ ⚷ ♡

Große Wandlung ermöglichen

So wie sich Ihrer Meinung nach die Probleme bei ihr/ihm darstellen, kann es gut zu einer heilsamen Veränderung kommen. Damit stoßen Sie bei ihr/ihm in eiternde Wunden und können so manchen Giftpfropfen entfernen.

@ ♇ ⚹ ☾ ♡

Kräfte des Unterbewussten

Starke Gefühle sind in ihr/ihm verborgen. Sie spüren dies, begeben sich in den Untergrund und ringen mit dem Teufel, ganz in der berechtigten Hoffnung, nach dem Sieg einen Engel ans Tageslicht geleiten zu können.

@ ☊ ⚹ Asc ♡

Überall gut ankommen

Sie nehme. Sie/er gerne zu jenen Leuten mit, die Ihnen wichtig sind und die einen Lebensstil führen, der für Sie erstrebenswert ist. Das ist eine kluge Entscheidung.

⊛ ☊ ⚹ MC 💘

Sicher auftreten

Die gesellschaftliche Position, die sie/er einnimmt, passt ganz wunderbar zu dem, was Sie im Leben für erstrebenswert halten und wozu Sie sich hingezogen fühlen.

⊛ ☊ ⚹ ☉ 💘

Die passende Selbstdarstellung

Zu all dem, was Ihnen erstrebenswert erscheint, kann den Flirtpartner Ihnen Kraft persönlicher Ausstrahlung verhelfen, zumindest ansatzweise. Ein positiver Einfluss, der nicht zu unterschätzen ist.

⊛ ☊ ⚹ ☽ 💘

Im Einklang sein

Auf eine ganz natürliche Weise passen Sie mit ihr/ihm zusammen, speziell im Alltag und im Privatleben. Sie können gemeinsam wunderbar regenerieren und sich Geborgenheit geben.

⊛ ☊ ⚹ ☿ 💘

Das Passende sagen

Auf intellektuellem Gebiet pass. Sie/er hervorragend zu jenen Kontakten, die Sie im Leben aufbauen wollen. Die geistige Anregung ist wirklich groß.

⊛ ☊ ⚹ ♀ 💘

Sympathien erlangen

Der Liebreiz des Flirtpartners kommt besonders dann zur Geltung, wenn Sie sich um die Zukunft kümmern und an Dinge wagen, die für ihre persönliche Weiterentwicklung unbedingt notwendig sind.

☉ ♌ ⚹ ♂ ♡

In Übereinstimmung handeln

Flirt hat so eine bestimmte Art, an die Dinge heranzugehen - das gefällt Ihnen ganz einfach und bringt auch Ihnen persönlich immer etwas.

☉ ♌ ⚹ ♃ ♡

Zustimmung überall

Flirt gelingt es immer wieder, Ihnen im rechten Augenblick Mut zu machen, besonders dann, wenn Sie Dinge wagen, die vernünftig sind und der Entwicklung Ihrer eigenen Persönlichkeit dienen.

☉ ♌ ⚹ ♄ ♡

Respekt erlangen

Eine sanfte Skepsis schlägt Ihnen des Flirtpartners entgegen, wenn Sie sich bemühen, Ihr eigenes Leben voranzubringen. Das kann stark motivieren.

☉ ♌ ⚹ ♄ ♡

Euphorisierender Stress

Höchste Aufmerksamkeit erleben Sie, wenn Sie sich Ihren eigenen Zielen widmen, aber bei Erfolg auch Bewunderung.

☉ ♌ ⚹ ♆ ♡

Intuitiv an der richtigen Stelle sein

Mit viel Gespür für den richtigen Zeitpunkt und das entsprechend angepasste Auftreten unterstützt Sie dem Flirtpartner bei Ihren Bemühungen, mit den richtigen Leuten in Kontakt zu kommen, damit es mit Ihnen aufwärtsgeht.

☊ ⚹ ♇

Sich wirklich durchsetzen

Großes psychologisches Geschick setz. Sie/er ein, um Sie bei Ihrer persönlichen Weiterentwicklung zu unterstützen. Sie sind bereit, die eine oder andere Veränderung zu akzeptieren.

☊ ⚹ ⚷

Fehler nicht verbergen müssen

Durch den Flirtpartner kommen Sie mit komischen Vögeln und anderen merkwürdigen Zeitgenossen in Kontakt. Das kann Sie ganz gewaltig inspirieren.

☊ ⚹ ☾

Sich ungekünstelt geben können

Flirt wird Sie mit Menschen in Kontakt bringen, die sich einfach nicht an die herrschende Zivilisation anpassen wollen und völlig auf sich selbst gestellt ihres Lebens gehen wollen. Es ist eine große Inspiration.

⚷ ⚹ Asc

Fehler an sich selbst akzeptieren

Wenn es in Ihren Augen jemanden mit Fehlern und Macken gibt, der trotzdem liebenswert erscheint, dann ist es ihr/ihm. Sie spüren genau die Ängste und Unsicherheiten der anderen Person. Sogleich aktivieren Sie Ihren Beschützer- und Helferinstinkt.

⚷ ⚹ Mc

Durch Probleme weiterkommen

Kleine oder größere Störungen werden Sie schon in das Leben des Flirtpartners bringen, speziell was das berufliche Vorankommen betrifft, aber das wirkt sich alles ganz positiv aus.

⚷ ⚹ ☉

Klugen Rat geben

Was Stolz und Anerkennung betrifft, so wir. Sie/er in Ihrer Gegenwart kaum Anpassungsschwierigkeiten haben. Sie tolerieren Macken gern.

⚷ ⚹ ☽

Auch Macken akzeptieren können

Die absolute Urgeborgenheit kann den Flirtpartner bei Ihnen schon erleben. Sie/er kommt in den Genuss Ihrer Hilfsbereitschaft. Und das ist doch auch schon eine ganze Menge!

⚷ ⚹ ☿

Probleme geschickt ansprechen

Flirt wird durch Ihren Perfektionsanspruch und Ihre Detailversessenheit kaum irritiert sein. Manchmal kommen vielleicht die Worte durcheinander und es kommt nicht mehr genau das über die Zunge, was man sich eigentlich gedacht hat. Aber mit etwas Humor und Witz kommt man sich dennoch näher.

⚷ ⚹ ♀

Mit den eigenen Fehlern kokettieren

Im Grunde gibt es überhaupt keinen Menschen, der äußerlich oder vom Wesen her perfekt ist. Sie/er wird durch Sie lernen können, dass das überhaupt nichts ausmacht. Ganz im Gegenteil: Erst durch gewisse charmante Fehler wird ein Mensch liebenswert.

⚷ ⚹ ♂

Durch Fehler weiterkommen

Flirt braucht in Ihrer Gegenwart immer ein bisschen, um wirklich in die Gänge zu kommen. Das werden Sie verzeihen, denn wegen Ihrer Detailversessenheit sehen Sie sich in gewisser Weise auch als ein Teil des Problems.

⚷ ⚹ ♃

Aus Problemen Stärke entwickeln

Obwohl Sie zu sehr aufs Detail schielen, ha. Sie/er keine Schwierigkeiten, Ihnen größere Zusammenhänge zu vermitteln.

⚷ ⚹ ♄

Störungen geduldig ertragen

Mit Stress und Unruhe setzen Sie dem Flirtpartner kaum zu. Sie/er kann akzeptieren, dass Sie auch nur ein Mensch sind.

⚷ ⚹ ♄

Ausnahmen willig akzeptieren

Freiheit und Unabhängigkeit sind Ideale, die sich in Ihrem Beisammensein nicht reibungslos verwirklichen lassen. Wenn Sie gemeinsam abheben wollen, dann überlassen Sie am besten ihr/ihm die Führung und vergessen Ihre Bedenken.

⚷ ⚹ ♆

An Problemen geschickt anknüpfen

Manchmal machen Sie sich zu viele Sorgen und kommen aus dem Grübeln kaum heraus. Da wird Ihnen die Einfühlsamkeit und meditative Entspanntheit des Flirtpartners wirklich guttun.

⚷ ⚹ ♇

Die Chancen des Scheiterns erkennen

Diese Konstellation deutet auf eine tiefenpsychologische Verbindung hin, die zwischen Ihnen beiden besteht. Ihre Analysefähigkeit und der Scharfsinn des Flirtpartners können Ihrer Beziehung einen therapeutischen Touch geben, der einzigartig ist.

⚷ ⚹ ☊

Durch Unangepasstheit weiterkommen

Sie werden gerade durch Ihre kleinen Fehler und Macke. Sie/er in eine Richtung bringen, die für sie/ihn nur von Vorteil sein kann.

⚷ ⚹ ☾

Immer nur auf die innere Stimme hören

Diese Planetenkonstellation kann zwar für manche Missverständnisse zwischen Ihnen beiden sorgen, doch die sind nicht unlösbar. Gerade durch diese Erlebnisse ist es möglich, dass heilsame Energien zwischen Ihnen beiden kreisen.

☾ ⚹ Asc

Sich ungeschminkt zeigen

Flirt verkörpert für Sie so etwas wie ungebändigte Natur in Reinstform. Das kann animalische Leidenschaften entfachen.

☾ ⚹ Mc

Natürlich bleiben

Sie werden mit Ihrer ungeschminkten Art gerade auf die Karrierepläne des Flirtpartners einen großen Einfluss ausüben. Dass dies ein positiver Einfluss ist, wird sich im Verlauf des weiteren Kontakts herausstellen.

☾ ⚹ ☉

Naturkräfte nutzen

Flirt wird sich durch Sie im Selbstverständnis und Stolz möglicherweise etwas verletzt fühlen, auf jeden Fall aber Applaus und Anerkennung erhalten.

☾ ⚹ ☽

Der Seele Respekt erweisen

In Ihrer Gegenwart wir. Sie/er aus dem gewohnten Trott kommen und eingeschleifte Gewohnheiten infrage stellen müssen. Dieser Umstand wird zu neuer Geborgenheit führen.

☾ ⚹ ☿

Aussprechen, was in einem steckt

Ihre Art wir. Sie/er aus den gewohnten Gedanken bringen. Das kann manchmal Ängste auslösen, aber auch ganz gewiss zu neuem Tiefgang führen.

☾ ⚹ ♀

Lust an natürlichen Trieben

Der Liebreiz und die Eleganz des Flirtpartners werden Sie provozieren. Dabei werden ganz natürliche Triebe bei Ihnen geweckt. Das kann auch au. Sie/er anregend wirken.

☾ ⚹ ♂

Mut zum Anderssein

Der Kontakt mit Ihnen kann bei ihr/ihm wilde Leidenschaft auslösen, die in gewissen Momenten die Konventionen der zivilisierten Gesellschaft wohltuend durchbricht.

☾ ⚹ ♃

Sich bewusst nicht verstellen

Die Art, wie sie/er Optimismus verbreitet, kommt bei Ihnen recht gut an. Sie sind damit zufriedenzustellen und spüren Echtheit. Das ist doch wirklich etwas wert!

☾ ⚹ ♄

Natürlichkeit erarbeiten

Trotz starrer Konventionen und etwas antiquiertem Verhalten kann den Flirtpartner bei Ihnen recht gut landen. Das provoziert Sie, und gleichzeitig fühlen Sie auf angenehme Weise Ihre Individualität gewahrt.

☾ ⚹ ♄

Ganz eigene Wege gehen

Großartige Ideen von Freiheit und Unabhängigkeit kann den Flirtpartner Ihnen auf den Tisch legen. Das weckt Ihr Interesse.

☾ ⚹ ♆

Weisheit der Heilkunde

Sie lieben die Träume des Flirtpartners und diese gewisse Form von Harmonie. Auf Verschleierungstaktiken fahren Sie geradezu ab, und Ihr kleiner Giftstachel wirkt au. Sie/er höchst anregend.

☾ ⚹ ♇

Gemeinsam die Natur erkunden

Öfter mal werden Sie beide in den Urgründen des Seelischen wühlen und gewisse Erlebnisse heraufbeschwören. Gehen Sie dieses Abenteuer bis zum Ende gemeinsam, werden Sie zu den Quellen vorstoßen.

☾ ⚹ ☊

Seelische Reisen

Sie werden die Kontakte und Ziele, die sie/er anstrebt, mit Interesse begleiten. Denn nur das, was wirklich echt ist und zur Natur der Seele führt, können Sie im Grunde akzeptieren.

☾ ⚹ ⚷

Hilfe zur Selbsthilfe

Sie stacheln gerne und fühlen sich von der Hilfsbereitschaft des Flirtpartners wohltuend berührt. Sie/er wird letzten Endes doch nur feststellen, dass Sie sich von einem übertriebenen Helferkomplex nicht beeindrucken lassen.

Konfrontation

♂□♂

Das Salz in der Suppe der Partnerschaft

„Nicht ist so schwer zu ertragen, wie eine Reihe von guten Tagen" heißt es ganz zu Recht. Einzig über harmonische Planetenverbindungen kommt es zu keinem Flirtkontakt. Erst durch Spannungen und Probleme wird die ganze Sache interessant. Schließlich verliebt man sich – zumindest in der Regel – nicht in das eigene Spiegelbild, sondern möchte einem Individuum mit Ecken und Kanten, also mit echten Konturen begegnen.

Konjunktions-Aspekte

☌

Wo @ und Ihrem Flirtpartner im Einklang miteinander stehen bzw. stehen sollten

☉ ☌ Asc

Verkörperung

Sobald Sie dem Flirtpartner sehen, glauben Sie sich selbst zu erkennen. Dies ist ein großer, starker Partnerschaftsaspekt, der allerdings ein kleines Missverständnis mit einschließt. Sie/er verkörpert lediglich das, womit Sie sich in Ihrem ganzen Selbstverständnis identifizieren, was Sie selbst probieren, zu leben, womit Sie sich mit Ihrem Ego identifizieren. Sie/er ist all dies äußerlich - innerlich jedoch möglicherweise ganz anders.

☉ ☌ Mc

Repräsentanz

In der Öffentlichkeit können Sie mit ihr/ihm wunderbar auftreten. Ihr Charisma und Ihre Ausstrahlung wir. Sie/er dazu verhelfen, wichtige Kontakte zu schließen, in der Gesellschaft möglicherweise sogar aufzusteigen. Doch kann es auch sein, dass Sie sich des Flirtpartners in eine gewisse Rolle hineingedrängt fühlen und sich manchmal trotz all der offiziellen Anerkennung unwohl und eingeschränkt fühlen - und innerlich einsam.

☉ ☌ ☉

Bühnenkonkurrenz

Dieser Planetenaspekt funktioniert nur dann gut im zwischenmenschlichen Miteinander, wenn Sie beide untereinander genau ausmachen, wer den Ton angibt und wer still im Hintergrund bleibt, bewundert, anhimmelt und auf seinen eigenen Stolz verzichtet. Ansonsten wird es zwischen Ihnen beiden eine ständige Konkurrenz um Aufmerksamkeit und Anerkennung geben, wie zwei Schauspieler auf einer Theaterbühne, die sich gegenseitig die Show stehlen wollen.

☉ ☌ ☽

Teamwork

Ein ganz wunderbarer Partnerschaftsaspekt, der am besten dann funktioniert, wenn Sie die Impulse geben, also die archetypisch männliche Rolle übernehmen, und Ihrem Flirtpartner damit einverstanden ist, in die weibliche Rolle zu schlüpfen, sich also von Ihrem Ego inspirieren und bestrahlen zu lassen, Ihre Impulse in sich aufzunehmen und jede nur erdenkliche Unterstützung zu leisten.

☉ ☌ ☿

Geistige Kraft

Dies ist ein starker Beziehungsaspekt, der vermuten lässt, dass Sie durch sie/ihn intellektuell gespiegelt und hinterfragt werden, was zu einer starken geistigen Verbindung führt. Allerdings müssen Sie in Kauf nehmen, dass sich das Interesse des Flirtpartners an Ihrer Person lediglich auf den intellektuellen Bereich beschränkt und auch langfristig kaum darüber hinausgeht. Auch wir. Sie/er Ihnen gegenüber eine gewisse Ironie an den Tag legen, Sie weniger ernst nehmen, als Sie es vielleicht wünschen.

☉ ☌ ♀

Liebesglanz

Eine der stärksten Konstellationen für einen sinnlich-erotischen Flirt. Sie heizen die Libido des Flirtpartners geradezu auf. Es knistert vor Sex. Aus solch einer Verbindung kann Liebe werden - wenn Sie den männlich-aktiven Part spielen und die Erotik und Sinnlichkeit des Flirtpartners schätzen und begehren - aber ansonsten beim anderen keine großartige Eigeninitiative erwarten.

☉ ☌ ♂

Kraftaustausch

Es kann krachen und stürmen bei dieser Konstellation, wenn Sie beide nicht den richtigen Weg finden, miteinander umzugehen. Ganz automatisch stacheln Sie dem Flirtpartner durch Ihr Ego und auch durch eine gewisse Eitelkeit auf, was zu einem klassischen Vater-Sohn-Konflikt führen kann, in dem Sie die Rolle des Vaters einnehmen und Ihrem Flirtpartner zum rebellischen Sohn wird. Positiv ausgelebt verfügen Sie beide als Paar über eine ungeheure Durchschlagskraft.

☉ ☌ ♃

Ermutigung

Alles, was Sie tun und worauf Sie stolz sind, wird des Flirtpartners positiv aufgenommen und Sie werden ermutigt, immer noch mehr zu machen. Begeisterung schlägt Ihnen entgegen. Das kann im Extrem dazu führen, dass Sie Ihr Ego aufblasen und sich in nur scheinbar großartigen Aktionen verlieren, erschöpfen und verausgaben.

☉ ☌ ♄

Skepsis

Was auch immer Sie tun, bei ihr/ihm werden Sie Skepsis erzeugen und auf ein vernünftiges Maß zurechtgestutzt. Das kann Sie auf Dauer entmutigen, denn Ihr Ego wird darunter leiden. Bedenken Sie jedoch, dass sie/er Sie sehr ernst nimmt, vielleicht ernster als irgendein anderer Mensch auf dieser Welt. Reagieren Sie in Anbetracht dessen auf jede scheinbare Zurückweisung mit Ruhe, Gelassenheit - und vor allen Dingen mit Respekt.

☉ ☌ ♄

Wachheit

Diese Konstellation zeigt, dass Sie mit allem, was Sie tun, Stress und Unruhe bei ihr/ihm auslösen. Das kann zu einer ungeheuren Spannung führen. Der Grund liegt in der großen Intensität, die Sie dem Flirtpartner entgegenbringen. Diese Beziehung hat ein großes Potenzial: Fast nichts - oder alles! - ist gemeinsam möglich.

☉ ☌ ♆

Traum

Für den Flirtpartner stellen Sie all das dar, was unerreichbar ist und wonach sich sie/er sehnt. Großes Misstrauen ist die Folge - oder aber höchste Liebe und Faszination.

☉ ☌ ♇

Macht

Für den Flirtpartner symbolisieren Sie alles, wovor man Angst haben kann, zugleich aber auch all jenes, was in Ihren Augen Kraft und Größe darstellt. Zwischen diesen Extremen gibt es nichts. Sie dürfen nicht erwarten, dass sie/er Sie jemals richtig wahrnimmt und begreift, aber dafür werden Sie gemeinsam magische Momente voller Kraft erleben!

☉ ☌ ☊

Vermittlung

Flirt wird Sie in all Ihren wichtigen Bestrebungen unterstützen und Sie mit wichtigen Leuten in Kontakt bringen, die Ihnen ein neues Betätigungsfeld eröffnen. Es wir. Sie/er eine große Freude bereiten, dies für Sie zu tun!

☉ ☌ ⚷

Verletzung

Ihr Auftreten wird in ihr/ihm eine Wunde aufreißen, die schon seit langer Zeit besteht und nicht geheilt werden kann. Das müssen Sie verstehen und nicht persönlich nehmen. Nehmen Sie diesen Aspekt Ihrer Begegnung an, dann liegt es in Ihrer Macht, bei ihr/ihm positive Veränderungen zu erreichen. Doch erwarten Sie nicht, dass Sie auf Dauer aus der Rolle des Therapeuten entlassen werden.

☉ ☌ ☾

Wildheit

Sie wecken in ihr/ihm eine leidenschaftliche Seite, das Furienhafte und Unbezwingbare. Wenn Sie das Abenteuer der Psyche erleben wollen, dann brauchen Sie nichts anderes zu tun, als einfach Ihren Stolz und Ihr Ego auszufahren - und dann abzuwarten, was passiert. Sind Sie nicht stark genug dafür, dann lassen Sie lieber die Finger von dieser heißen Angelegenheit.

☽ ☌ Asc

Muttergefühle

Eine magische Beziehung. Sie/er verkörpert für Sie alles, was Geborgenheit und Wärme aus Ihrer Sicht bedeutet. Eine ganz großartige astrologische Partnerschaftskonstellation. Auf der emotionalen Ebene werden Sie sich ganz wunderbar verstehen.

☽ ☌ Mc

Begleitung

Bei öffentlichen Veranstaltungen und auf der gesellschaftlichen Ebene werden Sie mit ihr/ihm sehr gut harmonieren. Allerdings kann es sein, dass darüber hinaus wenig möglich ist und Sie darunter leiden, auf die Rolle des Mitläufers reduziert zu werden.

☽ ☌ ☉

Einklang

Sie werden beide ganz großartig miteinander harmonieren, wenn Sie akzeptieren, dass sie/er den Hammer spielt und Sie den Part des Ambosses übernehmen. Das ist keineswegs abwertend gemeint. Damit wird lediglich jene Rollenverteilung zwischen Ihnen beiden beschrieben, die am allerbesten funktioniert.

☽ ♂ ☽

Miteinander

Auf der ganz privaten Ebene, wenn es um Geborgenheit und Mitgefühl geht, passen sie ganz wunderbar zusammen. Die Gefahr dieser Partnerschaftskonstellation liegt in der Konkurrenz des Gefühls: Einer von Ihnen beiden muss die Rolle des Aktiven einnehmen, welcher die Impulse setzt. Wenn das geklärt ist, klappt es auch mit der Geborgenheit.

☽ ♂ ☿

Verbalisierung

Niemand kann das, was Sie fühlen, so gut in Worte fassen wie ihr/ihm. Das ist wirklich ein Phänomen, und es sollte Sie darüber hinwegtrösten, dass sie/er auf jede Ihrer emotionalen Regungen kühl und neutral reagiert, sich um Rationalisierung und Analyse bemüht.

☽ ♂ ♀

Unwohlsein

Sie wünschen Streicheleinheiten und Schmuserei. Sie/er will Erotik, Spannung, Kitzel und Unterhaltung. Wie kann das gut gehen?

☽ ♂ ♂

Empfindlichkeit

Sie zeigen sich schwer beeindruckt von den mutigen und kraftvollen Aktionen @, dürfen sich aber im Gegenzug nicht beleidigt zeigen, wenn sie/er total aufdreht und Ihnen ganz heftig ans Leder geht. Was sich liebt, das neckt sich.

☽ ☌ ♃

Ergüsse

Wie sie/er Zusammenhänge erkennt und die großen Weltzusammenhänge erklärt, wird Sie schwer beeindrucken. Natürlich bringt das eine gewisse Unruhe mit sich. Das müssen Sie einfach akzeptieren. Eine andere Möglichkeit haben Sie sowieso nicht.

☽ ☌ ♄

Sauertöpfisch

Denken Sie bloß nicht, dass sie/er Ihnen nicht wohl gesonnen ist. Ihre Gefühlsausbrüche werden bloß auf ein vernünftiges Maß zurechtgestutzt. Mehr ist für sie/ihn einfach nicht möglich. Der Grund dafür. Sie/er nimmt Sie absolut ernst und versucht einfach alles, was von Ihnen kommt, wortwörtlich zu nehmen.

☽ ☌ ♄

Panik

Auf Ihr Gefühlsleben wir. Sie/er panikartig reagieren, mit Fluchtgedanken und Abwesenheit. Das darf bei Ihnen nicht zu dem Trugschluss fühlen, dass Sie nicht ernst genommen werden. Ganz im Gegenteil. Sie/er nimmt Sie fürchterlich wichtig, ist jedoch meistens total überfordert durch das, was an Lebendigkeit und Menschlich-Allzumenschlichem von Ihnen ausgeht.

☽ ☌ ♆

Abwesenheit

Sie sprechen in ihr/ihm starke Sehnsüchte und Traumbilder an. Das kann den Flirtpartner nicht konkret artikulieren, geschweige denn adäquat darauf reagieren. Sie werden sich als Person des Flirtpartners vielleicht niemals wirklich als Person verstanden fühlen. Aber dafür lösen Sie bei Ihrem Gegenüber starke Gefühle aus.

♋☽ ♂ ♇♡

Magie

Vielleicht denken Sie, dass sie/er Sie unterdrücken will, und Sie haben ganz einfach Angst. Doch das ist nur eine Illusion. Vergessen Sie Ihre Ressentiments und spüren Sie die magische Kraft dieser Beziehung. Sie werden ungeahnte Gefühlstiefen erleben und zu den Wurzeln Ihrer Identität gehen.

♋☽ ♂ ☊♡

Wohlfühlen

Flirt wird Sie mit Leuten zusammenbringen, bei denen Sie sich wirklich wohlfühlen. Diese astrologische Verbindung ist sehr stark und sehr erfolgreich. Lassen Sie sich des Flirtpartners ruhig führen und geleiten. Es wird Ihnen nur von Vorteil sein.

♋☽ ♂ ⚷♡

Mitleid

Sie werden im Kontakt mit ihr/ihm Schmerzen und Leid erleben, aber auch ungeheure Tiefe und Nähe erfahren. Nehmen Sie die Verletzungen, die Sie bei ihr/ihm erleben, großzügig an. Und zeigen Sie Mitgefühl. Dann werden Sie sehr schnell einen intimen Kontakt aufbauen.

♋☽ ♂ ⚸♡

Rachsucht

Erwarten Sie nicht, dass sie/er auf Ihre Gefühle freundlich reagiert. Sie lösen, je länger Sie sich mit ihr/ihm beschäftigen, immer stärkere Wut und Bitterkeit aus. Aber das ist nur ein Aspekt dieser Beziehung. Die Intensität und Leidenschaftlichkeit dieser Begegnung ist großartig und wird tiefe Seelenwelten eröffnen.

☿ ☌ Asc

Ausdruck

Ihre Ideen und Gedanken stoßen bei ihr/ihm auf ein offenes Ohr. Sie/er kann genau das ausdrücken, was Sie denken. Das ist eine starke intellektuelle Verbindung. Ob mehr als nur ein geistiger Kontakt zwischen Ihnen beiden zustande kommt, steht auf einem anderen Blatt.

☿ ☌ Mc

Formulierung

Sie können all die Pläne und Ziele, die sie/er im Leben hat, wunderbar ausformulieren. Das hilf. Sie/er in der Karriere und bei allen öffentlichen Auftritten – gut für das berufliche Weiterkommen und ein effektives Miteinander am Arbeitsplatz. Für eine wirkliche Liebesverbindung müssen allerdings noch andere Verbindungen zwischen Ihren beiden Horoskopen vorhanden sein.

☿ ☌ ☉

Neutralisierung

Stolz und Ego des Flirtpartners regen Sie intellektuell an – und lösen auch gleichzeitig Widerspruch aus. Sie werden all das, womit ihr/ihm sich identifiziert, hellwach aufnehmen und von einem kühlen, neutralen Standpunkt aus betrachten. Dort, w. Sie/er eigenblind ist, bleiben Sie sachlich und geben einen unbestechlichen Spiegel ab.

☿ ☌ ☽

Rationalisierung

Sie können gut in Worte fassen und schriftlich formulieren, was sie/er innerlich so bewegt. Sie/er wird eigene Gefühle bei Ihnen sachlich und neutral widergespiegelt finden. Eine starke emotionale Verbindung, die allerdings von Ihrer Seite aus etwas kühl-intellektuell gesehen wird.

☿ ☌ ☿

Geistesgeschwister

Intellektuell passen Sie absolut zusammen. Es ist eine Traumkonstellation, die so gut ist, dass allein schon deshalb ab und zu Missverständnisse aufkommen dürften. Auf lange Sicht wird einer von Ihnen Wortführer werden. Und danach wird sich der andere dann ausrichten – hoffentlich.

☿ ☌ ♀

Liebesgeplauder

Sie finden genau jene Worte, die bei ihr/ihm sinnlich-erotische Gefühle auslösen. Das ist ein wunderbarer Anknüpfungspunkt für einen lockeren Flirt. Doch so unbestechlich, wie sie sind, wird Ihnen auch ab und zu auffallen, dass sie/er flunkert und die Sachlage etwas verbiegt, um die Harmonie aufrecht zu halten. Da spielen Sie dann nicht mehr mit.

☿ ☌ ♂

Denksport

Ihre Worte lösen bei ihr/ihm starke Reaktionen aus: Entweder Wut und Aggression, oder Tatkraft und positiven Aktionismus. Auf jeden Fall läss. Sie/er nicht kalt, was Sie denken und auch aussprechen. Seien Sie nicht verletzt, wenn sie/er so intensiv reagiert. Versuchen Sie lieber, gemeinsam etwas Konstruktives auf die Beine zu stellen.

☿ ☌ ♃

Ausufernd

Gespräche zwischen Ihnen beiden können sehr lange dauern – wenn sie überhaupt zustande kommen. Sie möchten Ihre Gedanken äußern, im Detail und ganz exakt. Sie/er fühlt sich herausgefordert, all das Gesagte in große Zusammenhänge einzubetten, und wird auf die einzelnen Worte wahrscheinlich gar nicht so achten. Sie brauchen viel Zeit, um gemeinsam auf einen Nenner zu kommen.

☿ ☌ ♄

Knapp

Was Sie ansprechen, kann bei ihr/ihm eine wunde Stelle anrühren oder zumindest Überforderung bewirken. Sie/er wird ständig versuchen, Ihren Gedankenstrom zu bündeln und auf den Punkt zu bringen. Da ist kaum Gelegenheit für unverbindliche Plauderei. Schriftlich könnten Sie sehr gut miteinander in Verbindung treten. Im direkten Gegenüber wird es jedoch anstrengend für beide Seiten.

☿ ☌ ♄

Unterbrecher

Sie lösen durch Ihre Wortwahl und die ganze Art, wie sie sich sprachlich äußern, bei ihr/ihm blitzartige Assoziationen aus, sodass ganz schnelle Reaktionen kommen, vielleicht schon bevor Sie einen Satz oder ein Wort zu Ende gesprochen haben. Sie/er wird entweder fürchterlich nervös auf Sie reagieren oder das Weite suchen. Eine starke geistige Verbindung.

☿ ☌ ♆

Verwirrer

Versuchen Sie bloß nicht. Sie/er intellektuell zu verstehen. Erwarten Sie keine rationalen Reaktionen auf Ihre geäußerten Gedanken. Das würde nur in Chaos enden. Es kann sein, dass sie/er vordergründig überhaupt nicht wahrnimmt, was Sie so alles sagen. Diese Verbindung regt im anderen ganz stark das Gefühlsleben an, ist mystisch und vielleicht nur im künstlerischen Bereich produktiv.

☿ ☌ ♇

Tabubrecher

Was auch immer Sie ansprechen, es wird bei ihr/ihm ganz tief in die Seele und ins Unterbewusste gehen. Sie fühlen vielleicht, dass Sie bestimmte Dinge überhaupt nicht ansprechen dürfen. Doch genau das ist es, was Sie a. Sie/er am meisten interessiert.

☿ ☌ ☊

Kontaktanbahner

Sie haben genau die richtigen Ideen und Gedanken, die sie/er voranbringen und zu einer Weiterentwicklung der Persönlichkeit führen. Gemeinsam können Sie interessante Menschen kennenlernen und vielleicht sogar ein paar gute Geschäfte abschließen.

☿ ☌ ⚷

Therapeutisch

Durch Ihre Worte brechen bei ihr/ihm alte Wunden auf. Sie können versuchen, die Rolle des Beraters und Heilers zu übernehmen. Doch kann das intellektuell auf Dauer recht anstrengend sein. Ein Kontakt, der interessant ist, doch nicht unbedingt eine dauerhafte, harmonische Beziehung verspricht.

☿ ☌ ☾

Vulgär

Möglich, dass Sie eine leidenschaftliche, verbitterte, aber auch extrem lustvolle und zotige Seite in ihr/ihm ansprechen. Es hängt sehr davon ab, wie sie/er mit den eigenen animalischen Trieben umgeht. Eine abenteuerliche Partnerschaftskonstellation.

♀ ☌ Asc

Schönheitsverkörperung

Sie haben eine ganz bestimmte Vorstellung davon, was schön und ästhetisch ist. Sie/er verkörpert durch körperliche Erscheinung und Auftreten genau dieses Ideal. Dies ist eine ganz starke, sinnliche Partnerschaftskonstellation, eine harmonische Verbindung mit viel Charme und Erotik.

☺ ♀ ☌ MC ⚤

Schönheitsideal

Besonders in der Öffentlichkeit wird Ihr Charme au. Sie/er einen großen Eindruck machen. Sie können sich gemeinsam auf Veranstaltungen gut sehen lassen. Auch in Bezug auf das berufliche Weiterkommen ist diese Verbindung ideal. Ob sich im Privatleben die gleiche Harmonie einstellen wird, ist fraglich.

☺ ♀ ☌ ☉ ⚤

Liebesglanz

Eine starke Liebeskonstellation, bei der Ihre Sinnlichkeit durch die Kraft und Energie des Flirtpartners ungeheuer angeheizt wird. Wenn Sie bereit sind, den weiblichen Part in dieser Beziehung voll und ganz zu übernehmen, passen Sie ungeheuer gut zusammen.

☺ ♀ ☌ ☽ ⚤

Ungemütlich

Sie treten charmant und sinnlich auf. Doc. Sie/er sehnt sich vor allem nach Geborgenheit und echtem Gefühl. Da wird es viele Missverständnisse geben. Ihr Sinn für Ironie kommt bei ihr/ihm nicht so gut an. Zudem werden Sie selbst in Ihrem Bedürfnis, mal wieder neue Leute kennenzulernen und sich draußen in der Welt sehen zu lassen, des Flirtpartners ganz erheblich eingeschränkt werden.

☺ ♀ ☌ ☿ ⚤

Plauderstunde

Mit Ihrem Charme machen Sie dem Flirtpartner neugierig und Sie werden schnell ins Gespräch kommen. Dies ist ein guter Weg, um sich erst einmal besser kennenzulernen. Wenn es allerdings auf Dauer mit ihr/ihm beim locker-kühlen Talk bleibt, wird das für Sie abkühlend wirken.

☉ ♀ ☌ ♀ 💘

Genussübereinstimmung

Was die schönen und sinnlichen Aspekte des Lebens betrifft, so sind Sie beide vollkommen gleich gepolt. Das kann ganz lustig sein. Gemeinsam können Sie auch ganz wunderbar genießen. Doch brauchen Sie unbedingt noch andere starke Planetenverbindungen, denn diese Konstellation allein macht Sie beide passiv und jeder wartet darauf, dass der andere endlich anfängt.

☉ ♀ ☌ ♂ 💘

Heißblütig

Ein ganz starker erotischer Flirtaspekt. Es läuft im Sex und auch sonst im gemeinsamen Leben am allerbesten, wenn Sie sich verwöhnen lassen und Ihrem Flirtpartner den aktiven, draufgängerischen Part spielen kann. Verletzungen sind möglich, wenn diese Rollenverteilung nicht harmonisch von beiden Partnern akzeptiert wird.

☉ ♀ ☌ ♃ 💘

Üppig

Mit Ihrem Lust- und Vergnügungsbedürfnis rennen Sie bei ihr/ihm offene Türen und Tore ein. Erstaunt werden Sie feststellen, wie viele schöne Dinge man gleichzeitig machen kann, zu welcher Üppigkeit sich das dann immer noch steigern lässt. Entweder werfen Sie Ihre Badezimmerwaage auf dem Müll oder Sie nehmen ab und zu Urlaub vom Vergnügen.

☉ ♀ ☌ ♄ 💘

Karg

Ihre sinnlichen Seiten stoßen bei ihr/ihm erst einmal auf Granit. Wenn sie wirklich an einer dauerhaften Beziehung interessiert sind, dann werden Sie vielleicht durchhalten. Langfristig können Sie dann feststellen, dass Treue Ihre Beziehung prägt. Aber ist es wirklich genau das, was Sie wollen?

♀ ☌ ♄

Experimentierfreudig

Diese Planetenverbindung gehört zu den stärksten Flirtkonstellationen überhaupt. Ihr Charme und die Wachheit des Flirtpartners führen entweder zu sofortigen Fluchtreaktionen oder zu sinnlichen Abenteuern außerhalb der Reihe, die ihresgleichen suchen. Meist kommt es allerdings zu keinem Entweder-oder, sondern beides passiert gleichzeitig.

♀ ☌ ♆

Schleiertanz

Ihre Verführungskünste verfolge. Sie/er noch im Schlaf, wenn Sie es geschickt anstellen. Das. Sie/er Ihnen ganz offen und direkt die Liebe erklären wird, können Sie sich allerdings abschminken. Achten Sie auf versteckte Hinweise und wählen Sie dunkle, stille Ecken. Dann wird sich sie/er vielleicht offenbaren.

♀ ☌ ♇

Eifersucht

Ihre Sinnlichkeit erreich. Sie/er ganz tief drinnen in der Seele. Entweder wir. Sie/er Sie dafür hassen oder besitzergreifend lieben. Etwas dazwischen wird es für Sie beide nicht geben. Warum auch?

♀ ☌ ☊

Geselligkeit

Mit Ihnen an der Seite wir. Sie/er schöne Momente erleben und im Leben ein ganzes Stück weiterkommen. Sie werden im Gegenzug durch sie/ihn viele interessante und vor allem nette Leute kennenlernen. Eine harmonische Verbindung!

⊛ ♀ ☌ ⚷ 💘

Schmerzlindernd

Flirt berühren Sie liebevoll an der verletzlichsten Seite. Das kann Leiden hervorrufen, die schon lange in ihr/ihm gespeichert sind. Doch wird es Ihnen gelingen, quasi als Krankenschwester oder Krankenpfleger Schmerzen zu lindern und Trost zu spenden. Die Helferrolle müssen Sie allerdings schon annehmen können.

⊛ ♀ ☌ ☾ 💘

Animalische Begierden

Ihre charmante und sinnliche Art wird in ihr/ihm heftige, vielleicht rational nicht erklärbare Gefühle wecken. Die ganze Palette der Emotionen kann von rachsüchtiger Ablehnung bis hin zu erotischer Leidenschaft reichen.

⊛ ♂ ☌ Asc 💘

Powerauftritt

Für Sie verkörper. Sie/er Kraft und Energie. Das kann ganz schön heftig werden, zumal Sie alles tun, u. Sie/er zu provozieren und in Rage zu bringen. Die Kunst besteht darin, das im anderen geweckte Feuer geschickt in rechte Bahnen zu lenken. Gelingt das, dann bilden Sie beide bald ein unschlagbares Team.

⊛ ♂ ☌ Mc 💘

Karrierekampf

In der Öffentlichkeit bringen Sie dem Flirtpartner dazu, sich stark zu präsentieren und gegenüber Mitbewerbern durchzusetzen. Das ist Ihre Forderung an ihr/ihm. Allerdings treten Sie selbst dabei derart respektlos auf, dass die Gefahr besteht, wichtige Persönlichkeiten vor den Kopf zu stoßen.

♂ ☌ ☉

Energiebündel

Zusammen sind Sie beide derart stark, dass schon mal die Funken fliegen können. Ganz wichtig ist, dass Ihre ungeduldige Art und der Stolz des Flirtpartners zusammen harmonieren und Sie sich nicht beide gegenseitig im Streit hochschaukeln. Seien Sie zusammen produktiv!

♂ ☌ ☽

Nassforsch

Sie stürmen au. Sie/er beinahe rücksichtslos ein und der andere kann eigentlich nur noch reagieren. Wenn es Ihnen gelingt. Sie/er klar zu machen, dass Ihre nassforsche Art nicht böse gemeint ist, sondern nur dazu dient, Mut zu machen und den Partner in Schwung zu bringen, ist eine Menge erreicht. Rücksicht werden Sie trotzdem nehmen müssen.

♂ ☌ ☿

Direkt

Was auch immer Sie tun, Ihrem Flirtpartner wird es intellektuell reflektieren und kühle Kommentare dazu abgeben. Das kann ganz interessant sein, wird Sie aber auch befangen machen. Denn Sie wollen lieber ganz direkt und unmittelbar handeln, ohne permanent geistig neben sich zu stehen. Eine gute Verbindung, wenn die Rollen klar verteilt sind.

♂ ☌ ♀

Hitzig

Sie gehen ran und treffe. Sie/er lustvoll in die Weichteile. Die Gefahr, dass dabei Verletzungen entstehen, ist vorprogrammiert. Ob diese Berührungen nun aber lust- oder schmerzhaft erlebt werden, hängt ganz von der Reaktion bei ihr/ihm ab.

♂ ☌ ♂

Aufbruchstimmung

I. Sie/er haben Sie einen Menschen gefunden, der Ihren Mut teilt und mit Ihnen durch dick und dünn gehen kann. Wichtig ist, dass Sie trotz aller Gemeinsamkeit akzeptieren, dass doch jeder ein Recht auf seine eigenen Bedenken und Vorsichtsregeln hat. So wird verhindert, dass man sich durch Unvorsichtigkeit selbst in Gefahr begibt.

♂ ☌ ♃

Übermut

Ihr forsches Auftreten wird bei ihr/ihm gut ankommen. Sie werden ermutigt, mehr davon zu zeigen. Sie/er wird Ihnen viele Möglichkeiten bieten, Ihre Kräfte auszuleben, ohne dass Sie dabei übermütig werden oder in die Irre gehen. Hören Sie auf den klugen Rat des Flirtpartners und lassen Sie sich führen.

♂ ☌ ♄

Widerstand

Sie kommen mit Ihrer forschen Art bei ihr/ihm nicht unbedingt so gut an, werden auf Widerstand treffen und Schutzmechanismen auslösen. Als Trainer oder Lehrer is. Sie/er sicherlich ein guter Partner für Sie. Im Privatleben hingegen sind Zweifel angebracht.

♂ ☌ ♄

Überfall

Ihre Spontanität wir. Sie/er immer wieder überraschen, vielleicht im positiven Sinne, möglicherweise aber auch unangenehm, sodass sie/er schnell das Weite sucht. Der andere ist derartig wach und aufmerksam, dass ihm keine Ihrer Aktivitäten verborgen bleibt.

♂ ☌ ♆

Aufgeschreckt

So stark Sie auch auftreten und was immer Sie auch anstellen. Sie/er wird Ihre Aktivität entweder gar nicht wahrnehmen oder vollkommen unvorbereitet treffen. Ein ziemliches Chaos kann die Folge sein. Im künstlerischen Bereich eine gute Partnerschaftskonstellation, ansonsten eher aufschreckend und ineffektiv.

♂ ☌ ♇

Furchteinflößend

Ihr spontanes und ganz unmittelbares Draufgängertum wird das Kontrollbedürfnis des Flirtpartners wecken, weil Ihre Aktionen sie/er tief in der Psyche berühren. Entweder werden Sie vom anderen bekämpft und eingeschüchtert, oder Sie genießen es, als Abenteurer gleichzeitig gefürchtet und bewundert zu werden.

♂ ☌ ☊

Fortschritt

So spontan, wie sie agieren, rennen Sie bei ihr/ihm offene Türen ein. Sie/er wird sich auf Ihre Energie gut einstellen können, auch wenn es ab und zu anstrengend sein kann. Gelegentlich wird sich sie/er entspannen wollen und dann werden Sie Ihren Aktionsdrang bremsen müssen.

♂ ☌ ⚷

Empfindsamkeit

Ihr Aktivitätsdrang könnte bei ihr/ihm Verletzungen auslösen bzw. Wunden aufreißen, die schon ganz alt sind. Es kann Ihnen gelingen. Sie/er von eingebildeten oder wirklichen Ängsten zu befreien. Als Mutmacher sind Sie gut für ihr/ihm, doch auf Dauer werden Sie durch übergroße Empfindsamkeit gebremst.

♂ ☌ ☽

Empörung

In dieser Planetenverbindung wird es nicht unbedingt leicht für Sie sein, spontan und unbekümmert zu handeln. Ihr Mut mach. Sie/er Angst und weckt schlimmstenfalls galligen Widerspruch. Im besten Fall erzeugen Sie aber auch Lust und Leidenschaft. Dann allerdings kann es wirklich hoch hergehen.

♃ ☌ Asc

Aufmunterung

Sie finden in ihr/ihm all das verkörpert, was in Ihren Augen Optimismus und Lebenslust ausmacht. Aus dieser Verbindung kann eine echte Freundschaft werden, in der man sich das gibt, was der andere braucht, um hoffnungsvoll in die Zukunft zu schauen.

♃ ☌ MC

Anerkennung

Für die öffentliche Position und das Streben nach Anerkennung bei ihr/ihm bringen Sie viel Verständnis auf. In Beruf und Karriere eine wichtige Planetenverbindung, die allerdings von sich alleine aus noch keine Rückschlüsse auf Chancen für eine private Verbindung zulässt.

♃ ☌ ☉

Aufmerksamkeit

Sie sind begeistert vom Charisma und der persönlichen Ausstrahlung bei ihr/ihm. Wann immer sie/er sich schöpferisch in Szene setzt, kann mit Ihrem Wohlwollen und Ihrer Unterstützung gerechnet werden. Respekt und Achtung stärken das Selbstbewusstsein.

Ⓢ ♃ ☌ ☽ ♡

Wohlfühlatmosphäre

Sie bringe. Sie/er sehr viel Verständnis entgegen und werden mit Ihrer Weltanschauung bei ihr/ihm auch sehr gut ankommen. Eine Konstellation, die viel Gemütlichkeit und Vertrauen erzeugt - eine gute Basis für Freundschaft oder vielleicht auch mehr.

Ⓢ ♃ ☌ ☿ ♡

Geistreich

Ganz hervorragend wird sich mit ihr/ihm der intellektuelle Austausch gestalten. Sie sehen die großen Zusammenhänge und verfügen zugleich über ein ausreichendes Aufnahmevermögen, um die hin und her springenden Gedanken bei ihr/ihm in Ruhe aufzunehmen und zu einem sinnvollen Ganzen zusammenzufassen.

Ⓢ ♃ ☌ ♀ ♡

Reichtum

Sie sind sehr tolerant und geistig verständnisvoll. Das ist genau das Richtige, um bei ihr/ihm Charme und Lust zu wecken, und um alle sinnlichen Vergnügungen, die diese Welt bietet, auch mal auszuprobieren. Man gönnt sich ja sonst nichts!

Ⓢ ♃ ☌ ♂ ♡

Heldenmut

Sie finden es ganz großartig, wie unbekümmert sie/er zur Sache geht, und Ihr Optimismus ist genau das, was sie/er braucht, um die eigenen Energien sinnvoll einzusetzen. Sie könnten beide ein gutes Team abgeben, in dem Sie die Richtung vorgeben und Ihrem Flirtpartner dann kraftvoll zur Tat schreitet.

☺ ♃ ☌ ♃ ♡

Gemeinsamkeiten

Was die großen Linien des Lebens betrifft, so sind Sie sich mit ihr/ihm eins. Um allerdings in einem Flirt enger zusammen zu kommen, bedarf es noch vieler anderer Gemeinsamkeiten, welche sich dann vor allem im Alltagsleben finden müssten.

☺ ♃ ☌ ♄ ♡

Gebremst

Ihr Optimismus wird des Flirtpartners nicht geteilt. Sie fühlen sich immer auf ein gehöriges Maß zusammengestutzt, was vielleicht vernünftig ist, auf Dauer aber Ihren Optimismus ganz gewaltig bremst.

☺ ♃ ☌ ♄ ♡

Ideenflug

Zusammen können Sie sich beide – zumindest im Geiste – bis zu den Sternen aufschwingen. Wenn sich die positive Energie dieser Planetenverbindung auch in weiteren Aspekten Ihres Horoskopvergleichs wiederfindet, stehen die Chancen auf ein wirklich interessantes Miteinander gut.

☺ ♃ ☌ ♆ ♡

Träumereien

Auf der musischen und künstlerischen Ebene könnten Sie recht gut harmonieren und sich gegenseitig eine Menge Inspirationen geben. In einer festen Beziehung kann das Visionäre und Traumhafte dieser Planetenverbindung jedoch für reichlich Verwirrung sorgen.

♃ ☌ ♇

Machtspiele

Ein Planetenaspekt, der verlangt, dass Sie an das glauben, was sie/er Ihnen verheimlicht. Wenn Sie ganz tief vertrauen können – und dabei auch noch richtig liegen – kann es eine interessante Verbindung sein. Ansonsten ist Vorsicht angesagt!

♃ ☌ ☊

Voranschreiten

Die guten Kontakte, die sie/er pflegt, werden Ihnen gefallen. Ihr Optimismus führt auch dazu, dass sich sie/er weiterentwickeln will. Man glaubt an den Fortschritt und ermutigt sich gegenseitig.

♃ ☌ ⚷

Schulung

Sie spüren, welche Verletzlichkeit sie/er in sich trägt, und können Lösungsmöglichkeiten anbieten. Dies ist eine therapeutische Konstellation, für einen lockeren Flirt vielleicht ein wenig zu anspruchsvoll.

♃ ☌ ☾

Naturerlebnis

Sie sind, was die dunklen und wilden Seiten im Leben des Flirtpartners betrifft, erstaunlich offen, tolerant und großzügig. Das kann die Leidenschaft in ihr/ihm wecken, und es wird sich zeigen, wie weit sich dabei wahre Natürlichkeit entwickelt.

♄ ☌ Asc

Disziplinierung

Flirt macht auf Sie einen recht guten Eindruck, doch unwillkürlich spüren Sie den Impuls, den Flirtpartner in puncto äußerer Erscheinung und Auftreten zu disziplinieren. Wenn Sie zu weit gehen, schlägt das auf Sie selbst zurück und die Beziehung bekommt einen Knick.

♄ ☌ MC

Formvollendet

Das Auftreten des Flirtpartners in der Öffentlichkeit kommt bei Ihnen sehr gut an. Sie stellen hohe Ansprüche an die Karriere des Flirtpartners und müssen aufpassen, nicht zu streng zu sein, damit die Dinge Zeit haben, sich zu entwickeln.

♄ ☌ ☉

Frust

Es ist kaum zu erwarten, dass sich sie/er auf Dauer durch Sie bremsen lässt. Etwas Disziplinierung ist ja gut und schön. Aber auf Dauer werden Sie dem Flirtpartner wahrscheinlich arg frustrieren.

♄ ☌ ☽

Fastenkur

Eine ganz strenge Konstellation, die dafür sorgt, dass sich sie/er nur unter ganz bestimmten Bedingungen bei Ihnen wohl und angenommen fühlen wird. Sie müssen beide sehr viel Geduld und Einfühlungsvermögen für einander aufbringen, wenn Sie gemeinsam wirklich glücklich werden wollen.

♄ ☌ ☿

Schweigegelübde

Für Ihre Verhältnisse redet sie/er einfach zu viel. Entweder führt es dazu, dass Sie den anderen total auflaufen lassen, oder sie/er gewöhnt sich eine ganze Menge Disziplin an. Für einen rein akademischen oder geschäftlichen Kontakt reicht diese Planetenverbindung jedoch ganz gut aus.

♄ ☌ ♀

Abfuhr

Sie werden versuchen, den Charme des Flirtpartners zu bremsen, um eine dauerhafte und feste Bindung zu erreichen, oder Sie brechen den Kontakt gleich sofort ab. Auf jeden Fall werden Sie den Verlockungen des Flirtpartners nicht so schnell erliegen und strenge Maßstäbe anlegen – wahrscheinlich zu strenge.

♄ ☌ ♂

Prellbock

Die Energie des Flirtpartners wird an Ihnen abprallen oder Sie zerbrechen. Dazwischen scheint es erst einmal nichts zu geben. Auf Dauer ist eine Trainer-Sportler-Beziehung zwischen Ihnen beiden möglich, wobei Sie die Vorgaben aussprechen und Ihrem Flirtpartner sich daran abarbeiten muss.

♄ ☌ ♃

Machbarkeitsstudie

Notgedrungen oder aber aus reiner Freude werden Sie die Höhenflüge des Flirtpartners ständig abbremsen. Sie konfrontieren die Ideen und Pläne des anderen mit der grausamen Realität – zumindest mit derjenigen, die in Ihren Augen existiert. Reiben Sie sich lange an einander, kann vielleicht doch noch etwas Fruchtbares daraus entstehen.

♄ ☌ ♄

Paarlauf

Sie haben beide ähnliche Ängste, stellen ähnliche Ansprüche an das Leben und wollen das Gleiche erreichen. In der Partnerschaft wird der Disziplinierter von Ihnen beiden dem Blick in die Realität gerichtet halten, während der andere ganz allmählich anfängt, Kapriolen zu schlagen.

☉ ♄ ☌ ♄ ⚤

Knirschen

Es ist zwischen Ihnen beiden ein ständiges Reiben und Knirschen um die Frage, ob man auf Althergebrachtem beharren sollte (Ihre Auffassung oder ob es besser wäre, ganz neue Wagnisse einzugehen (eher die Haltung des Flirtpartners). Entweder bekriegen Sie sich oder es gelingt Ihnen auf lange Sicht, Fortschritt durch allmählichen Wandel zu erreichen.

☉ ♄ ☌ ♆ ⚤

Torkeln

Während Sie die Rolle des Realisten spielen, bleibt ihr/ihm überlassen, für die Sehnsucht nach Träumen und Paradiesen gerade zu stehen. Vielfach spielt bei solch einer Konstellation der Umgang mit Drogen eine Rolle, und die Frage der Ehrlichkeit muss auch immer wieder geklärt werden.

☉ ♄ ☌ ♇ ⚤

Paukenschlag

Eine sehr ernste Verbindung zwischen Ihnen beiden mit schicksalhaftem Charakter. Es müssen schon viele andere harmonische Planetenaspekte hinzukommen, damit es genug Ausgleich für die gemeinsam erlebten Härten gibt.

☉ ♄ ☌ ☊ ⚤

Entwicklungszwang

Sie sehen zwar, wie sich sie/er bemüht und welche Kontakte sie/er hat, doch das reicht Ihnen überhaupt nicht aus. Sie stellen sehr große Ansprüche und es ist die Frage, ob es sich für den anderen überhaupt lohnt, diese zu erfüllen.

♄ ☌ ⚷

Störungen

Eine schwierige Verbindung, denn die kleinen Fehler des Flirtpartners werden Sie immer wieder aus dem gewohnten Trott bringen und verunsichern. Vielleicht gelingt es Ihnen, den Flirtpartner mit Ihrer Selbstdisziplin anzustecken. Dann ist einiges erreicht. Dennoch wird es immer wieder zu störenden Irritationen kommen.

♄ ☌ ☾

Psycho

Eine recht ernsthafte Aspektierung, bei der Sie dem Flirtpartner recht stark an der impulsiven Auslebung von Trieben und Leidenschaften behindern könnten. Es ist jedoch eine solche Tiefe in diesem Planetenaspekt vorhanden, dass das Seelische in ihr/ihm irgendwann einfach ausbrechen will.

♅ ☌ Asc

Schocker

Das Auftreten des Flirtpartners entspricht in allem dem, was Sie unter Individualismus verstehen – im positiven und im negativen Sinne. Sie müssen sich nun entscheiden, ob Sie dem Flirtpartner als Bereicherung Ihres Lebens empfinden wollen – oder als Nervensäge, mit der Sie absolut nichts zu tun haben wollen.

♅ ☌ MC

Regelbruch

Beruflich verlangen Sie des Flirtpartners einfach Mut zum Eigensinn. Das kann den Flirtpartner den Job kosten. Oder aber das Gegenteil bewahrheitet sich: Gerade das Gewagte und die Selbstständigkeit sorgen für einen überraschenden Karrieresprung. Noch besser wäre es jedoch, wenn sich sie/er mit Ihrer Unterstützung zum Freiberufler entwickeln würde.

⊛ ⛢ ♂ ☉ ♡

Stimmbruch

Bevor Sie in Erscheinung traten, hatte das Leben für sie/ihn noch eine gewisse Überschaubarkeit. Nun aber kommen Sie! Keine Autorität wird mehr anerkannt, ständig fühlt sich sie/er unterbrochen und abgewürgt. Auf der anderen Seite sorgen Sie als vermutlich erster Mensch dafür, dass sie/er endlich mal so richtig herzlich über sich selbst lachen kann. Wenn das nichts ist!

⊛ ⛢ ♂ ☽ ♡

Geborgenheitsknick

Gemütlichkeit was gestern. Seit Sie in das Leben des Flirtpartners getreten sind, findet diese Person so gut wie keinen Platz mehr, um sich auszuruhen, und auch mit ganz entspanntem Kuscheln wird es nichts mehr. Dafür aber könnte es der Flirtpartner durch Ihren Einfluss endlich einmal wagen, Familienbande zu kappen und eine gewisse Unabhängigkeit von Herkunft und Wurzeln zu erreichen.

⊛ ⛢ ♂ ☿ ♡

Gedankenübertragung

Ihre nervös-intelligente Spannung bringt sie/ihn dazu, die Dinge endlich einmal aus einer anderen Perspektive zu sehen. Dabei wird sie/er kaum genug Zeit haben, um einen kompletten Gedanken zu formulieren, da Sie dem Flirtpartner permanent unterbrechen werden – schließlich glauben Sie zu wissen, was sie/er eigentlich sagen wollte @und treffen auch des Öfteren mal mit dieser Vermutung daneben).

⊛ ⛢ ♂ ♀ ♡

Fernbeziehung

In puncto Liebe verstehen Sie sich so gut, dass es schon fast wieder anstrengend ist. Deshalb wird einer von Ihnen beiden nach jeder innigen Begegnung schleunigst das Weite suchen. Dauerhafte Nähe werden Sie beide kaum erleben können.

⛢ ☌ ♂

Kurzschlussreaktion

Ihre Gegenwart bewirkt, dass sie/er nicht mehr wie gewohnt handeln kann. Entweder stellt sich vor lauter Stress nun Dauernervosität ein, die blitzartig in Wut oder Aktionismus entladen werden muss. Oder eine große Leere wird das Resultat dieser Begegnung sein. Suchen Sie gemeinsam nach aufregenden Abenteuern und erkämpfen Sie sich gemeinsam Freiheiten!

⛢ ☌ ♃

Experimentierfreude

Wenn es darum geht, von einem Moment zum anderen eine Reise anzutreten, Last minute und mit unbekanntem Ziel, dann können Sie so etwas gut gemeinsam starten. Die normalen Dinge im Leben werden Sie zusammen nicht so gut meistern können.

⛢ ☌ ♄

Zwangsharmonie

Es gibt Charakterzüge an Ihnen beiden, die sind so unvereinbar und so gänzlich gegensätzlich, dass sie einfach nicht unter einen Hut passen. Dieser Planetenaspekt deutet darauf hin, dass Sie gemeinsam versuchen werden, die aufkommenden Spannungen unter den Tisch zu kehren.

⛢ ☌ ☊

Überraschungsgäste

Durch den Flirtpartner kommen Sie mit Leuten zusammen, die in Ihren Augen die Zukunft symbolisieren. Diese Kontakte werden höchst interessant, aber auch ziemlich anstrengend sein.

♅ ☌ ☊

Irritationen

Diese Planetenverbindung lässt vermuten, dass Sie ungewöhnliche und ziemlich stressige Erlebnisse miteinander haben werden. Vielleicht entsteht am Anfang die Idee, dass sich alle Probleme wie von selbst lösen. Doch besser ist es, wenn Sie sich darauf einstellen, immer wieder neu zu improvisieren.

♅ ☌ ☽

Naturexplosionen

Das Ursprüngliche und nicht Zivilisierbare in ihr/ihm wird durch Ihre Anwesenheit stark angesprochen und kann sich plötzlich Bahn brechen. Stellen Sie sich auf wilde Erotik, aber auch Streits ein.

♆ ☌ Asc

Spürsinn

Mit Ihrer schüchternen und einfühlsamen Art werden Sie dem Flirtpartner dazu bringen, sanfter aufzutreten, mehr Rücksicht auf andere zu nehmen und ein gewisses Gespür im Umgang mit anderen Menschen zu entwickeln.

♆ ☌ MC

Verfeinerung

Auf eine ganz eigene Weise gelingt es Ihnen, die Karriereziele des Flirtpartners in Richtung Kunst, Ökologie oder alternatives Leben zu lenken.

♆ ☌ ☉

Verschleierung

Sie werden mit Ihrer fantasievollen Art auf sie/ihn einen kaum fassbaren Einfluss ausüben. Sie/er wird mit Eitelkeit und falschem Stolz bei Ihnen nicht gut ankommen, aber durch Feinsinn und vielleicht auch ein gewisses Verschleiern egoistischer Interessen doch noch den eigenen Willen durchsetzen wollen.

♆ ☌ ☽

Tränenreich

So viel Feingefühl, wie Sie dem Flirtpartner abverlangen, ist kaum aufzubringen. Sie spüren zwar, dass sie/er ganz einfach Liebe und Geborgenheit braucht. Doch das können Sie ohne Weiteres nicht einfach geben. In gewissen Momenten werden Sie gemeinsam Erlebnisse seelischen Zerfließens erleben. Dann können auch Tränen fließen.

♆ ☌ ☿

Gestenreich

Ohne Worte werden Sie gemeinsam eine Verständigung erreichen. Das ist aber auch schon das Höchste an Kommunikation, was sie/er auf intellektueller Ebene von Ihnen verlangen kann. Zu unterschiedlich sind die Denkweisen, zu inkompatibel die Kommunikationskanäle.

♆ ☌ ♀

Schleiertanz

Die Verführung des Partners kann auf Umwegen geschehen, durch Versteckspiel, Täuschung, Illusion und Einsatz sonstiger Hilfsmittel. Sie agieren auf einer spirituellen Ebene, suchen die Vereinigung mit allen Menschen, während sie/er ein konkretes Gegenüber in der Liebe braucht.

♆ ☌ ♂

Rauscherlebnisse

Während Sie in Traumwelten leben, kämpft sie/er ganz konkret im Hier und Jetzt. Sie könnten sich verletzt fühlen, während der Flirtpartner Sie für chaotisch hält. In gewissen Extremsituationen, in denen sich die Energien wie im Rausch entfalten, können Sie sich begegnen.

♆ ♆ ♂ ♃ ♡

Weltweit

Sie streben intuitiv, ohne langes Nachdenken, nach Verständigung mit allem und jedem, während der Flirtpartner das gleiche Ziel mithilfe von Logik und Verstand erreichen möchte. Auf philosophischer Ebene können Sie sich zwischenzeitlich treffen.

♆ ♆ ♂ ♄ ♡

Desillusionierung

Es wird für sie/ihn nicht leicht sein, Sie auf einen konkreten Standpunkt festzunageln. Zu groß ist Ihre Schüchternheit und zu sehr sind Sie in Ihrer Traumwelt verfangen. Die Direktheit des Flirtpartners kann Sie verletzen und Sie dürften Ihr Gegenüber in Verwirrung stürzen.

♆ ♆ ♂ ☊ ♡

Künstlerkontakte

Flirt bewegt sich in einem Kreis von Leuten, die nach Ihrem Geschmack äußerst unkonventionell und verspielt sind und nicht recht mit beiden Beinen auf dem Boden stehen. Das kann inspirierend, aber auch verwirrend enden.

♆ ♆ ♂ ⚷ ♡

Heilsam

Auf die tiefen Verletzungen und Kränkungen, die sie/er im Leben erlebt hat, reagieren Sie mit Mitgefühl und Verständnis. Das lindert bei ihr/ihm Schmerzen, kann aber nur langfristig zur Heilung führen.

♆ ♆ ♂ ☾ ♡

Naturverbunden

Sie fühlen sich sensibel in die urtümlichen Triebe und Begierden des Flirtpartners ein. Mit der Feinheit, die Sie dabei an den Tag legen, kann es dem Flirtpartner vielleicht sogar möglich sein, tief verborgenen Gram und Hass abzulegen.

♇ ☌ Asc

Angstgegner

Durch das ganz spontane Auftreten und die äußere Erscheinung des Flirtpartners werden Sie tief berührt, sowohl in Ihren Ängsten als auch in Ihren verborgenen Sehnsüchten nach Macht und Größe. Sie spiegeln sich derartig in ihr/ihm, dass es Ihnen schwerfällt, das konkrete Gegenüber und Ihre eigenen Projektionen auseinanderzuhalten.

♇ ☌ Mc

Machtpoker

Die Art und Weise, wie sich sie/er in der Öffentlichkeit verhält, löst bei Ihnen ganz starke Bilder aus, die angstbesetzt sein können, aber auch große Stärke und Macht symbolisieren. Möglich, dass Sie dem Flirtpartner zu einem grundlegenden Karrierewechsel verhelfen.

♇ ☌ ☉

Schattentheater

Flirt wird durch persönliche Ausstrahlung starke innere Bilder bei Ihnen auslösen, die viel mit dem zu tun haben, wovor Sie Angst haben und wonach Sie sich zugleich stark sehen. In ihr/ihm lösen Sie den Wunsch nach Selbsthinterfragung und Veränderung aus.

♇ ☌ ☽

Urinstinkte

Ihre Art und Weise, wie sie mit den Gefühlen des Flirtpartners umgehen, löst starke Reaktionen aus. Diese reichen von absoluter Geborgenheit bis hin zu totalem Unwohlsein. Zwischen diesen Extremen gibt es so gut wie keine Abstufungen. Sie/er wird sich entweder erstickt oder umsorgt fühlen – auf jeden Fall aber die eigenen Gewohnheiten verändern müssen.

♇ ☌ ☿

Untertöne

Ein gewisses Infragestellen schwingt immer mit, wenn sich sie/er in Ihrer Gegenwart äußert. Was zwischen den Zeilen geschrieben bzw. unterschwellig ausgesprochen wird, bekommt eine große Bedeutung. Das kann den Flirtpartner befangen machen.

♇ ☌ ♀

Anstößig

Sie wollen auf erotischem Gebiet ganz bestimmt mehr, als sie/er im ersten Moment akzeptieren wird. Doch die liebreizende Art des Flirtpartners hat bei Ihnen tiefe Instinkte geweckt. Sie werden sich gemeinsam an gewissen Schamgrenzen reiben müssen.

♇ ☌ ♂

Gewaltig

Die Art, wie sie/er die Dinge anpackt, versetzt Sie in Furcht und weckt in Ihnen das Bedürfnis, sie/ihn zu kontrollieren. Der Machtaspekt spielt eine große Rolle. Die Frage ist, wie weit sie/er bereit ist, sich in puncto Spontanität fremdbestimmen zu lassen.

♇ ☌ ♃

Glaubenskrise

In religiösen Dingen knallen zwei Grundhaltungen auf einander. So wie sie/er die Beziehung zu Gott definiert, können Sie ganz einfach nur mit Sarkasmus oder Desillusionierung reagieren. In gewissen Zeiten werden Sie sich an Ihren unterschiedlichen Weltanschauungen reiben.

♇ ☌ ♄

Urgründe

Tiefe psychologische Themen, die eventuell gesellschaftlich bedingt sind bzw. in der Familiengeschichte liegen, spielen in Ihrer Beziehung eine gewisse Rolle. Es hängt vor allem des Flirtpartners ab, inwieweit sich hier die Fronten verhärten oder es zu einer grundsätzlichen Wandlung kommt.

♇ ☌ ☊

Blutsbande

Flirt strebt den Kontakt mit gewissen Menschen an, die eine Art von Geistesverwandtschaft darstellen, stärker als verwandtschaftliche Bindungen. Sie werden damit konfrontiert und sind gezwungen, Stellung zu nehmen.

♇ ☌ ⚷

Krisenhaftigkeit

So wie sich Ihrer Meinung nach die Probleme des Flirtpartners darstellen, muss es zu einer grundsätzlichen Veränderung kommen. Damit stoßen Sie bei ihr/ihm in eiternde Wunden. Haben Sie wirklich Lust, eine Operation am offenen Herzen vorzunehmen?

♇ ☌ ☾

Bestialisch

Tiefe Gefühle sind in ihr/ihm verborgen. Sie spüren dies und haben nun die Wahl, all das zu unterdrücken. Oder aber Sie begeben sich in den Untergrund und ringen mit dem Teufel, ganz in der Hoffnung, nach dem Sieg einen Engel ans Tageslicht geleiten zu können.

♇ ☊ ☌ Asc ♥

Begleitung

Sie nehmen den Flirtpartner gerne zu den Leuten mit, die Ihnen wichtig sind und die einen Lebensstil führen, der für Sie erstrebenswert ist.

♇ ☊ ☌ Mc ♥

Repräsentation

Die gesellschaftliche Position, die sie/er einnimmt, passt ganz wunderbar zu dem, was Sie im Leben für erstrebenswert halten und wozu Sie sich hingezogen fühlen.

♇ ☊ ☌ ☉ ♥

Wagnis

Zu all dem, was Ihnen erstrebenswert erscheint, kann den Flirtpartner Ihnen Kraft persönlicher Ausstrahlung verhelfen, zumindest ansatzweise. Ein positiver Einfluss, der nicht zu unterschätzen ist.

♇ ☊ ☌ ☽ ♥

Rhythmisch

Auf eine ganz natürliche Weise passen Sie mit ihr/ihm zusammen, speziell im Alltag und im Privatleben. Sie können gemeinsam wunderbar regenerieren und sich Geborgenheit geben.

♇ ☊ ☌ ☿ ♥

Anregend

Auf intellektuellem Gebiet passt sie/er gut zu jenen Kontakten, die Sie im Leben aufbauen wollen. Die geistige Anregung ist groß.

♌ ☌ ♀

Charme-Motivierung

Der Liebreiz des Flirtpartners kommt besonders dann zur Geltung, wenn Sie sich um die Zukunft kümmern und an Dinge wagen, die für ihre persönliche Weiterentwicklung unbedingt notwendig sind.

♌ ☌ ♂

Zupackend

Flirt hat so eine bestimmte Art, an die Dinge heranzugehen. Das gefällt Ihnen ganz einfach und bringt auch Ihnen persönlich immer etwas.

♌ ☌ ♃

Aufmunternd

Flirt gelingt es immer wieder, Ihnen im rechten Augenblick Mut zu machen, besonders dann, wenn Sie Dinge wagen, die vernünftig sind und der Entwicklung Ihrer eigenen Persönlichkeit dienen.

♌ ☌ ♄

Streng

Eine gewisse Skepsis schlägt Ihnen des Flirtpartners entgegen, wenn Sie sich bemühen, Ihr eigenes Leben voranzubringen. Das kann motivieren, aber auch abschrecken.

♌ ☌ ♄

Ungeduldig

Nervosität und Distanziertheit erleben Sie, wenn Sie sich Ihren eigenen Zielen widmen, aber Sie erleben auch Interesse und bei Erfolg große Bewunderung.

☉ ☊ ♂ ♆ ♡

Feinsinnig

Mit viel Gespür für den richtigen Zeitpunkt und das entsprechend angepasste Auftreten unterstützt Sie dem Flirtpartner bei Ihren Bemühungen, mit den richtigen Leuten in Kontakt zu kommen, damit es mit Ihnen aufwärtsgeht.

☉ ☊ ♂ ♇ ♡

Tiefschürfend

Großes psychologisches Geschick setzt sie/er ein, um Sie bei Ihrer persönlichen Weiterentwicklung zu unterstützen. Sie müssen jedoch bereit sein, die eine oder andere Veränderung zu akzeptieren.

☉ ☊ ♂ ⚷ ♡

Kuriosentätenkabinett

Durch sie/er kommen Sie mit komischen Vögeln und anderen merkwürdigen Zeitgenossen in Kontakt. Das kann Sie irritieren, manchmal aber auch ganz gewaltig inspirieren.

☉ ☊ ♂ ☾ ♡

Einzelkämpfertum

Flirt wird Sie mit Menschen in Kontakt bringen, die sich einfach nicht an die herrschende Zivilisation anpassen wollen und völlig auf sich selbst gestellt ihres Lebens gehen wollen. Es ist eine Inspiration, manchmal aber auch eine Belastung.

☉ ⚷ ♂ Asc ♡

Imperfektion

Wenn es in Ihren Augen jemanden mit Fehlern und Macken gibt, der trotzdem liebenswert erscheint, dann ist es ihr/ihm. Sie spüren genau die Ängste und Unsicherheiten der anderen Person. Sogleich aktivieren Sie Ihren Beschützer- und Helferinstinkt.

⊛ ⚷ ☌ MC ♡

Karriereaussetzer

Kleine oder größere Störungen werden Sie schon in das Leben des Flirtpartners bringen, speziell was das berufliche Vorankommen betrifft. Alles läuft nicht mehr ganz so wie geplant. Aber dafür macht sich eine gewisse Menschlichkeit breit, und das ist doch auch gar nicht so schlecht.

⊛ ⚷ ☌ ☉ ♡

Egomacken

Was Stolz und Anerkennung betrifft, so wird s sie/er in Ihrer Gegenwart gewisse Anpassungsschwierigkeiten haben. Sie schätzen Perfektion über alles und lösen damit beim anderen doch eine ziemliche Befangenheit und Verkrampfung aus.

⊛ ⚷ ☌ ☽ ♡

Unwohlgefühle

Die absolute Urgeborgenheit wird sie/er bei Ihnen nicht erleben. Dafür kommt sie/er in den Genuss Ihrer Hilfsbereitschaft. Das ist doch auch schon eine ganze Menge.

⊛ ⚷ ☌ ☿ ♡

Worthaspler

Flirt wird durch Ihren Perfektionsanspruch und Ihre Detailversessenheit ein bisschen irritiert sein. Dadurch kommen vielleicht die Worte durcheinander und es kommt nicht mehr genau das über die Zunge, was man sich eigentlich gedacht hat. Aber mit etwas Humor und Witz kommt man sich trotzdem näher.

⚷ ☌ ♀

Schönheitsmacken

Im Grunde gibt es überhaupt keinen Menschen, der äußerlich oder vom Wesen her perfekt ist. Sie/er wird durch Sie lernen können, dass das überhaupt nichts ausmacht. Ganz im Gegenteil: Erst durch gewisse charmante Fehler wird ein Mensch liebenswert.

⚷ ☌ ♂

Startschwierigkeiten

Flirt braucht in Ihrer Gegenwart immer ein bisschen, um wirklich in die Gänge zu kommen. Das werden Sie wohl oder übel verzeihen müssen, denn wegen Ihrer überdeutlichen Detailversessenheit sind Sie in gewisser Weise auch ein Teil des Problems.

⚷ ☌ ♃

Verständigungsprobleme

Weil Sie zu sehr aufs Detail schielen, hat sie/er Schwierigkeiten, Ihnen größere Zusammenhänge zu vermitteln. Seien Sie toleranter! Dann klappt es auch besser mit Ihrem Flirtobjekt.

⚷ ☌ ♄

Verkrampfung

Mit Stress und einer gewissen Unruhe setzen Sie dem Flirtpartner ganz schön zu. Die Konzentration lässt nach. Sie/er muss gezwungenermaßen akzeptieren, dass Sie auch nur ein Mensch sind.

⚷ ☌ ♄

Flugangst

Freiheit und Unabhängigkeit sind Ideale, die sich in Ihrem Beisammensein nicht reibungslos verwirklichen lassen. Wenn Sie schon gemeinsam abheben wollen, dann überlassen Sie dem Flirtpartner die Führung und vergessen für einen Moment mal Ihre Bedenken.

⚷ ☌ ♆

Schlafstörungen

Manchmal machen Sie sich zu viele Sorgen und kommen aus dem Grübeln kaum heraus. Da wird Ihnen die Einfühlsamkeit und meditative Entspanntheit des Flirtpartners guttun.

⚷ ☌ ♇

Therapiesitzung

Diese Konstellation deutet auf eine tiefenpsychologische Verbindung hin, die zwischen Ihnen beiden besteht. Ihre Analysefähigkeit und der Scharfsinn des Flirtpartners können Ihrer Beziehung einen therapeutischen Touch geben, der einzigartig ist.

⚷ ☌ ☊

Heilimpuls

Sie werden gerade durch Ihre kleinen Fehler und Macke, den Flirtpartner in eine Richtung bringen, die für sie/ihn nur von Vorteil sein kann.

⚷ ☌ ☽

Heilung

Diese Planetenkonstellation kann für viele Missverständnisse zwischen Ihnen beiden sorgen - und die sind so gut wie unlösbar. Doch gerade durch dieses Paradoxon ist es möglich, dass heilsame Energien zwischen Ihnen beiden kreisen.

☽ ☌ Asc

Natürlichkeit

Flirt verkörpert für Sie so etwas wie ungebändigte Natur in Reinstform. Das kann Furcht auslösen, zugleich aber auch animalische Leidenschaft.

⊛ ☾ ♂ MC ♡

Unzivilisiert

Sie werden mit Ihrer ungeschminkten Art gerade auf die Karrierepläne des Flirtpartners einen großen Einfluss ausüben. Ob dies ein positiver oder negativer Einfluss ist, kann sich erst im Verlauf des weiteren Kontakts herausstellen.

⊛ ☾ ♂ ☉ ♡

Distanzierte Haltung

Flirt wird sich durch Sie im Selbstverständnis und Stolz möglicherweise verletzt fühlen, auf jeden Fall aber nicht jenen Applaus und jene Anerkennung erhalten, die sie/er normalerweise gewohnt ist.

⊛ ☾ ♂ ☽ ♡

Verunsicherung

In Ihrer Gegenwart wird sie/er aus dem gewohnten Trott kommen und eingeschleifte Gewohnheiten infrage stellen müssen. Dieser Umstand kann durchaus zu neuen Erkenntnissen führen.

⊛ ☾ ♂ ☿ ♡

Seitenhiebe

Ihre Art wird sie/er aus den gewohnten Gedanken bringen. Das kann Ängste auslösen, aber auch zu neuem Tiefgang führen.

⊛ ☾ ♂ ♀ ♡

Geschlechtlichkeit

Der Liebreiz und die Eleganz des Flirtpartners werden Sie provozieren. Im Grunde ganz natürliche Triebe werden bei Ihnen geweckt. Das kann, aber muss nicht auf den Flirtpartner verletzend wirken.

☾ ☌ ♂

Aufreizend

Der Kontakt mit Ihnen kann bei ihr/ihm wilde Leidenschaft auslösen, die in gewissen Momenten die Konventionen der zivilisierten Gesellschaft durchbricht.

☾ ☌ ♃

Vertrauensstörung

Die Art, wie sie/er normalerweise Optimismus verbreitet, kommt bei Ihnen überhaupt nicht gut an. Sie sind mit oberflächlichen Floskeln nicht zufriedenzustellen und wollen Echtheit – was auch immer das kosten möge.

☾ ☌ ♄

Disziplinlosigkeit

Mit starren Konventionen und antiquiertem Verhalten wird der Flirtpartner bei Ihnen nicht landen können. Das provoziert Sie, denn Sie wünschen sich mehr Natürlichkeit und sind nicht bereit, überflüssige Einschränkungen in Kauf zu nehmen.

☾ ☌ ♄

Oberflächlichkeit

Großartige Ideen von Freiheit und Unabhängigkeit kann den Flirtpartner Ihnen nicht ungestraft auftischen. Sie wollen Natürlichkeit und lassen sich von leeren Floskeln nicht blenden.

☾ ☌ ♆

Hexenhaft

Sie stören die Träume des Flirtpartners und lehnen jegliche Scheinharmonie ab. Auf Verschleierungstaktiken reagieren Sie bissig. Dann fahren Sie Ihren Stachel aus und verspritzen etwas Gift.

☉ ☾ ♂ ♇ ♡

Tiefenpsychologisch

Zu gewissen Zeiten werden Sie beide in den Urgründen des Seelischen wühlen und gewisse Konflikte heraufbeschwören. Gehen Sie diesen Konflikt bis zum Ende gemeinsam durch, werden Sie zu den Quellen vorstoßen.

☉ ☾ ♂ ☊ ♡

Infragestellung

Sie werden die Kontakte und Ziele, die sie/er anstrebt, infrage stellen. Denn nur das, was wirklich echt ist und zur Natur der Seele führt, können Sie im Grunde akzeptieren.

☉ ☾ ♂ ⚷ ♡

Reibungsverluste

Sie stacheln gerne und fühlen sich von der Hilfsbereitschaft bei ihr/ihm provoziert. Sie/er kann dies undankbar finden und wird letzten Endes doch nur feststellen, dass Sie sich von einem übertriebenen Helferkomplex nicht beeindrucken lassen.

Quadrat-Aspekte

□

Wo es bei Ihnen und Ihrem Flirtpartner hakt und knirscht

☉ □ Asc

Nicht der Vorstellung entsprechend

Sobald sie/er Sie sieht, gibt es Spannungen. Unter Idealpartnerschaft stellt sich sie/er etwas anderes vor. Ein schwieriger Aspekt, der das Miteinander fast unmöglich macht.

☉ □ Mc

Störung der Karriere

Im Beruflichen und Privaten können Sie mit ihr/ihm nicht so gut auskommen. Ihr Charisma und Ihre Ausstrahlung wirken auf den Flirtpartner eher störend, können den Weg in die öffentliche Anerkennung verbauen.

☉ □ ☉

Kampf um Aufmerksamkeit

Dieser Planetenaspekt funktioniert auch dann nur schlecht im zwischenmenschlichen Miteinander, wenn Sie beide untereinander genau ausmachen, wer den Ton angibt und wer still im Hintergrund bleibt, bewundert, anhimmelt und auf seinen eigenen Stolz verzichtet. Es wird zwischen Ihnen beiden eine ständige Konkurrenz um Aufmerksamkeit und Anerkennung geben, wie bei zwei Schauspielern auf einer Theaterbühne, die sich gegenseitig die Show stehlen wollen.

☉ □ ☽

Jeden Tag Missverständnisse

Ein spannungsreicher Partnerschaftsaspekt, der am ehesten dann noch funktioniert, wenn Sie die Impulse geben, also die archetypisch männliche Rolle übernehmen, und Ihrem Flirtpartner damit einverstanden ist, in die weibliche Rolle zu schlüpfen, sich also von Ihrem Ego inspirieren und bestrahlen zu lassen, jede nur erdenkliche Unterstützung zu leisten. Trotzdem: Schwierig, schwierig!

☉ □ ☿

Kampf um Meinung

Dies ist ein schwieriger Beziehungsaspekt, der bewirkt, dass Sie durch sie/ihn intellektuell herausgefordert werden, was zu starken geistigen Auseinandersetzungen führt. Sie müssen in Kauf nehmen, dass sich die Ablehnung des Flirtpartners lediglich auf den intellektuellen Bereich beschränkt und darüber hinaus viel Positives möglich ist. Auch wird sie/er Ihnen gegenüber eine gewisse Ironie an den Tag legen, Sie weniger ernst nehmen, als Sie es vielleicht wünschen.

☉ □ ♀

Sinnliche Dissonanz

Eine der stärksten, aber auch problematischsten Konstellationen für einen sinnlich-erotischen Flirt. Sie heizen die Libido des Flirtpartners schwer auf, erzeugen aber vor allem Widerspruch. Aus solch einer Verbindung kann schwerlich Liebe werden.

☉ □ ♂

Konkurrenz der Kräfte

Es wird sicherlich krachen und stürmen bei dieser Konstellation, wenn Sie beide nicht den richtigen Weg finden, miteinander umzugehen. Ganz automatisch stacheln Sie dem Flirtpartner durch Ihr Ego und auch durch eine gewisse Eitelkeit auf, was zu einem klassischen Vater-Sohn-

Konflikt führen kann, in dem Sie die Rolle des Vaters einnehmen und Ihrem Flirtpartner zum rebellischen Sohn wird.

☉ □ ♃

Falsche Erwartungen

Alles, was Sie tun und worauf Sie stolz sind, wird des Flirtpartners mit großen Gesten gekontert. Begeisterung schlägt Ihnen kaum entgegen. Das kann im Extrem dazu führen, dass Sie Ihr Ego total aufblasen und sich in nur scheinbar großartigen Aktionen verlieren, letztendlich erschöpfen und verausgaben.

☉ □ ♄

Entmutigende Reaktion

Was auch immer Sie tun, bei ihr/ihm werden Sie große Skepsis erzeugen und auf ein vernünftiges Maß zurechtgestutzt. Das kann Sie auf Dauer entmutigen, denn Ihr Ego wird darunter leiden. Bedenken Sie jedoch, dass sie/er Sie sehr ernst nimmt, vielleicht ernster als irgendein anderer Mensch auf dieser Welt. Reagieren Sie in Anbetracht dessen auf jede scheinbare Zurückweisung mit Ruhe und Gelassenheit - und vor allen Dingen mit Respekt.

☉ □ ♄

Nervtötende Spannungen

Diese schwierige Konstellation zeigt, dass Sie mit allem, was Sie tun, Stress und Unruhe bei ihr/ihm auslösen. Das kann zu einer ungeheuren Spannung führen. Der Grund liegt in der großen Intensität, die Sie dem Flirtpartner entgegenbringen.

☉ □ ♆

Große Verwirrungen

Für den Flirtpartner stellen Sie all das dar, was unerreichbar ist und wonach sich sie/er nicht unbedingt sehnt. Großes Misstrauen ist die Folge, Irritation und Verwirrung.

☉ □ ♇

Druck von der Seite

Für den Flirtpartner symbolisieren Sie alles, wovor man Angst haben kann. Sie dürfen nicht erwarten, dass sie/er Sie jemals richtig wahrnimmt und begreift. Aber vielleicht erleben Sie dafür gemeinsam magische Momente voller Kraft!

☉ □ ☊

Eitle Kontakte

Flirt wird Sie mit seltsamen Zeitgenossen in Kontakt bringen, was Ihnen nicht unbedingt gefallen wird.

☉ □ ⚷

Verletzung des Stolzes

Ihr Auftreten wird in ihr/ihm eine alte Wunde aufreißen, die schon seit langer Zeit besteht und nicht geheilt werden kann. Das ist schwer, für Sie zu verstehen. Erwarten Sie nicht, dass Sie auf Dauer aus der Rolle des Therapeuten entlassen werden.

☉ □ ☾

Nichtakzeptanz von Geschlechterrollen

Sie wecken in ihr/ihm das Furienhafte und Unbezwingbare. Wenn Sie psychische Auseinandersetzungen erleben wollen, dann brauchen Sie nichts anderes zu tun, als einfach Ihren Stolz und Ihr Ego auszufahren - und dann abzuwarten, was passiert. Sind Sie nicht stark genug, dann lassen Sie lieber die Finger von dieser heißen Affäre.

☽ □ Asc

Unwohlsein beim ersten Kontakt

Eine schwierige Beziehung. Sie/er verkörpert für Sie kaum etwas von dem, was Geborgenheit und Wärme aus Ihrer Sicht bedeutet. Eine spannungsreiche astrologische Partnerschaftskonstellation. Auf der emotionalen Ebene werden Sie Missverständnisse erleben.

☽ □ MC

Ungemütliche Karriere

Was die Karriere des Flirtpartners betrifft, so werden Sie schwerlich harmonieren. Es kann sein, dass Sie bei öffentlichen Veranstaltungen und auf gesellschaftlicher Ebene auf die Rolle des Mitläufers reduziert zu werden.

☽ □ ☉

Gestörtes Zusammenleben

Sie können beide kaum miteinander harmonieren, wenn sie/er den Hammer spielt und Sie den Part des Ambosses übernehmen. Das ist keineswegs abwertend gemeint. Damit wird lediglich jene Rollenverteilung zwischen Ihnen beiden beschrieben, die am schwierigsten funktioniert.

☽ □ ☽

Geborgenheitsdefizite

Auf der ganz privaten Ebene, wenn es um Geborgenheit und Mitgefühl geht, passen sie nicht zusammen. Die Gefahr dieser Partnerschaftskonstellation liegt in der Konkurrenz des Gefühls: Einer von Ihnen beiden muss die Rolle des Aktiven einnehmen, welcher die Impulse setzt. Wenn das geklärt ist, klappt es eventuell.

☽ □ ☿

Verständnislosigkeit

So ziemlich jeder kann das, was Sie fühlen, besser in Worte fassen als ihr/ihm. Das ist wirklich ein Phänomen; und es sollte Sie darüber hinwegtrösten, dass sie/er auf jede Ihrer emotionalen Regungen nur kühl reagieren kann.

⚇ ☽ □ ♀ ♡

Sex oder Kuscheln

Sie wünschen Streicheleinheiten und Schmuserei. Sie/er will Erotik, Spannung, Kitzel und dann auch noch Unterhaltung. Das wird kaum gut gehen.

⚇ ☽ □ ♂ ♡

Gewalt und Verletzlichkeit

Sie zeigen sich oft schockiert von den aggressiven Aktionen (, dürften beleidigt sein, wenn sie/er total aufdreht. Schwierig, Geborgenheit herzustellen.

⚇ ☽ □ ♃ ♡

Desinteresse

Wie sie/er Zusammenhänge erkennt und die großen Weltzusammenhänge erklärt, wird Ihnen ziemlich auf die Nerven gehen. Verständnis für Ihre Gefühle können Sie kaum erwarten.

⚇ ☽ □ ♄ ♡

Einsamkeit

Denken Sie bloß nicht, dass sie/er Ihnen nicht wohl gesonnen ist. Ihre Gefühlsausbrüche werden jedoch kaum ernst genommen. Ein Planetenaspekt, der darauf hindeutet, dass Sie sich bei ihr/ihm oft alleine fühlen werden.

⚇ ☽ □ ♄ ♡

Abwesenheit

Auf Ihr Gefühlsleben kann den Flirtpartner panikartig reagieren, mit Fluchtgedanken und Abwesenheit. Sie/er nimmt Sie zwar wichtig, ist jedoch meistens total überfordert durch die Lebendigkeit und das Menschlich-Allzumenschliche, das von Ihnen ausgeht.

☽ □ ♆

Nebulös

Sie sprechen in ihr/ihm überstarke Sehnsüchte und Traumbilder an. Das kann den Flirtpartner nicht konkret artikulieren, geschweige denn adäquat darauf reagieren. Sie werden sich als Person vom Flirtpartner vielleicht niemals wirklich emotional verstanden fühlen.

☽ □ ♇

Emotional erdrückt

Sie haben den Eindruck, dass sie/er Sie unterdrückt. Das löst bei Ihnen Angst aus. Sie werden ungeahnte Gefühlstiefen erleben und zu den Wurzeln Ihrer Identität gehen – doch es bleibt schwierig.

☽ □ ♇

Unwohlig

Flirt will Sie mit Leuten zusammenbringen, bei denen Sie sich nicht wohlfühlen. Diese astrologische Verbindung ist nicht besonders erfolgversprechend.

☽ □ ⚷

Gestört

Sie werden im Kontakt mit ihr/ihm Schmerzen und Leid erleben, aber auch ungeheure Tiefe und Nähe erfahren. Sie können die Verletzungen annehmen, die Sie bei ihr/ihm erleben, doch achten Sie auf Ihre Grenzen.

☽ □ ☾

Gallig

Erwarten Sie nicht, dass sie/er auf Ihre Gefühle freundlich reagiert. Sie lösen, je länger Sie sich mit ihr/ihm beschäftigen, immer stärkere Wut und Bitterkeit aus. Die Intensität und Leidenschaftlichkeit dieser Begegnung ist stark und beängstigend, wird tiefe Gefühle wecken.

☿ □ Asc

Fehlkommunikation

Ihre Ideen und Gedanken stoßen bei ihr/ihm auf sofortigen Widerstand. Sie/er kann selten genau das verstehen, was Sie denken. Das ist eine schwierige intellektuelle Verbindung. Ob mehr als nur ein geistiger Kontakt zwischen Ihnen beiden zustande kommt, steht auf einem anderen Blatt.

☿ □ Mc

Störende Kommunikation

Sie können all die Pläne und Ziele, die sie/er hat, kaum in Worte fassen. Das hilft ihr/ihm keineswegs bei der Karriere und öffentlichen Auftritten – schlecht für das berufliche Weiterkommen und ein effektives Miteinander am Arbeitsplatz. Für eine wirkliche Liebesverbindung müssen noch andere Verbindungen zwischen Ihren beiden Horoskopen vorhanden sein.

☿ □ ☉

Abweisendes Verhalten

Stolz und Ego des Flirtpartners lösen Widerspruch bei Ihnen aus. Sie werden all das, womit ihr/ihm sich identifiziert, von einem kalten, neutralen Standpunkt aus betrachten. Dort, wo der Flirtpartner eigenblind ist, bleiben Sie kritisch und geben einen unbestechlichen Spiegel ab.

☿ □ ☽

Kalte Ratio

Sie können schwerlich in Worte fassen und schriftlich formulieren, was sie/er innerlich so bewegt. Sie/er kann die eigenen Gefühle bei Ihnen kaum sachlich und neutral wiedergegeben finden. Eine schwierige emotionale Verbindung, die von Ihrer Seite aus etwas kühl-intellektuell gesehen wird.

☿ □ ☿

Geistige Konflikte

Intellektuell passen Sie absolut nicht zusammen. Das ist eine Konstellation, die so schwierig ist, dass allein deswegen schon Missverständnisse an der Tagesordnung sind. Auf lange Sicht wird einer von Ihnen Wortführer werden. Danach wird sich der andere dann ausrichten – oder auch nicht!

☿ □ ♀

Abturnendes Geschwafel

Sie finden so gut wie nie jene Worte, die bei ihr/ihm sinnlich-erotische Gefühle auslösen. Das bietet schwerlich Anknüpfungspunkte für einen lockeren Flirt. So unbestechlich, wie sie sind, wird Ihnen auch ab und zu auffallen, dass sie/er flunkert und die Sachlage etwas verbiegt, um die Harmonie aufrecht zu halten. Da setzen Sie dann ein.

☿ □ ♂

Wortstreit

Ihre Worte lösen bei ihr/ihm negative Reaktionen aus: Entweder Wut und Aggression, oder Tatkraft und Aktionismus. Keinesfalls lässt sie/ihn kalt, was Sie denken und auch aussprechen.

☿ □ ♃

Nervtötendes Aneinandervorbeireden

Gespräche zwischen Ihnen beiden können sehr lange dauern – wenn sie überhaupt zustande kommen. Sie möchten Ihre Gedanken äußern, im Detail und ganz exakt. Sie/er fühlt sich herausgefordert, all das Gesagte in große Zusammenhänge einzubetten, wird auf die einzelnen Worte wahrscheinlich gar nicht so achten. Sie kommen schwerlich auf einen Nenner.

☿ □ ♄

Kurz angebunden

Was Sie ansprechen, wird bei ihr/ihm eine wunde Stelle anrühren und Überforderung bewirken. Sie/er wird ständig versuchen, Ihren Gedankenstrom zu bündeln und auf den Punkt zu bringen. Da ist kaum Gelegenheit für unverbindliche Plauderei. Im direkten Gegenüber wird es jedoch anstrengend für beide Seiten.

☿ □ ♄

Bahnhof verstehen

Sie lösen durch Ihre Wortwahl und die ganze Art, wie sie sich sprachlich äußern, bei ihr/ihm blitzartige Assoziationen aus, sodass ganz schnelle Reaktionen kommen, schon bevor Sie einen Satz oder ein Wort zu Ende gesprochen haben. Sie/er wird entweder fürchterlich nervös auf Sie reagieren oder das Weite suchen. Eine schwierige geistige Konfrontation.

☿ □ ♆

Verwirrung total

Versuchen Sie bloß nicht. Sie/er intellektuell zu verstehen. Erwarten Sie keine rationalen Reaktionen auf Ihre geäußerten Gedanken. Das würde nur in Chaos enden. Es kann sein, dass sie/er vordergründig überhaupt nicht wahrnimmt, was Sie so alles sagen.

☿ □ ♇

Sprechverbot

Was auch immer Sie ansprechen, es wird bei ihr/ihm ganz tief in die Seele und ins Unterbewusste gehen. Sie fühlen vielleicht, dass Sie bestimmte Dinge überhaupt nicht ansprechen dürfen. Doch genau das ist es, was Sie am wenigsten wollen.

⊛ ☿ □ ☊ ♡

Störende Kontakte

Sie haben nicht jene Ideen und Gedanken, die sie/er voranbringen und zu einer Weiterentwicklung der Persönlichkeit führen.

⊛ ☿ □ ⚷ ♡

Falsche Worte

Durch Ihre Worte brechen bei ihr/ihm alte Wunden auf. Sie versuchen, die Rolle des Beraters und Heilers zu übernehmen. Doch das ist intellektuell auf Dauer zu anstrengend. Ein Kontakt, der schwierig ist und nicht unbedingt eine dauerhafte, harmonische Beziehung verspricht.

⊛ ☿ □ ☾ ♡

Merkwürdiges Gerede

Möglich, dass Sie eine leidenschaftliche, verbitterte, aber auch extrem lustvolle und zotige Seite in ihr/ihm ansprechen. Es hängt sehr davon ab, wie sie/er mit den eigenen animalischen Trieben umgeht. Eine abenteuerliche Partnerschaftskonstellation.

⊛ ♀ □ Asc ♡

Unpassendes Schönheitsideal

Sie haben eine ganz bestimmte Vorstellung davon, was schön und ästhetisch ist. Sie/er verkörpert durch körperliche Erscheinung und Auftreten überhaupt nichts von diesem Ideal.

⊛ ♀ □ Mc ♡

Unpassende Ästhetik

Privat wird Ihr Charme auf sie/ihn wenig Eindruck machen. Sie können sich auch gemeinsam auf Veranstaltungen nicht gut gemeinsam blicken lassen. In Bezug auf das berufliche Weiterkommen ist diese Verbindung sehr problematisch. Ob sich im Privatleben die Harmonie einstellen wird, ist mehr als fraglich.

⊚ ♀ □ ☉ ♡

Streit ohne Liebe

Eine spannungsreiche Partnerkonstellation, bei der Ihre Sinnlichkeit durch die Kraft und Energie des Flirtpartners gestört wird. Selbst wenn Sie bereit wären, den archetypisch weiblichen Part in dieser Beziehung voll und ganz zu übernehmen, passen Sie nicht besonders gut zusammen.

⊚ ♀ □ ☽ ♡

Unschön

Sie treten charmant und sinnlich auf. Doch sie/er sehnt sich vor allem nach Geborgenheit und echtem Gefühl. Da wird es viele Missverständnisse geben. Ihr Sinn für Ironie kommt bei ihr/ihm nicht so gut an. Und zudem werden Sie selbst in Ihrem Bedürfnis, mal wieder neue Leute kennenzulernen und sich draußen in der Welt sehen zu lassen, durch den Flirtpartner ganz erheblich eingeschränkt werden.

⊚ ♀ □ ☿ ♡

Überflüssiges Gerede

Mit Ihrem Charme machen Sie dem Flirtpartner nervös und erzeugen nur Missverständnisse. Mit Worten allein kommen Sie kaum miteinander in Kontakt.

⊚ ♀ □ ♀ ♡

Geschmacksverirrungen

Was die schönen und sinnlichen Aspekte des Lebens betrifft, so sind Sie beide vollkommen anders gepolt. Das kann problematisch sein. Gemeinsam können Sie kaum entspannt genießen. Deshalb brauchen Sie unbedingt noch andere starke Planetenverbindungen. Diese

Konstellation allein macht Sie beide passiv und jeder wartet darauf, dass der andere endlich anfängt – womit eigentlich?

♀ □ ♂

Sexueller Kampf

Ein ganz schwieriger erotischer Flirtaspekt. Verletzungen sind möglich, wenn die Rollenverteilung nicht harmonisch von beiden Partnern freiwillig akzeptiert wird.

♀ □ ♃

Übersättigung

Mit Ihrem Lust- und Vergnügungsbedürfnis kommen Sie bei ihr/ihm schlecht an. Erstaunt werden Sie feststellen, wie viele schöne Dinge man gemeinsam nicht machen kann, welche Vergnügungen einfach nicht möglich sind.

♀ □ ♄

Lustverzicht

Ihre sinnlichen Seiten stoßen bei ihr/ihm auf Granit. Wenn sie wirklich an einer dauerhaften Beziehung interessiert sind, dann werden Sie vielleicht durchhalten. Aber ist es wirklich genau das, was Sie wollen?

♀ □ ♄

Liebesstress

Diese Planetenverbindung gehört zu den schwierigsten Flirtkonstellationen überhaupt. Ihr Charme und die Wachheit der Flirtpartner führen entweder zu sofortigen Fluchtreaktionen oder zu sinnlichen Abenteuern außerhalb der Reihe, die ihresgleichen suchen. Meist kommt es allerdings zu keinem Entweder-oder, sondern beides passiert gleichzeitig.

Ⓢ ♀ □ ♆ ♡

Erotisches Chaos

Dass der Flirtpartner Ihnen ganz offen und direkt die Liebe erklären wird, können Sie sich abschminken. Eine Verwirrkonstellation sondergleichen, die kaum glückliche Flirts nach sich zieht!

Ⓢ ♀ □ ♇ ♡

Zwangsbeglückung

Ihre Sinnlichkeit erreicht den Flirtpartner ganz tief drinnen in der Seele. Entweder wird sie/er Sie dafür hassen oder besitzergreifend lieben. Etwas dazwischen wird es für Sie beide nicht geben. Eine höchst problematische Konstellation.

Ⓢ ♀ □ ☊ ♡

Randständige Geselligkeit

Mit Ihnen an der Seite wird sie/er in Ausnahmesituationen auch schöne Momente erleben und im Leben manchmal auch ein Stück weiter kommen. Sie werden im Gegenzug durch sie/ihn manchmal auch ungewöhnliche Leute kennenlernen. Doch im Grunde ist dies keine wirklich interessante Verbindung!

Ⓢ ♀ □ ⚷ ♡

Harmoniegestört

Flirt berühren Sie an der verletzlichsten Seite. Das kann Leiden hervorrufen, die schon lange in ihr/ihm gespeichert sind. Die Helferrolle wird Ihnen nicht besonders gefallen.

♀ □ ☾

Extreme der Lust

Ihre charmante und sinnliche Art wird bei ihr/ihm heftige, vielleicht rational nicht erklärbare Gefühle wecken. Eine schwierige Konstellation, die Verletzungen hervorrufen kann.

♂ □ Asc

Gegengelenkte Power

Für Sie verkörpert sie/er das Gegenteil von Kraft und Energie. Das kann ganz schön heftig werden, zumal Sie alles tun, um dem Flirtpartner zu provozieren und in Rage zu bringen. Die Kunst besteht darin, das im anderen geweckte Feuer geschickt in rechte Bahnen zu lenken. Gelingt das, können Sie das Schlimmste gerade noch verhindern.

♂ □ Mc

Streit mit dem Chef

In der Öffentlichkeit bringen Sie dem Flirtpartner dazu, sich aggressiv zu präsentieren und gegenüber Mitbewerbern hart durchzusetzen. Das ist Ihre Forderung an ihr/ihm. Es besteht große Gefahr, dass wichtige Persönlichkeiten vor den Kopf gestoßen werden.

♂ □ ☉

Vater-Sohn-Konflikt

Im Kämpfen sind Sie beide derart stark, dass schon mal die Funken fliegen können. Ganz wichtig ist, dass Sie sich nicht beide gegenseitig im Streit hochschaukeln. Sonst wird es heftig.

♂ □ ☽

Verletzte Gefühle

Sie stürmen auf den Flirtpartner beinahe rücksichtslos ein und der andere kann eigentlich nur noch reagieren. Wenn es Ihnen gelingt, ihr/

ihm klar zu machen, dass Ihre nassforsche Art nicht böse gemeint ist, sondern nur dazu dient, Mut zu machen und den Partner in Schwung zu bringen, ist eine Menge erreicht. Große Rücksicht werden Sie trotzdem nehmen müssen.

⊛ ♂ □ ☿ ♡

Beleidigende Worte

Was auch immer Sie tun, Ihr Flirtpartner wird es intellektuell reflektieren und kühle Kommentare dazu abgeben. Das kann in heftige Streits ausarten und vielleicht sogar noch mehr.

⊛ ♂ □ ♀ ♡

Lustvolle Verletzungen

Sie gehen ran und treffen den Flirtpartner lustvoll in die Weichteile. Die Gefahr, dass dabei Verletzungen entstehen, ist vorprogrammiert. Ob diese Berührungen nun aber lust- oder schmerzhaft erlebt werden, hängt auch von der Reaktion des Flirtpartners ab.

⊛ ♂ □ ♂ ♡

Gegenseitige Blockade

Der Flirtpartner hat in Ihnen einen Menschen gefunden, der Ihren Mut überhaupt nicht teilt und schwerlich mit Ihnen durch dick und dünn gehen wird. Wichtig ist, dass Sie trotz aller Gegensätzlichkeit akzeptieren, dass doch jeder ein Recht auf seine eigenen Bedenken und Vorsichtsregeln hat. Sie werden sich wahrscheinlich gegenseitig in Ihren Aktivitäten blockieren.

⊛ ♂ □ ♃ ♡

Kopfloser Aktionismus

Ihr forsches Auftreten wird bei ihr/ihm ganz sicher nicht gut ankommen. Sie werden kaum ermutigt, mehr davon zu zeigen. Sie/er wird Ihnen wenig Möglichkeiten bieten, Ihre Kräfte so auszuleben, ohne dass Sie dabei übermütig werden.

♂ □ ♄

Mit dem Kopf gegen die Wand

Sie kommen mit Ihrer forschen Art bei ihr/ihm ganz schlecht an, werden auf großen Widerstand treffen und Schutzmechanismen auslösen. Als strenger Trainer oder Lehrer ist der Flirtpartner eventuell ein passabler Partner für Sie. Im Privatleben hingegen sind große Zweifel angebracht.

♂ □ ♄

Ausflippkonstellation

Ihre Spontanität wird den Flirtpartner immer wieder schockieren und unangenehm berühren, sodass sie/er schnell das Weite sucht. Das ist verständlich.

♂ □ ♆

Schlag ins Wasser

So stark Sie auch auftreten und was immer Sie auch anstellen. Sie/er wird Ihre Aktivität entweder gar nicht wahrnehmen oder vollkommen unvorbereitet treffen. Ein ziemliches Chaos kann die Folge sein. Im künstlerischen Bereich eine experimentelle Partnerschaftskonstellation, ansonsten eher aufschreckend und ineffektiv.

♂ □ ♇

Angstpartnerschaft

Ihr spontanes und ganz unmittelbares Draufgängertum wird das Kontrollbedürfnis des Flirtpartners wecken, weil Ihre Aktionen sie/ihn tief in der Psyche berühren. Entweder werden Sie vom anderen bekämpft und eingeschüchtert. Oder Sie genießen es, als Abenteurer gleichzeitig gefürchtet und bewundert zu werden.

☉♂ □ ☊ ⚤

Unangemessene Aggression

So spontan, wie sie agieren, rennen Sie bei ihr/ihm keine offenen Türen ein. Sie/er wird sich auf Ihre Energie schwerlich einstellen können, was ab und zu anstrengend sein kann. Sie werden Ihren Aktionsdrang bremsen müssen.

☉♂ □ ⚷ ⚤

Überkomplizierte

Aktionen Ihr Aktivitätsdrang wird bei ihr/ihm definitiv Verletzungen auslösen bzw. Wunden aufreißen, die schon ganz alt sind. Es kann Ihnen gelingen, den Flirtpartner von eingebildeten oder wirklichen Ängsten zu befreien. Als Mutmacher sind Sie gut für ihr/ihm, doch auf Dauer werden Sie durch übergroße Empfindsamkeit gebremst.

☉♂ □ ☾ ⚤

Hexenkrieg

In dieser Planetenverbindung wird es Ihnen unmöglich sein, spontan und unbekümmert zu handeln. Ihr Mut macht dem Flirtpartner Angst und weckt galligsten Widerspruch. Im besten Fall erzeugen Sie aber auch Lust und Leidenschaft. Dann allerdings kann es wirklich hoch hergehen.

☉♃ □ Asc ⚤

Schaumschlägerei

Sie finden in ihr/ihm kaum das verkörpert, was in Ihren Augen Partnerschaft und Lebenslust ausmacht. Aus dieser Verbindung kann schwerlich echte Freundschaft werden, in der man sich das gibt, was der andere braucht, um hoffnungsvoll in die Zukunft zu schauen.

♃ □ MC

Pech im Job

Für die Karriere des Flirtpartners bringen Sie einfach nicht das nötige Verständnis entgegen. In Beruf und Karriere eine schwierige Planetenverbindung.

♃ □ ☉

Hohle Gesten

Sie sind irritiert vom Charisma und der persönlichen Ausstrahlung (. Wann immer sie/er sich schöpferisch in Szene setzt, kann kaum mit Ihrem Wohlwollen und Ihrer Unterstützung gerechnet werden. Respekt und Achtung fehlen ganz einfach.

♃ □ ☽

Sinnlose Streicheleinheiten

Sie bringen dem Flirtpartner wenig Verständnis entgegen und werden mit Ihrer Weltanschauung bei ihr/ihm auch nur schlecht punkten können. Eine Konstellation, die selten Gemütlichkeit und Vertrauen erzeugt - eine schlechte Basis für Freundschaft oder mehr.

♃ □ ☿

Phrasendrescherei

Ganz schwierig wird sich mit ihr/ihm der intellektuelle Austausch gestalten. Sie sehen zwar die großen Zusammenhänge, doch verfügen Sie kaum über ein ausreichendes Aufnahmevermögen, um die hin und her springenden Gedanken des Flirtpartners in Ruhe aufnehmen und zu einem sinnvollen Ganzen zusammenfassen zu können.

☊♃ □ ♀☋

Übersättigung

Sie sind zwar tolerant und geistig verständnisvoll, doch das ist kaum das Richtige, um bei ihr/ihm Charme und Lust zu wecken, alle sinnlichen Vergnügungen, die diese Welt bietet, auch mal auszuprobieren. Man gönnt sich gegenseitig nichts!

☊♃ □ ♂☋

Fehlstart

Sie finden es gar nicht großartig, wie unbekümmert sie/er zur Sache geht. Und Ihr Optimismus hilft dem Flirtpartner auch nicht, die eigenen Energien sinnvoll einzusetzen. Sie können beide schwerlich ein gutes Team abgeben, auch dann nicht, wenn Sie die Richtung vorgeben und Ihrem Flirtpartner danach kraftvoll zur Tat schreitet.

☊♃ □ ♃☋

Orientierungslos zu Zweit

Was die großen Linien des Lebens betrifft, so sind Sie sich mit ihr/ihm höchst uneins. Um in einem Flirt enger zusammen zu kommen, bedarf es vieler anderer Gemeinsamkeiten, welche sich dann vor allem im Alltagsleben finden müssten.

☊♃ □ ♄☋

Blockierter Schwung

Ihr Optimismus wird vom Flirtpartner nicht geteilt. Sie fühlen sich immer auf ein gehöriges Maß zusammengestutzt, was vielleicht vernünftig ist, auf Dauer aber Ihren Optimismus ganz gewaltig bremst.

♃ □ ♄

Gegenseitige Zersplitterung

Zusammen können Sie sich beide – zumindest im Geiste – sicherlich nicht bis zu den Sternen aufschwingen. Wenn sich die schwierige Energie dieser Planetenverbindung auch in weiteren Aspekten Ihres Horoskopvergleichs wiederfindet, stehen die Chancen auf ein wirklich interessantes Miteinander nicht so gut.

♃ □ ♆

Falsche Illusionen

Auf der musischen und künstlerischen Ebene können Sie kaum harmonieren, geschweige denn sich gegenseitig Inspirationen geben. In einer festen Beziehung wird das Visionäre und Traumhafte dieser Planetenverbindung für reichlich Verwirrung sorgen.

♃ □ ♇

Vertrauensmissbrauch

Ein Planetenaspekt, der verlangt, dass Sie an das glauben, was sie/er Ihnen verheimlicht. Große Vorsicht ist angesagt!

♃ □ ☊

Unschicklich

Die merkwürdigen Kontakte, die sie/er pflegt, werden Ihnen kaum gefallen. Ihr Optimismus führt auch kaum dazu, dass sich sie/er weiterentwickeln will. Man glaubt nicht an den Fortschritt und versagt sich gegenseitig die Ermutigung.

♃ □ ⚷

Falsche Lehren

Sie spüren, welche Verletzlichkeit sie/er in sich trägt, und können kaum Lösungsmöglichkeiten anbieten. Dies ist eine therapeutische Konstellation - für einen lockeren Flirt viel zu anspruchsvoll.

♃ □ ☽

Glaubenskrieg

Sie sind, was die dunklen und wilden Seiten im Leben des Flirtpartners betrifft, nicht der richtige Wegpartner. Ihre Moral und Ihre Wertvorstellungen werden leiden.

♄ □ Asc

Unangemessene Erscheinung

Flirt macht auf Sie einen schwierigen Eindruck und unwillkürlich spüren Sie den Impuls, Ihren Flirtpartner in äußerer Erscheinung und Auftreten zu disziplinieren. Da Sie zu weit gehen, schlägt das dann auf Sie selbst zurück. Die Beziehung bekommt einen Knick.

♄ □ MC

Formfehler

Das Auftreten des Flirtpartners in der Öffentlichkeit gefällt Ihnen ganz und gar nicht. Sie stellen zu hohe Ansprüche an ihr/ihm. Das geht einfach nicht.

♄ □ ☉

Kindisches Gehabe

Sie wollen dem Flirtpartner nicht jene Aufmerksamkeit geben, welche anscheinend von Ihnen verlangt wird. Und es ist kaum zu erwarten, dass sich sie/er durch Sie bremsen lässt. Etwas Disziplinierung ist ja gut und schön. Aber auf Dauer werden Sie dem Flirtpartner wahrscheinlich arg frustrieren.

♄ □ ☽

Gefühlskälte

Eine ganz strenge Konstellation, die dafür sorgt, dass sich sie/er nur unter ganz bestimmten Bedingungen bei Ihnen wohl und angenommen fühlen wird. Sie müssen beide sehr viel Geduld und Einfühlungsvermögen für einander aufbringen, wenn Sie gemeinsam zumindest etwas glücklich werden wollen.

♄ □ ☿

Schweigegelübde

Für Ihre Verhältnisse redet der Flirtpartner einfach viel zu viel. Entweder führt es dazu, dass Sie den anderen total auflaufen lassen, oder der Flirtpartner trainiert sich eine ganze Menge Disziplin an. Für einen rein akademischen oder geschäftlichen Kontakt reicht diese Planetenverbindung jedoch ganz gut aus.

♄ □ ♀

Einen Korb geben

Sie werden versuchen, den Charme des Flirtpartners zu bremsen, um eine dauerhafte und feste Bindung zu erreichen. Oder Sie brechen den Kontakt gleich sofort ab. Auf jeden Fall werden Sie den Verlockungen von ihr/ihm nicht so schnell erliegen und strenge Maßstäbe anlegen – zu strenge wahrscheinlich!

♄ □ ♂

Konfrontation

Die Energie des Flirtpartners wird an Ihnen abprallen oder Sie zerbrechen. Dazwischen scheint es nichts zu geben. Auf Dauer ist höchstens eine Trainer-Sportler-Beziehung zwischen Ihnen beiden möglich, wobei Sie die Vorgaben setzen und Ihrem Flirtpartner sich daran dann mühsam abarbeiten muss.

♄ □ ♃

Konzentrationsschwäche

Notgedrungen oder aber aus reiner Freude werden Sie die Höhenflüge des Flirtpartners ständig abbremsen. Sie konfrontieren die windigen Ideen und Pläne mit der grausamen Realität – oder zumindest mit derjenigen, welche in Ihren Augen existiert. Reiben Sie sich sehr lange an einander, kann vielleicht doch noch etwas Fruchtbares aus dieser Begegnung entstehen.

♄ □ ♄

Konträre Disziplinvorstellungen

Sie haben beide unterschiedliche Ängste, stellen unterschiedliche Ansprüche an das Leben und wollen Unterschiedliches erreichen. In der Partnerschaft wird der Diszipliniertere von Ihnen beiden den Blick in die Realität gerichtet halten, während der andere ganz allmählich anfängt, auszubrechen.

♄ □ ♄

Freiheitsverlust

Es ist zwischen Ihnen beiden ein ständiges Reiben und Knirschen um die Frage, ob man auf Althergebrachtem beharren sollte (Ihre Auffassung) oder ob es besser wäre, ganz neue Wagnisse einzugehen (eher die Haltung des Flirtpartners). Entweder bekriegen Sie sich oder es gelingt Ihnen auf lange Sicht, Fortschritt durch allmählichen Wandel zu erreichen.

♄ □ ♆

Ausgeträumt

Während Sie die Rolle des Realisten spielen, bleibt dem Flirtpartner überlassen, für die Sehnsucht nach Träumen und Paradiesen gerade zu stehen. Vielfach spielt bei solch einer Konstellation der Umgang mit Drogen eine Rolle. Und die Frage der Ehrlichkeit muss auch immer wieder geklärt werden.

♄ □ ♇

Unverrückbar

Eine sehr ernste Verbindung zwischen Ihnen beiden mit schicksalhaftem Charakter. Es müssen schon viele andere harmonische Planetenaspekte hinzukommen, damit es genug Ausgleich für die gemeinsam erlebten Härten gibt.

♄ □ ☊

Außenseiter

Sie sehen zwar, wie sich sie/er bemüht und welche Kontakte sie/er hat, doch das gefällt Ihnen nicht. Sie stellen sehr große Ansprüche an Entspannung und Besinnung. Es ist die Frage, ob es sich für den anderen überhaupt lohnt, sich dort hineinzufügen.

♄ □ ⚷

Verrücktmacherei

Eine schwierige Verbindung, denn kleine Fehler des Flirtpartners werden Sie immer wieder aus dem gewohnten Trott bringen und verunsichern. Vielleicht gelingt es Ihnen, sie/ihn mit Ihrer Selbstdisziplin anzustecken. Dann ist einiges erreicht. Dennoch wird es immer wieder zu störenden Irritationen kommen.

♄ □ ☾

Unterdrückung

Eine ernsthafte Aspektierung, bei der Sie dem Flirtpartner recht stark an der impulsiven Auslebung von Trieben und Leidenschaften behindern könnten. Es ist jedoch eine solche Tiefe in diesem Planetenaspekt vorhanden, dass das Seelische in ihr/ihm irgendwann einfach ausbrechen muss.

♅ □ Asc

Seitensprünge

Das Auftreten des Flirtpartners entspricht in nichts dem, was Sie unter Individualismus verstehen – im positiven und im negativen Sinne. Sie müssen sich nun entscheiden, ob Sie dem Flirtpartner als Bereicherung Ihres Lebens empfinden wollen – oder als Nervensäge, mit der Sie absolut nichts zu tun haben wollen.

♅ □ Mc

Peinlichkeit

Beruflich verlangen Sie vom Flirtpartner einfach Mut zum Eigensinn. Das kann den Flirtpartner im Kontakt zur Familie Probleme bereiten. Oder aber im Gegenteil: Gerade das Gewagte und die Selbstständigkeit sorgen für einen überraschend positiven Wechsel im Privatleben. Noch besser wäre es jedoch, wenn sich sie/er mit Ihrer Unterstützung sowohl beruflich als auch privat vollkommen frei machen könnte.

♅ □ ☉

Störsender

Bevor Sie in Erscheinung traten, hatte das Leben für sie/ihn noch eine gewisse Überschaubarkeit. Nun aber kommen Sie! Keine Autorität wird mehr anerkannt, ständig fühlt sich sie/er infrage gestellt. Da hilft wirklich nur noch Humor!

♅ □ ☽

Kalte Duschen

Gemütlichkeit was gestern. Seit Sie in das Leben des Flirtpartners traten, findet diese Person so gut wie keinen Platz mehr, um sich auszuruhen. Und auch mit ganz entspanntem Kuscheln wird es jetzt wohl nichts mehr. Dafür aber könnte der Flirtpartner mithilfe Ihres Einflusses endlich einmal wagen, Familienbande zu kappen und eine gewisse Unabhängigkeit von Herkunft und Wurzeln herzustellen.

♅ □ ☿

Stottertraining

Ihre nervös-intelligente Spannung bringt sie/ihn dazu, die Dinge endlich einmal aus einer anderen Perspektive zu sehen. Dabei wird sie/er kaum genug Zeit haben, um einen kompletten Gedanken zu formulieren, da Sie dem Flirtpartner permanent unterbrechen werden – schließlich glauben Sie zu wissen, was sie/er eigentlich sagen wollte (und treffen meistens mit dieser Vermutung daneben).

♅ □ ♀

Rühr‹ mich nicht an

In puncto Liebe verstehen Sie sich manchmal so gut, dass es schon fast wieder anstrengend ist. Deshalb wird einer von Ihnen beiden nach jeder innigen Begegnung schleunigst das Weite suchen. Dauerhafte Nähe werden Sie beide kaum erleben können.

♅ □ ♂

Rohrkrepierer

Ihre Gegenwart bewirkt, dass sie/er nicht mehr wie gewohnt handeln kann. Entweder stellt sich vor lauter Stress nun Dauernervosität ein, die blitzartig in Wut oder Aktionismus entladen werden muss, oder eine große Leere wird das Resultat dieser Begegnung sein. Suchen Sie gemeinsam nach aufregenden Abenteuern und erkämpfen Sie sich gemeinsam Freiheiten!

♅ □ ♃

Phantasterei

Wenn es darum geht, von einem Moment zum anderen eine Reise anzutreten, Last minute und mit unbekanntem Ziel, dann wäre das gemeinsam eventuell möglich. Die normalen Dinge im Leben werden Sie zusammen weniger gut meistern können.

☊ ♅ □ ♄ ☊

Gefängnisrevolte

Es gibt Charakterzüge an Ihnen beiden, die sind so unvereinbar und so gänzlich gegensätzlich, dass sie einfach nicht unter einen Hut passen. Dieser Planetenaspekt deutet darauf hin, dass Sie es kaum schaffen werden, die aufkommenden Spannungen unter den Tisch zu kehren.

☊ ♅ □ ☊ ☊

Nervende Kontakte

Durch den Flirtpartner kommen Sie mit Leuten zusammen, die in Ihren Augen ziemlich ausgeflippt sind. Diese Kontakte werden interessant, aber auch anstrengend sein.

☊ ♅ □ ⚷ ☊

Durchgeschmorte Leitungen

Diese Planetenverbindung lässt vermuten, dass Sie ungewöhnliche und ziemlich stressige Erlebnisse miteinander haben werden. Vielleicht hatten Sie anfangs die Idee, dass sich alle Probleme wie von selbst lösen werden. Doch besser wäre es, wenn Sie sich darauf einstellen, ab jetzt immer wieder von Neuem zu improvisieren.

☊ ♅ □ ☾ ☊

Wespenstiche

Das Ursprüngliche und nicht Zivilisierbare in ihr/ihm wird durch Ihre Anwesenheit stark angesprochen und kann sich plötzlich Bahn brechen. Stellen Sie sich auf wilde Erotik, aber auch heftige Streits ein.

☊ ♆ □ Asc ☊

An den Rand gedrängt

Mit Ihrer schüchternen und einfühlsamen Art werden Sie dem Flirtpartner schwerlich dazu bringen, sanfter aufzutreten, mehr Rücksicht auf andere zu nehmen und ein gewisses Gespür im Umgang mit anderen Menschen zu entwickeln.

♆ □ MC

Tagträumereien

Es wird Ihnen schwerlich gelingen – obwohl Sie es immer wieder probieren - die privaten und beruflichen Ziele des Flirtpartners in Richtung Kunst, Ökologie oder alternatives Leben zu lenken.

♆ □ ☉

Schüchtern machend

Sie werden mit Ihrer schüchternen Art auf den Flirtpartner einen schwierigen Einfluss ausüben. Sie/er wird mit Eitelkeit und falschem Stolz bei Ihnen nicht gut ankommen, aber durch Feinsinn und vielleicht auch ein gewisses Verschleiern egoistischer Interessen doch noch den eigenen Willen durchsetzen wollen.

♆ □ ☽

In Tränen badend

So viel Feingefühl, wie Sie dem Flirtpartner abverlangen, ist kaum aufzubringen. Sie spüren zwar, dass sie/er ganz einfach Liebe und Geborgenheit braucht. Doch das können Sie ohne Weiteres nicht einfach geben. In gewissen Momenten werden Sie gemeinsam Erlebnisse seelischen Zerfließens erleben. Dann könnten auch Tränen fließen.

♆ □ ☿

Wortverirrungen

Ohne Worte werden Sie schwerlich eine Verständigung auf intellektueller Ebene erreichen. Und das ist genau Ihr gemeinsames Problem. Zu unterschiedlich sind die Denkweisen, zu inkompatibel die Kommunikationskanäle.

♆ □ ♀

Heimlichtuerei

Die Verführung des Partners kann höchstens auf Umwegen geschehen, durch Versteckspiel, Täuschung, Illusion und Einsatz sonstiger Hilfsmittel. Sie agieren auf einer spirituellen Ebene, suchen die Vereinigung mit allen Menschen, währen. Sie/er ein konkretes Gegenüber in der Liebe braucht.

♆ □ ♂

Entwaffnung

Während Sie in Traumwelten leben, kämpf. Sie/er ganz konkret im Hier und Jetzt. Sie könnten sich verletzt fühlen, währen. Sie/er Sie für chaotisch hält. In gewissen Extremsituationen, in denen sich die Energien wie im Rausch entfalten, können Sie sich begegnen.

♆ □ ♃

An einander vorbeireden

Sie streben intuitiv, ohne lange nachzudenken, nach Verständigung mit allem und jedem, währen. Sie/er das gleiche Ziel mithilfe von Logik und Verstand erreichen möchte. Auf philosophischer Ebene können Sie sich zwischenzeitlich treffen, aber mehr ist selten drin.

♆ □ ♄

Entgrenzt

Es wird für sie/ihn nicht leicht sein, Sie auf einen konkreten Standpunkt festzunageln. Zu groß ist Ihre Schüchternheit und zu sehr sind Sie in Ihrer Traumwelt verfangen. Die Direktheit des Flirtpartners kann Sie verletzten. Und Sie dürften Ihr Gegenüber in große Verwirrung stürzen.

♆ □ ☊

Verwirrender Umgang

Flirt bewegt sich in einem Kreis von Leuten, die nach Ihrem Geschmack äußerst unkonventionell und verspielt sind und nicht recht mit beiden Beinen auf dem Boden stehen. Das kann höchst verwirrend enden.

♆ □ ⚷

Heilungsverweigerung

Auf die tiefen Verletzungen und Kränkungen, die sie/er im Leben erlebt hat, können Sie nicht mit Mitgefühl und Verständnis reagieren. Es geht Ihnen einfach zu nahe.

♆ □ ☾

Hypersensibel

Sie fühlen sich nicht gerne in die urtümlichen Triebe und Begierden des Flirtpartners ein. Mit der Ablehnung, die Sie an den Tag legen, kann es ihr/ihm kaum ermöglicht werden, tief verborgenen Gram und Hass abzulegen.

♇ □ Asc

Kontrollwunsch

Durch das ganz spontane Auftreten des Flirtpartners und die äußere Erscheinung werden Sie tief berührt, sowohl in Ihren Ängsten als auch in Ihren verborgenen Sehnsüchten nach Eleganz und Diplomatie. Sie spiegeln sich derartig in ihr/ihm, dass es Ihnen schwerfällt, das konkrete Gegenüber und Ihre eigenen Projektionen auseinanderzuhalten.

♇ □ MC

Grundsätzlicher Karrierewechsel

Die Art und Weise, wie sich sie/er in Beruf und Privatleben verhält, löst bei Ihnen ganz starke Bilder aus, die angstbesetzt sind, aber auch große

Stärke und Macht symbolisieren. Möglich, dass Sie dem Flirtpartner zu einer grundlegenden Veränderung bringen.

♇ □ ☉

Schatten auf der Sonne

Flirt wird durch persönliche Ausstrahlung starke innere Bilder bei Ihnen auslösen, die viel mit dem zu tun haben, wovor Sie Angst haben und wonach Sie sich zugleich stark sehen. In ihr/ihm lösen Sie den Wunsch nach Selbsthinterfragung und Veränderung aus.

♇ □ ☽

Hebamme sein

Ihre Art und Weise, wie sie mit den Gefühlen des Flirtpartners umgehen, löst starke Reaktionen aus. Diese reichen von absoluter Geborgenheit bis hin zu totalem Unwohlsein. Zwischen diesen Extremen gibt es so gut wie keine Abstufungen. Sie/er wird sich entweder erstickt oder umsorgt fühlen – auf jeden Fall aber die eigenen Gewohnheiten verändern müssen.

♇ □ ☿

Subtext

Ein gewisses Infragestellen schwingt immer mit, wenn sich sie/er in Ihrer Gegenwart äußert. Was zwischen den Zeilen geschrieben bzw. unterschwellig ausgesprochen wird, bekommt eine große Bedeutung. Das kann den Flirtpartner ganz erheblich befangen machen.

♇ □ ♀

Zwangsheirat

Sie wollen auf erotischem Gebiet ganz bestimmt mehr, als der Flirtpartners im ersten Moment akzeptieren wird. Passen Sie auf, dass Sie nicht zu viel Zwang ausüben.

♇ □ ♂

Handschellen anlegen

Die Art, wie sie/er die Dinge anpackt, versetzt Sie in Furcht und weckt in Ihnen das Bedürfnis, sie/ihn zu kontrollieren. Der Machtaspekt spielt eine große Rolle. Die Frage ist, wie weit sie/er bereit ist, sich in puncto Spontanität fremdbestimmen zu lassen.

♇ □ ♃

Religiöser Zwang

In religiösen Dingen knallen zwei Grundhaltungen auf einander. So wie sie/er die Beziehung zu Gott definiert, können Sie ganz einfach nur mit Sarkasmus oder Desillusionierung reagieren. In gewissen Zeiten werden Sie sich an Ihren unterschiedlichen Weltanschauungen reiben.

♇ □ ♄

Familientabus

Tiefe psychologische Themen, die eventuell gesellschaftlich bedingt sind bzw. in der Familiengeschichte liegen, spielen in Ihrer Beziehung eine große Rolle. Es hängt vor allem vom Flirtpartner ab, inwieweit sich hier die Fronten verhärten oder es zu einer grundsätzlichen Wandlung kommt.

♇ □ ☊

Finstere Begegnungen

Flirt strebt den Kontakt mit gewissen Menschen an, die Ihrer Meinung nach ganz zum Rande der Gesellschaft gehören. Sie werden damit konfrontiert und sind gezwungen, Stellung zu nehmen.

Ⓢ ♇ □ ⚷ ♡

Chirurgische Gedankenspiele

So wie sich Ihrer Meinung nach die Probleme des Flirtpartners darstellen, muss es zu einer grundsätzlichen Veränderung kommen. Damit stoßen Sie bei ihr/ihm in eiternde Wunden. Haben Sie wirklich Lust, eine Operation am offenen Herzen vorzunehmen?

Ⓢ ♇ □ ☾ ♡

Tierische Gelüste

Tiefe Gefühle sind in ihr/ihm verborgen. Sie spüren dies und haben nun die Wahl, all das zu unterdrücken. Oder aber Sie begeben sich in den Untergrund und ringen mit dem Teufel, ganz in der Hoffnung, nach dem Sieg einen Engel ans Tageslicht geleiten zu können.

Ⓢ ☊ □ Asc ♡

Problematische Begleitung

Flirt nehmen Sie gerne zu Leuten mit, doch das wird sich oft als problematisch herausstellen.

Ⓢ ☊ □ Mc ♡

Entwicklungsstörung

Die gesellschaftliche Position, die sie/er einnimmt, passt kaum zu dem, was Sie im Leben für erstrebenswert halten und wozu Sie sich hingezogen fühlen.

Ⓢ ☊ □ ☉ ♡

Individueller Außenseiter

Bei vielem, was für Sie Entwicklung bedeutet, kann Ihnen der Flirtpartner wenig Unterstützung bieten, auch nicht ansatzweise. Das müssen Sie akzeptieren.

♋ ☊ □ ☽ ⚷

Aus dem Rhythmus kommen

Auf eine ganz natürliche Weise können Sie und Ihrem Flirtpartner selten mit einander umgehen. Geborgenheit muss irgendwie konstruiert werden.

♋ ☊ □ ☿ ⚷

Unpassende Bemerkungen

Auf intellektuellem Gebiet passt sie/er wenig zu jenen Kontakten, die Sie im Leben aufbauen wollen. Die geistige Anregung hält sich in Maßen.

♋ ☊ □ ♀ ⚷

Falsche Annäherungsversuche

Die Vergnügungssucht des Flirtpartners passt wenig zu jenen Zielen, die Sie im Leben anstreben.

♋ ☊ □ ♂ ⚷

Störende Aggression

Flirt hat so eine bestimmte Art, an die Dinge heranzugehen. Das passt leider nicht zu jenen Zielen, die Sie im Leben anstreben.

♋ ☊ □ ♃ ⚷

Irritierender Hochmut

Flirt gelingt es kaum, Ihnen im rechten Augenblick Mut zu machen, besonders dann nicht, wenn Sie Dinge wagen, die vernünftig sind und der Entwicklung Ihrer eigenen Persönlichkeit dienen.

☉ ♌ □ ♄ ♡

Skepsis ist fehl am Platze

Eine gewisse Skepsis schlägt Ihnen vom Flirtpartners entgegen, wenn Sie sich bemühen, Ihr eigenes Leben voranzubringen. Das wird vor allen Dingen abschrecken.

☉ ♌ □ ♄ ♡

Soloeinlagen stören

Die Nervosität und Distanziertheit des Flirtpartners stören Sie beim Anstreben wichtiger Ziele.

☉ ♌ □ ♆ ♡

Überempfindlichkeit

Mit wenig Gespür für den richtigen Zeitpunkt und unpassendem Auftreten vereitelt sie/er Ihre Bemühungen, Kontakt mit der Welt aufzubauen.

☉ ♌ □ ♇ ♡

Kontaktverhinderung

Flirt übt manchmal einen derartigen Druck aus, dass Sie sich schwerlich auf die wesentlichen Kontakte konzentrieren können, die Sie brauchen, um im Leben voranzukommen.

☉ ♌ □ ⚷ ♡

Schmerzliche Begegnungen

Durch den Flirtpartner kommen Sie mit komischen Vögeln und anderen merkwürdigen Zeitgenossen in Kontakt. Das kann Sie irritieren und verletzen.

⊛ ♌ □ ☾ ♡

Bedrohliche Kontakte

Flirt wird Sie mit Menschen in Kontakt bringen, die sich einfach nicht an die herrschende Zivilisation anpassen und völlig auf sich selbst gestellt ihres Lebens gehen wollen. Es ist oft eine Belastung.

⊛ ⚷ □ Asc ♡

Gestörte Zweisamkeit

Wenn es in Ihren Augen jemanden mit Fehlern und Macken gibt, dann ist es ihr/ihm. Sie spüren genau die Ängste und Unsicherheiten der anderen Person. Zugleich aktiviert das Ihren Beschützer- und Helferinstinkt.

⊛ ⚷ □ Mc ♡

Infragestellung der Karriere

Kleine oder größere Störungen werden Sie schon in das Leben des Flirtpartners bringen, speziell was das Privatleben betrifft. Alles läuft nicht mehr ganz so wie geplant.

⊛ ⚷ □ ☉ ♡

Nervöse Ticks

Was Stolz und Anerkennung betrifft, so wird sie/er in Ihrer Gegenwart gewisse Schwierigkeiten haben. Sie lösen beim anderen doch eine ziemliche Befangenheit und Verkrampftheit aus.

⊛ ⚷ □ ☽ ♡

Angezweifelte Gefühle

Die absolute Urgeborgenheit wird sie/er bei Ihnen nicht erleben. Das ist gewöhnungsbedürftig.

♍ ⚷ □ ☿ ♡

Komplizierte Gespräche

Flirt wird durch Ihren Perfektionsanspruch und Ihre Detailversessenheit ganz schön irritiert sein. Dadurch werden die Worte durcheinandergebracht und es kommt nicht mehr genau das über die Zunge, was man sich eigentlich gedacht hat.

♍ ⚷ □ ♀ ♡

Schöne Kompliziertheit

Im Grunde gibt es überhaupt keinen Menschen, der äußerlich oder vom Wesen her perfekt ist. Sie/er wird durch Sie lernen müssen, dass das überhaupt nichts ausmacht.

♍ ⚷ □ ♂ ♡

Stotternder Anlasser

Flirt braucht in Ihrer Gegenwart viel zu lange, um wirklich in die Gänge zu kommen. Das werden Sie wohl oder übel verzeihen müssen, denn wegen Ihrer überdeutlichen Detailversessenheit sind Sie ein Teil des Problems.

♍ ⚷ □ ♃ ♡

Probleme beim Verständigen

Weil Sie zu sehr aufs Detail schielen, hat sie/er Schwierigkeiten, Ihnen größere Zusammenhänge zu erklären. Seien Sie toleranter! Dann klappt es auch besser mit dem Flirtobjekt.

♍ ⚷ □ ♄ ♡

Verkrampfende Irritationen

Mit Stress und einer gewissen Unruhe setzen Sie dem Flirtpartner ganz schön zu. Die Konzentration lässt nach. Sie/er muss gezwungenermaßen akzeptieren, dass Sie auch nur ein Mensch sind.

⚷ □ ♄

Steckengebliebene Befreiungsversuche

Freiheit und Unabhängigkeit sind Ideale, die sich in Ihrem Beisammensein nicht reibungslos verwirklichen lassen. Wenn Sie schon gemeinsam abheben wollen, dann überlassen Sie dem Flirtpartner die Führung und vergessen Ihre Bedenken.

⚷ □ ♆

Entspannungsprobleme

Manchmal machen Sie sich zu viele Sorgen und kommen aus dem Grübeln kaum heraus. Da wird Ihnen die Einfühlsamkeit und meditative Entspanntheit des Flirtpartners auch nicht mehr weiterhelfen.

⚷ □ ♇

Machtprobleme

Diese Konstellation deutet auf eine tiefenpsychologische Verbindung hin, die zwischen Ihnen beiden besteht. Ihre Analysefähigkeit und der Scharfsinn des Flirtpartners können Ihrer Beziehung einen therapeutischen Touch geben, der einzigartig ist, aber auch erhebliche Probleme mit sich bringt.

⚷ □ ☊

Therapeutische Überforderung

Sie werden gerade durch Ihre kleinen Fehler und Macken den Flirtpartner in eine Richtung bringen wollen, die von dessen eigentlichen Zielen ablenkt.

⚷ □ ☾

Therapie zwecklos

Diese Planetenkonstellation kann für viele Missverständnisse zwischen Ihnen beiden sorgen - und die sind so gut wie unlösbar.

⚸ ☾ □ Asc ♡

Stachel in der Zweisamkeit

Flirt verkörpert für Sie so etwas wie ungebändigte Natur in Reinstform. Das kann Furcht auslösen, zugleich aber auch animalische Leidenschaft.

⚸ ☾ □ Mc ♡

Hinterfragte Karriereziele

Sie werden mit Ihrer ungeschminkten Art gerade auf die Karrierepläne des Flirtpartners einen schwierigen Einfluss ausüben. Ob dies ein positiver oder negativer Einfluss ist, kann sich erst im Verlauf des weiteren Kontakts herausstellen.

⚸ ☾ □ ☉ ♡

Verweigerte Anbetung

Flirt wird sich durch Sie im Selbstverständnis und Stolz möglicherweise verletzt fühlen, auf jeden Fall aber nicht jenen Applaus und jene Anerkennung erhalten, die sie/er normalerweise gewohnt ist.

⚸ ☾ □ ☽ ♡

Giftige Gefühle

In Ihrer Gegenwart wird sie/er aus dem gewohnten Trott kommen und eingeschleifte Gewohnheiten infrage stellen müssen. Dieser Umstand kann zu unangenehmen Erkenntnissen führen.

⚸ ☾ □ ☿ ♡

Stachelnde Bemerkungen

Ihre Art wird der Flirtpartner aus den gewohnten Gedanken bringen. Das kann Ängste auslösen, aber eventuell auch zu neuem Tiefgang führen.

☾ □ ♀

Irritation in der Erotik

Der Liebreiz und die Eleganz des Flirtpartners werden Sie provozieren. Rational nicht erklärbare Gefühle werden bei Ihnen geweckt. Das kann auf sie/ihn verletzend wirken.

☾ □ ♂

Zänkisches

Der Kontakt mit Ihnen kann bei ihr/ihm Wut auslösen, die in gewissen Momenten die Konventionen der zivilisierten Gesellschaft durchbricht.

☾ □ ♃

Götterdämmerung

Die Art, wie sie/er normalerweise Optimismus verbreitet, kommt bei Ihnen überhaupt nicht gut an. Sie sind mit oberflächlichen Floskeln nicht zufriedenzustellen und wollen Echtheit – was auch immer das kosten möge.

☾ □ ♄

Gebrochene Verträge

Mit starren Konventionen und antiquiertem Verhalten wird sie/er bei Ihnen nicht landen können. Das provoziert Sie, denn Sie wünschen sich mehr Natürlichkeit und sind nicht bereit, überflüssige Einschränkungen in Kauf zu nehmen.

☾ □ ♄

Lächerliche Idealvorstellungen

Großartige Ideen von Freiheit und Unabhängigkeit kann den Flirtpartner Ihnen nicht ungestraft auftischen. Sie wollen Natürlichkeit und lassen sich von leeren Floskeln nicht blenden.

⊛ ☾ □ ♆ ♡

Entlarvte Scheinharmonie

Sie stören die Träume des Flirtpartners und lehnen jegliche Scheinharmonie ab. Auf Verschleierungstaktiken reagieren Sie bissig. Dann fahren Sie Ihren Stachel aus und verspritzen etwas Gift.

⊛ ☾ □ ♇ ♡

Untergrundfahrt

Zu gewissen Zeiten werden Sie beide in den Urgründen des Seelischen wühlen und gewisse Konflikte heraufbeschwören. Gehen Sie diesen Konflikt bis zum Ende gemeinsam durch, werden Sie zu den Quellen vorstoßen.

⊛ ☾ □ ☊ ♡

Zielkorrektur

Sie werden die Kontakte und Ziele, die sie/er anstrebt, infrage stellen. Denn nur das, was wirklich echt ist und zur Natur der Seele führt, können Sie im Grunde akzeptieren.

⊛ ☾ □ ⚷ ♡

Aufgestachelt werden

Sie stacheln gerne und fühlen sich von der Hilfsbereitschaft bei ihr/ihm provoziert. Sie/er kann dies undankbar finden und wird letzten Endes doch nur feststellen, dass Sie sich von einem übertriebenen Helferkomplex nicht beeindrucken lassen.

Oppositions-Aspekte

☍

So gegensätzlich, fast schon wieder anziehend

☉ ☍ Asc

Der Vorstellung entsprechen

Sobald sie/er Sie sieht, glaubt ihr/ihm, den Idealpartner gefunden zu haben. Dies ist ein großer, starker Partnerschaftsaspekt, der allerdings ein kleines Missverständnis mit einschließt: Sie verkörpern lediglich den Partnerschaftswunsch (. Im realen Zusammenleben werden Sie feststellen, wie gegensätzlich Sie beide tatsächlich sind.

☉ ☍ MC

Ins Private zwingen

Im Privaten können Sie mit ihr/ihm gut auskommen. Ihr Charisma und Ihre Ausstrahlung werden sie/ihn dazu verhelfen, ein gutes Familienleben zu entwickeln. Doch kann es auch sein, dass Sie dem Flirtpartner damit den Weg in die öffentliche Anerkennung verbauen.

☉ ☍ ☉

Wettstreit um Aufmerksamkeit

Dieser Planetenaspekt funktioniert selbst dann nur schlecht im zwischenmenschlichen Miteinander, wenn Sie beide untereinander genau ausmachen, wer den Ton angibt und wer still im Hintergrund bleibt, bewundert, anhimmelt und auf seinen eigenen Stolz verzichtet. Es wird zwischen Ihnen beiden eine ständige Konkurrenz um Aufmerksamkeit und Anerkennung geben, wie zwei Schauspieler auf einer Theaterbühne, die sich gegenseitig die Show stehlen wollen.

Ⓢ ☉ ☍ ☽ ♡

Jeden Tag Vollmond

Ein spannungsreicher Partnerschaftsaspekt, der am besten dann funktioniert, wenn Sie die Impulse geben, also die archetypisch männliche Rolle übernehmen, und Ihrem Flirtpartner damit einverstanden ist, in die weibliche Rolle zu schlüpfen, sich also von Ihrem Ego inspirieren und bestrahlen zu lassen, Ihre Impulse in sich aufzunehmen und jede nur erdenkliche Unterstützung zu leisten.

Ⓢ ☉ ☍ ☿ ♡

Gegensätzlichste Meinungen

Dies ist ein starker Beziehungsaspekt, der bewirkt, dass Sie durch sie/ihn intellektuell herausgefordert werden, was zu einer starken geistigen Verbindung führt. Allerdings müssen Sie in Kauf nehmen, dass sich das Interesse des Flirtpartners an Ihrer Person lediglich auf den intellektuellen Bereich beschränkt und auch langfristig kaum darüber hinaus geht. Auch wird sie/er Ihnen gegenüber eine gewisse Ironie an den Tag legen und Sie weniger ernst nehmen, als Sie es sich vielleicht wünschen.

Ⓢ ☉ ☍ ♀ ♡

Sinnliche Gegensätze

Eine der stärksten, aber auch problematischsten Konstellationen für einen sinnlich-erotischen Flirt. Sie heizen die Libido des Flirtpartners an, aber erzeugen auch Widerspruch. Aus solch einer Verbindung kann Liebe werden - wenn Sie den männlich-aktiven Part spielen und Erotik und Sinnlichkeit bei ihr/ihm schätzen und begehren - aber ansonsten keine große eigene Aktivität verlangen.

Ⓢ ☉ ☍ ♂ ♡

Kampf der Kräfte

Es wird krachen und stürmen bei dieser Konstellation, wenn Sie beide nicht den richtigen Weg finden, miteinander umzugehen. Ganz automatisch stacheln Sie durch Ihr Ego und auch durch eine gewisse Eitelkeit des Flirtpartners auf, was zu einem klassischen Vater-Sohn-Konflikt führen kann, in dem Sie die Rolle des Vaters einnehmen und Ihrem Flirtpartner zum rebellischen Sohn wird.

☉ ☍ ♃

Zu große Versprechungen

Alles, was Sie tun und worauf Sie stolz sind, wird vom Flirtpartner mit großen Gesten gekontert. Begeisterung schlägt Ihnen entgegen. Das kann im Extrem dazu führen, dass Sie Ihr Ego aufblasen und sich in nur scheinbar großartigen Aktionen verlieren, erschöpfen und verausgaben.

☉ ☍ ♄

Entmutigender Kontakt

Was auch immer Sie tun, bei ihr/ihm werden Sie Skepsis erzeugen und auf ein vernünftiges Maß zurechtgestutzt. Das kann Sie auf Dauer entmutigen, denn Ihr Ego wird darunter leiden. Bedenken Sie jedoch, dass sie/er Sie sehr ernst nimmt, vielleicht ernster als irgendein anderer Mensch auf dieser Welt. Reagieren Sie in Anbetracht dessen auf jede scheinbare Zurückweisung mit Ruhe, Gelassenheit - und vor allen Dingen mit Respekt.

☉ ☍ ♄

Nervöse Spannung

Diese schwierige Konstellation zeigt, dass Sie mit allem, was Sie tun, Stress und Unruhe bei ihr/ihm auslösen. Das kann zu einer ungeheuren Spannung führen. Der Grund liegt in der großen Intensität, die Sie dem Flirtpartner entgegenbringen. Diese Beziehung hat ein großes Potenzial, fast nichts - oder alles! - ist gemeinsam möglich.

☉ ☍ ♆

Irritation und Verwirrung

Für den Flirtpartner stellen Sie all das dar, was unerreichbar ist und wonach sich sie/er nicht unbedingt sehnt. Großes Misstrauen ist die Folge, Irritation und Verwirrung.

☉ ☍ ♇

Angst vor dem Gegenüber

Für den Flirtpartner symbolisieren Sie alles, wovor man Angst haben kann oder alles, was Kraft und Größe darstellt. Zwischen diesen Extremen gibt es nichts. Sie dürfen nicht erwarten, dass sie/er Sie jemals richtig wahrnimmt und begreift. Aber vielleicht erleben Sie dafür gemeinsam magische Momente voller Kraft!

☉ ☍ ☊

Merkwürdige Begegnungen

Flirt wird Sie in all Ihren außergewöhnlichen Bestrebungen unterstützen und Sie mit seltsamen Zeitgenossen in Kontakt bringen, was Sie merkwürdig finden werden.

☉ ☍ ⚷

Alte Verletzungen

Ihr Auftreten wird in ihr/ihm eine alte Wunde aufreißen, die schon seit langer Zeit besteht und nicht geheilt werden kann. Das müssen Sie verstehen und nicht persönlich nehmen. Nehmen Sie diesen Aspekt Ihrer Begegnung an, dann liegt es in Ihrer Macht, bei ihr/ihm positive Veränderungen zu erreichen. Doch erwarten Sie nicht, dass Sie auf Dauer aus der Rolle des Therapeuten entlassen werden.

Ⓢ ☉ ☍ ☾ ♡

Wilde Auseinandersetzung

Sie wecken in ihr/ihm eine leidenschaftliche Seite, das Furienhafte und Unbezwingbare. Wenn Sie das Abenteuer der Psyche erleben wollen, dann brauchen Sie nichts anderes zu tun, als einfach Ihren Stolz und Ihr Ego auszufahren - und dann abzuwarten, was passiert. Sind Sie nicht stark genug dafür, dann lassen Sie lieber die Finger von dieser heißen Angelegenheit.

Ⓢ ☽ ☍ Asc ♡

Ablehnung von Muttergefühlen

Eine magische Beziehung. Sie/er verkörpert für Sie kaum etwas von dem, was Geborgenheit und Wärme aus Ihrer Sicht bedeutet. Eine spannungsreiche astrologische Partnerschaftskonstellation. Auf der emotionalen Ebene werden Sie Missverständnisse erleben.

Ⓢ ☽ ☍ Mc ♡

Heimische Gemütlichkeit

Privat zu Hause werden Sie mit ihr/ihm sehr gut harmonieren. Allerdings kann es sein, dass Sie darüber hinaus bei öffentlichen Veranstaltungen und auf der gesellschaftlichen Ebene auf die Rolle des Mitläufers reduziert werden.

Ⓢ ☽ ☍ ☉ ♡

Permanent Vollmonderlebnisse

Sie könnten beide miteinander harmonieren, wenn Sie akzeptieren, dass sie/er den Hammer spielt und Sie den Part des Ambosses übernehmen. Das ist keineswegs abwertend gemeint. Damit wird lediglich jene Rollenverteilung zwischen Ihnen beiden beschrieben, die am allerbesten funktioniert. Doch auch dann bleibt es schwierig.

♋☽ ☍ ☽♌

Schwieriges Miteinander

Auf der ganz privaten Ebene, wenn es um Geborgenheit und Mitgefühl geht, passen sie schwerlich zusammen. Die Gefahr dieser Partnerschaftskonstellation liegt in der Konkurrenz des Gefühls: Einer von Ihnen beiden muss die Rolle des Aktiven einnehmen, welcher die Impulse setzt. Wenn das geklärt ist, klappt es eventuell auch manchmal mit der Geborgenheit.

♋☽ ☍ ☿♌

Kaum Verständnis

Viele können das, was Sie fühlen, besser in Worte fassen als ihr/ihm. Das ist wirklich ein Phänomen, und es sollte Sie darüber hinwegtrösten, dass sie/er auf jede Ihrer emotionalen Regungen kühl und neutral reagiert, sich um Rationalisierung und Analyse bemüht.

♋☽ ☍ ♀♌

Wenig Wohlgefühl

Sie wünschen Streicheleinheiten und Schmuserei. Sie/er will Erotik, Spannung, Kitzel, Unterhaltung. Das kann kaum gut gehen.

♋☽ ☍ ♂♌

Forscher Angriff

Sie zeigen sich manchmal schockiert von den mutigen und kraftvollen Aktionen (, dürften im Gegenzug aber beleidigt sein, wenn sie/er total aufdreht und Ihnen ganz heftig ans Leder geht. Was sich liebt, das neckt sich.

☽ ☍ ♃

Aufgeschäumte Gefühle

Wie sie/er Zusammenhänge erkennt und die großen Weltzusammenhänge erklärt, wird Sie kaum beeindrucken. Natürlich bringt das eine gewisse Unruhe mit sich. Das müssen Sie einfach akzeptieren. Eine andere Möglichkeit haben Sie sowieso nicht.

☽ ☍ ♄

Zurechtgestutzt

Denken Sie bloß nicht, dass sie/er Ihnen nicht wohl gesonnen ist. Ihre Gefühlsausbrüche werden bloß auf ein vernünftiges Maß zurechtgestutzt. Mehr ist für sie/ihn einfach nicht möglich. Der Grund dafür: Sie/er nimmt Sie absolut ernst und versucht einfach alles, was von Ihnen kommt, wortwörtlich zu nehmen.

☽ ☍ ♄

Fürchterlich wichtig

Auf Ihr Gefühlsleben kann den Flirtpartner panikartig reagieren, mit Fluchtgedanken und Abwesenheit. Das darf bei Ihnen nicht zu dem Trugschluss führen, dass Sie nicht ernst genommen werden. Ganz im Gegenteil: Sie/er nimmt Sie fürchterlich wichtig, ist jedoch meistens total überfordert durch das, was an Lebendigkeit und Menschlich-Allzumenschlichem von Ihnen ausgeht.

☽ ☍ ♆

Seelisch abwesend

Sie sprechen in ihr/ihm überstarke Sehnsüchte und Traumbilder an. Das kann den Flirtpartner nicht konkret artikulieren, geschweige denn adäquat darauf reagieren. Sie werden sich als Person vom lirtpartner niemals wirklich als Person verstanden fühlen. Aber dafür lösen Sie bei Ihrem Gegenüber starke Gefühle aus.

⊛ ☽ ☍ ♇ ♡

Seele unter Druck

Sie haben den Eindruck, dass sie/er Sie unterdrückt, und das löst bei Ihnen Angst aus. Doch das ist nur eine Illusion. Vergessen Sie Ihre Ressentiments und spüren Sie die magische Kraft dieser Beziehung. Sie werden ungeahnte Gefühlstiefen erleben und zu den Wurzeln Ihrer Identität gehen.

⊛ ☽ ☍ ♇ ♡

Unwohlige Gefühle

Flirt will Sie mit Leuten zusammenbringen, bei denen Sie sich kaum wohlfühlen. Diese astrologische Verbindung ist manchmal erfolgreich. Lassen Sie sich vom Flirtpartner nur bedingt führen und geleiten.

⊛ ☽ ☍ ⚷ ♡

Mit leiden

Sie werden im Kontakt mit ihr/ihm Schmerzen und Leid erleben, aber auch ungeheure Tiefe und Nähe erfahren. Sie nehmen die Verletzungen, die Sie bei ihr/ihm erleben, möglicherweise großzügig an. Zeigen Sie Mitgefühl. Doch achten Sie auf Ihre Grenzen!

⊛ ☽ ☍ ☾ ♡

Sucht nach Rache

Erwarten Sie nicht, dass sie/er auf Ihre Gefühle freundlich reagiert. Sie lösen, je länger Sie sich mit ihr/ihm beschäftigen, immer stärkere Wut und Bitterkeit aus. Aber das ist nur ein Aspekt dieser Beziehung. Die Intensität und Leidenschaftlichkeit dieser Begegnung ist stark und beängstigend, wird tiefe Gefühle wecken.

☿ ☍ Asc

Widrige Worte

Ihre Ideen und Gedanken stoßen bei ihr/ihm selten auf ein offenes Ohr. Sie/er kann selten genau das ausdrücken, was Sie denken. Das ist eine starke intellektuelle Verbindung. Ob mehr als nur ein geistiger Kontakt zwischen Ihnen beiden zustande kommt, steht auf einem anderen Blatt.

☿ ☍ MC

Private Pläne

Sie können all die Pläne und Ziele, die sie/er im Privatleben hat, wunderbar ausformulieren. Das hilft ihr/ihm jedoch keineswegs in der Karriere und bei öffentlichen Auftritten – schlecht für das berufliche Weiterkommen und ein effektives Miteinander am Arbeitsplatz. Für eine wirkliche Liebesverbindung müssen noch andere Verbindungen zwischen Ihren beiden Horoskopen vorhanden sein.

☿ ☍ ☉

Kühle Neutralität

Stolz und Ego des Flirtpartners lösen Widerspruch bei Ihnen aus. Sie werden all das, womit ihr/ihm sich identifiziert, hellwach aufnehmen und von einem kühlen, neutralen Standpunkt aus betrachten. Dort, wo sie/er eigenblind ist, bleiben Sie kritisch und geben einen unbestechlichen Spiegel ab.

☿ ☍ ☽

Kalte Ratio

Sie können schwerlich in Worte fassen und schriftlich formulieren, was sie/er innerlich so bewegt. Sie/er kann die eigenen Gefühle bei Ihnen kaum sachlich und neutral wiedergegeben finden. Eine schwierige emotionale Verbindung, die von Ihrer Seite aus etwas kühl-intellektuell gesehen wird.

☉☿ ☍ ☿♡

Geistige Gegensätze

Intellektuell passen Sie absolut nicht zusammen. Das ist eine Konstellation, die so gegensätzlich ist, dass allein schon deshalb ab und zu Missverständnisse aufkommen könnten. Auf lange Sicht wird einer von Ihnen Wortführer werden. Danach wird sich der andere dann ausrichten – oder auch nicht.

☉☿ ☍ ♀♡

Unerotisches Geplauder

Sie finden schwerlich jene Worte, die bei ihr/ihm sinnlich-erotische Gefühle auslösen. Und das bietet schwerlich Anknüpfungspunkte für einen lockeren Flirt.

☉☿ ☍ ♂♡

Kampf um Worte

Ihre Worte lösen bei ihr/ihm starke Reaktionen aus: Entweder Wut und Aggression, oder Tatkraft und positiven Aktionismus. Auf jeden Fall lässt sie/ihn nicht kalt, was Sie denken und auch aussprechen. Seien Sie nicht verletzt, wenn sie/er so intensiv reagiert. Versuchen Sie lieber, gemeinsam etwas Konstruktives auf die Beine zu stellen.

☉☿ ☍ ♃♡

Nervige Rechthaberei

Gespräche zwischen Ihnen beiden können sehr lange dauern – wenn sie überhaupt zustande kommen. Sie möchten Ihre Gedanken äußern, im Detail und ganz exakt. Sie/er fühlt sich herausgefordert, all das Gesagte in große Zusammenhänge einzubetten, wird auf die einzelnen Worte wahrscheinlich gar nicht so achten. Sie brauchen viel Zeit, um gemeinsam auf einen Nenner zu kommen.

☿ ☍ ♄

Kurze Aussprache

Was Sie ansprechen, kann bei ihr/ihm eine wunde Stelle anrühren oder zumindest Überforderung bewirken. Sie/er wird ständig versuchen, Ihren Gedankenstrom zu bündeln und auf den Punkt zu bringen. Da ist kaum Gelegenheit für unverbindliche Plauderei. Schriftlich könnten Sie sehr gut miteinander in Verbindung treten. Im direkten Gegenüber wird es jedoch anstrengend für beide Seiten.

☿ ☍ ♄

Zerbrochene Worte

Sie lösen durch Ihre Wortwahl und die ganze Art, wie sie sich sprachlich äußern, bei ihr/ihm blitzartige Assoziationen aus, sodass ganz schnelle Reaktionen kommen, vielleicht schon bevor Sie einen Satz oder ein Wort zu Ende gesprochen haben. Sie/er wird entweder fürchterlich nervös auf Sie reagieren oder das Weite suchen. Eine schwierige geistige Verbindung.

☿ ☍ ♆

Totale Verwirrung

Versuchen Sie bloß nicht. Sie/er intellektuell zu verstehen. Erwarten Sie keine rationalen Reaktionen auf Ihre geäußerten Gedanken. Das würde nur in Chaos enden. Es kann sein, dass sie/er vordergründig überhaupt nicht wahrnimmt, was Sie so alles sagen. Diese Verbindung regt im anderen ganz stark das Gefühlsleben an, ist mystisch und vielleicht nur im künstlerischen Bereich produktiv.

☿ ☍ ♇

Unliebsame Themen

Was auch immer Sie ansprechen, es wird bei ihr/ihm ganz tief in die Seele und ins Unterbewusste gehen. Sie fühlen vielleicht, dass Sie bestimmte Dinge überhaupt nicht ansprechen dürfen. Doch genau das ist es, was Sie a. Sie/er am meisten interessiert.

☿ ☍ ☊

Ungewöhnliche Kontakte

Sie haben nicht genau die richtigen Ideen und Gedanken, die sie/er voranbringen und zu einer Weiterentwicklung der Persönlichkeit führen. Gemeinsam können Sie ungewöhnliche Menschen kennenlernen und merkwürdige Geschäfte abschließen.

☿ ☍ ⚷

Stichelnde Bemerkungen

Durch Ihre Worte brechen bei ihr/ihm alte Wunden auf. Sie können versuchen, die Rolle des Beraters und Heilers zu übernehmen, doch kann das intellektuell auf Dauer recht anstrengend sein. Ein Kontakt, der schwierig ist und nicht unbedingt eine dauerhafte, harmonische Beziehung verspricht.

☿ ☍ ☾

Zotige Phrasen

Möglich, dass Sie eine leidenschaftliche, verbitterte, aber auch extrem lustvolle und zotige Seite in ihr/ihm ansprechen. Es hängt sehr davon ab, wie sie/er mit den eigenen animalischen Trieben umgeht. Eine abenteuerliche Partnerschaftskonstellation.

♀ ☍ Asc

Unterschiedliche Schönheitsideale

Sie haben eine ganz bestimmte Vorstellung davon, was schön und ästhetisch ist. Sie/er verkörpert durch körperliche Erscheinung und Auftreten überhaupt nichts von diesem Ideal. Dies ist eine ganz starke, sinnliche Partnerschaftskonstellation, eine harmonische Verbindung mit viel Charme und Erotik.

♀ ☍ MC

Häusliche Schönheit

Privat wird Ihr Charme au. Sie/er einen großen Eindruck machen. Auf Veranstaltungen können Sie sich gemeinsam jedoch nicht gut blicken lassen. In Bezug auf das berufliche Weiterkommen ist diese Verbindung problematisch - ob sich im Privatleben Harmonie einstellen wird, ist denkbar.

♀ ☍ ☉

Streitbare Liebe

Eine spannungsreiche Liebeskonstellation, bei der Ihre Sinnlichkeit durch die Kraft und Energie des Flirtpartners ungeheuer angeheizt wird. Auch wenn Sie bereit sind, den weiblichen Part in dieser Beziehung voll und ganz zu übernehmen, passen Sie nur schwerlich gut zusammen.

♀ ☍ ☽

Unechte Gemütlichkeit

Sie treten charmant und sinnlich auf. Doc. Sie/er sehnt sich vor allem nach Geborgenheit und echtem Gefühl. Da wird es viele Missverständnisse geben. Ihr Sinn für Ironie kommt bei ihr/ihm nicht so gut an. Und zudem werden Sie selbst in Ihrem Bedürfnis, mal wieder neue Leute kennenzulernen und sich draußen in der Welt sehen zu lassen, des Flirtpartners ganz erheblich eingeschränkt werden.

♀ ☍ ☿

Oberflächliche Plauderei

Mit Ihrem Charme machen Sie dem Flirtpartner neugierig und Sie werden schnell ins Gespräch kommen. Dies ist ein guter Weg, um sich erst einmal besser kennenzulernen. Wenn es allerdings auf Dauer mit ihr/ihm beim locker-kühlen Talk bleibt, wird das für Sie abkühlend wirken.

☊♀ ☍ ♀♊

Gegensätzliche Genüsse

Was die schönen und sinnlichen Aspekte des Lebens betrifft, so sind Sie beide vollkommen gegensätzlich gepolt. Das kann problematisch sein. Gemeinsam können Sie kaum entspannt genießen. Deshalb brauchen Sie unbedingt noch andere starke Planetenverbindungen, denn diese Konstellation allein macht Sie beide passiv und jeder wartet darauf, dass der andere endlich anfängt.

☊♀ ☍ ♂♊

Heißes Blut

Ein ganz starker erotischer Flirtaspekt. Es läuft im Sex und auch sonst im gemeinsamen Leben am allerbesten, wenn Sie sich verwöhnen lassen und Ihrem Flirtpartner den aktiven, draufgängerischen Part spielen kann. Verletzungen sind möglich, wenn diese Rollenverteilung nicht harmonisch von beiden Partnern akzeptiert wird.

☊♀ ☍ ♃♊

Lust und Völlerei

Mit Ihrem Lust- und Vergnügungsbedürfnis rennen Sie bei ihr/ihm gegen verschlossene Türen und Tore. Erstaunt werden Sie feststellen, wie viele schöne Dinge Sie gemeinsam nicht machen können, und welche Vergnügungen einfach nicht möglich sind.

☊♀ ☍ ♄♊

Verzicht auf Vergnügen

Ihre sinnlichen Seiten stoßen bei ihr/ihm erst einmal auf Granit. Wenn sie wirklich an einer dauerhaften Beziehung interessiert sind, dann werden Sie vielleicht durchhalten. Langfristig können Sie dann feststellen, dass Treue Ihre Beziehung prägt. Aber ist es wirklich genau das, was Sie wollen?

♀ ☍ ♄

Experimente ohne Lust

Diese Planetenverbindung gehört zu den schwierigsten Flirtkonstellationen überhaupt. Ihr Charme und die Wachheit des Flirtpartners führen entweder zu sofortigen Fluchtreaktionen oder zu sinnlichen Abenteuern außerhalb der Reihe, die ihresgleichen suchen. Meist kommt es allerdings zu keinem Entweder-oder, sondern beides passiert gleichzeitig.

♀ ☍ ♆

Tanzenden Schleier

Ihre Verführungskünste verfolgen den Flirtpartner noch im Schlaf, auch wenn Sie noch so geschickt anstellen. Dass sie/er Ihnen ganz offen und direkt die Liebe erklären wird, können Sie sich allerdings abschminken. Achten Sie auf versteckte Hinweise und wählen Sie dunkle, stille Ecken. Dann wird sich sie/er vielleicht offenbaren.

♀ ☍ ♇

Ereifernde Sucht

Ihre Sinnlichkeit erreicht der Flirtpartner ganz tief drinnen in der Seele. Entweder wird sie/er Sie dafür hassen oder besitzergreifend lieben. Etwas dazwischen wird es für Sie beide nicht geben. Warum auch?

♀ ☍ ☊

Randständige Geselligkeit

Mit Ihnen an der Seite wird der Flirtpartner in Ausnahmesituationen schöne Momente erleben und im Leben manchmal auch ein Stück weiter kommen. Sie werden im Gegenzug durch sie/ihn ungewöhnliche Leute kennenlernen. Eine interessante Verbindung!

⊛ ♀ ☍ ⚷ 💘

Lindern von Schmerzen

Flirt berühren Sie liebevoll an der verletzlichsten Seite. Das kann Leiden hervorrufen, die schon lange in ihr/ihm gespeichert sind. Doch wird es Ihnen gelingen, quasi als Krankenschwester oder Krankenpfleger Schmerzen zu lindern und Trost zu spenden. Die Helferrolle müssen Sie allerdings schon annehmen können.

⊛ ♀ ☍ ☾ 💘

Begierde wird animalisch

Ihre charmante und sinnliche Art wird in ihr/ihm heftige, vielleicht rational nicht erklärbare Gefühle wecken. Die ganze Palette der Emotionen kann von rachsüchtiger Ablehnung bis hin zu erotischer Leidenschaft reichen.

⊛ ♂ ☍ Asc 💘

Power im Gegensatz

Für Sie verkörpert sie/er das Gegenteil von Kraft und Energie. Das kann ganz schön heftig werden, zumal Sie alles tun, u. Sie/er zu provozieren und in Rage zu bringen. Die Kunst besteht darin, das im anderen geweckte Feuer geschickt in rechte Bahnen zu lenken. Gelingt das, dann bilden Sie beide vielleicht doch noch ein passables Team.

MC⊛ ♂ ☍ MC 💘

Streit um Karriere

In der Öffentlichkeit bringen Sie dem Flirtpartner davon ab, sich stark zu präsentieren und gegenüber Mitbewerbern durchzusetzen. Das ist Ihre Forderung an ihr/ihm. Allerdings treten Sie selbst dabei derart respektlos auf, dass die Gefahr besteht, wichtige Persönlichkeiten vor den Kopf zu stoßen.

☺ ♂ ☍ ☉ 💘

Gegensätzliche Energie

Im Konflikt sind Sie beide derart stark, dass schon mal die Funken fliegen können. Ganz wichtig ist, dass Ihre ungeduldige Art und der Stolz des Flirtpartners zusammen harmonieren und Sie sich nicht beide gegenseitig im Streit hochschaukeln. Seien Sie dennoch produktiv!

☺ ♂ ☍ ☽ 💘

Nass und forsch

Sie stürmen au den Flirtpartner beinahe rücksichtslos ein und der andere kann eigentlich nur noch reagieren. Wenn es Ihnen gelingt, dem Flirtpartner klar zu machen, dass Ihre nassforsche Art nicht böse gemeint ist, sondern nur dazu dient, Mut zu machen und den Partner in Schwung zu bringen, ist eine Menge erreicht. Rücksicht werden Sie trotzdem nehmen müssen.

☺ ♂ ☍ ☿ 💘

Direkte Kommunikation

Was auch immer Sie tun, Ihr Flirtpartner wird es intellektuell reflektieren und kühle Kommentare dazu abgeben. Das kann ganz interessant sein, wird Sie aber auch befangen machen. Schließlich wollen Sie lieber ganz direkt und unmittelbar handeln, ohne permanent geistig neben sich zu stehen. Eine passable Verbindung, wenn die Rollen klar verteilt sind.

☺ ♂ ☍ ♀ 💘

Heißes Aufeinanderprallen

Sie gehen ran und treffen den Flirtpartner lustvoll in die Weichteile. Die Gefahr, dass dabei Verletzungen entstehen, ist vorprogrammiert. Ob diese Berührungen nun aber lust- oder schmerzhaft erlebt werden, hängt ganz von der Reaktion des Flirtpartners ab.

♂ ☍ ♂

Gegensätzliche Streiter

Im Flirtpartner haben Sie einen Menschen gefunden, der Ihren Mut überhaupt nicht teilt und schwerlich mit Ihnen durch dick und dünn gehen wird. Wichtig ist, dass Sie trotz aller Gegensätzlichkeit akzeptieren, dass doch jeder ein Recht auf seine eigenen Bedenken und Vorsichtsregeln hat. So wird verhindert, dass man sich durch Unvorsichtigkeit selbst in Gefahr begibt.

♂ ☍ ♃

Übermäßiger Mut

Ihr forsches Auftreten wird bei ihr/ihm ganz sicher nicht gut ankommen. Sie werden entmutigt, mehr davon zu zeigen. Sie/er wird Ihnen kaum Möglichkeiten bieten, Ihre Kräfte auszuleben, ohne dass Sie dabei übermütig werden oder in die Irre zu gehen. Hören Sie manchmal auch auf den Rat des Flirtpartners und lassen Sie sich inspirieren.

♂ ☍ ♄

Harter Aufprall

Sie kommen mit Ihrer forschen Art bei ihr/ihm nicht unbedingt so gut an, werden auf Widerstand treffen und Schutzmechanismen auslösen. Als Trainer oder Lehrer ist sie/er eventuell ein passabler Partner für Sie. Im Privatleben hingegen sind Zweifel angebracht.

♂ ☍ ♄

Überfallartiger Kontakt

Ihre Spontanität wird den Flirtpartner immer wieder überraschen, vielleicht im positiven Sinne, möglicherweise aber auch unangenehm, sodass sie/er schnell das Weite sucht. Der andere ist derartig wach und aufmerksam, dass ihm keine Ihrer Aktivitäten verborgen bleibt.

♂ ☍ ♆

Unsichtbare Begegnung

So stark Sie auch auftreten und was immer Sie auch anstellen, der Flirtpartner wird Ihre Aktivität entweder gar nicht wahrnehmen oder vollkommen unvorbereitet treffen. Ein ziemliches Chaos kann die Folge sein. Im künstlerischen Bereich eine interessante Partnerschaftskonstellation, ansonsten eher aufschreckend und ineffektiv.

♂ ☍ ♇

Furcht einflößen

Ihr spontanes und ganz unmittelbares Draufgängertum wird das Kontrollbedürfnis des Flirtpartners wecken, weil Ihre Aktionen sie/ihn tief in der Psyche berühren. Entweder werden Sie vom anderen bekämpft und eingeschüchtert, oder Sie genießen es, als Abenteurer gleichzeitig gefürchtet und bewundert zu werden.

♂ ☍ ☊

Rückschritte erleben

So spontan, wie sie agieren, rennen Sie bei ihr/ihm keine offenen Türen ein. Sie/er wird sich auf Ihre Energie schwerlich einstellen können, was ab und zu anstrengend sein kann. Gelegentlich wird sich sie/er entspannen wollen und dann werden Sie Ihren Aktionsdrang bremsen müssen.

♂ ☍ ⚷

Empfindlichkeit verletzen

Ihr Aktivitätsdrang könnte bei ihr/ihm Verletzungen auslösen bzw. Wunden aufreißen, die schon ganz alt sind. Es kann Ihnen gelingen, sie/ihn von eingebildeten oder wirklichen Ängsten zu befreien. Als Mutmacher sind Sie gut für ihr/ihm, doch auf Dauer werden Sie durch übergroße Empfindsamkeit gebremst.

♂ ☍ ☽

Empörte Reaktion

In dieser Planetenverbindung wird es nicht unbedingt leicht für Sie sein, spontan und unbekümmert zu handeln. Ihr Mut macht dem Flirtpartner Angst und weckt schlimmstenfalls galligen Widerspruch. Im besten Fall erzeugen Sie aber auch Lust und Leidenschaft. Dann allerdings kann es wirklich hoch hergehen.

♃ ☍ Asc

Offene Gesten

Sie finden in ihr/ihm all das verkörpert, was in Ihren Augen Partnerschaft und Lebenslust ausmacht. Aus dieser Verbindung kann eine echte Freundschaft werden, in der man sich das gibt, was der andere braucht, um hoffnungsvoll in die Zukunft zu schauen.

♃ ☍ MC

Gemütliches Heim

Für das Privatleben des Flirtpartners bringen Sie viel Verständnis entgegen. In Beruf und Karriere jedoch eine schwierige Planetenverbindung.

♃ ☍ ☉

Große Ablenkung

Sie sind irritiert vom Charisma und der persönlichen Ausstrahlung des Flirtpartners. Wann immer sie/er sich schöpferisch in Szene setzt, kann kaum mit Ihrem Wohlwollen und Ihrer Unterstützung gerechnet werden, denn Respekt und Achtung fehlen.

♃ ☍ ☽

Kaum Wohlwollen

Sie bringen dem Flirtpartner wenig Verständnis entgegen und werden mit Ihrer Weltanschauung bei ihr/ihm auch nur schlecht punkten können. Eine Konstellation, die selten Gemütlichkeit und Vertrauen erzeugt - eine schwierige Basis für Freundschaft oder mehr.

♃ ☍ ☿

Geist gegen Intellekt

Ganz schwierig wird sich mit ihr/ihm der intellektuelle Austausch gestalten. Sie sehen zwar die großen Zusammenhänge, doch verfügen Sie kaum über ein ausreichendes Aufnahmevermögen, um die hin und her springenden Gedanken des Flirtpartners in Ruhe aufnehmen und zu einem sinnvollen Ganzen zusammenfassen zu können.

♃ ☍ ♀

Überfülle gegen Vergnügen

Sie sind zwar tolerant und geistig verständnisvoll, doch das ist kaum das Richtige, um Charme und Lust bei ihr/ihm zu wecken, alle sinnlichen Vergnügungen, die diese Welt bietet, auch mal auszuprobieren. Man gönnt sich gegenseitig zu wenig!

♃ ☍ ♂

Mut an falscher Stelle

Sie finden es gar nicht großartig, wie unbekümmert der Flirtpartner zur Sache geht. Und Ihr Optimismus ist auch nicht das, was sie/er braucht, um die eigenen Energien sinnvoll einzusetzen.

Ⓢ ♃ ☍ ♃ 💘

Wenige Gemeinsamkeiten

Was die großen Linien des Lebens betrifft, so sind Sie sich mit ihr/ihm uneins. Um in einem Flirt enger zusammen zu kommen, bedarf es vieler anderer Gemeinsamkeiten, welche sich dann vor allem im Alltagsleben finden müssten.

Ⓢ ♃ ☍ ♄ 💘

Gegenseitige Bremse

Ihr Optimismus wird vom Flirtpartner nicht geteilt. Sie fühlen sich immer auf ein gehöriges Maß zusammengestutzt, was vielleicht vernünftig ist, auf Dauer aber Ihren Optimismus ganz gewaltig bremst.

Ⓢ ♃ ☍ ♄ 💘

Zu viele Ideen

Zusammen können Sie sich beide – zumindest im Geiste – kaum bis zu den Sternen aufschwingen. Wenn sich die schwierige Energie dieser Planetenverbindung auch in weiteren Aspekten Ihres Horoskopvergleichs wiederfindet, stehen die Chancen auf ein wirklich interessantes Miteinander nicht so gut.

Ⓢ ♃ ☍ ♆ 💘

Übermäßige Träume

Auf der musischen und künstlerischen Ebene können Sie kaum harmonieren, geschweige denn sich gegenseitig Inspirationen geben. In einer festen Beziehung kann das Visionäre und Traumhafte dieser Planetenverbindung für reichlich Verwirrung sorgen.

♃ ☍ ♇

Spiele um die Macht

Ein Planetenaspekt, der verlangt, dass Sie an das glauben, was sie/er Ihnen verheimlicht. Wenn Sie ganz tief vertrauen können – und dabei auch noch richtig liegen – kann es eine interessante Verbindung sein. Ansonsten ist große Vorsicht angesagt!

♃ ☍ ☊

Zurückschreiten

Die schwierigen Kontakte, die sie/er pflegt, werden Ihnen kaum gefallen. Und Ihr Optimismus führt auch kaum dazu, dass sich sie/er weiterentwickeln will. Man glaubt nicht an den Fortschritt und versagt sich gegenseitig die Ermutigung.

♃ ☍ ⚷

Therapeutische Schule

Sie spüren, welche Verletzlichkeit sie/er in sich trägt und können Lösungsmöglichkeiten anbieten. Dies ist eine therapeutische Konstellation, für einen lockeren Flirt vielleicht ein wenig zu anspruchsvoll.

♃ ☍ ☾

Erlebnisse in der Natur

Sie sind, was die dunklen und wilden Seiten im Leben des Flirtpartners betrifft, zu offen, zu tolerant und zu großzügig. Das kann die Leidenschaft in ihr/ihm wecken, und es wird sich zeigen, wie weit sich dabei wahre Natürlichkeit entwickelt.

♄ ☍ Asc

Strenge Disziplin

Flirt macht auf Sie einen ernsten Eindruck und unwillkürlich spüren Sie den Impuls, den Flirtpartner in der äußeren Erscheinung und im Auftreten zu disziplinieren. Wenn Sie zu weit gehen, schlägt das auf Sie selbst zurück und die Beziehung bekommt einen Knick.

♄ ☍ MC

Vollendete Form

Das Auftreten des Flirtpartners im Privatleben kommt bei Ihnen sehr gut an. Sie stellen hohe Ansprüche an die Art und Weise, wie sich sie/er zu Hause engagiert, und müssen aufpassen, nicht zu streng zu sein, damit die Dinge Zeit haben, sich zu entwickeln.

♄ ☍ ☉

Frustrierende Begegnung

Es ist kaum zu erwarten, dass sich sie/er auf Dauer durch Sie bremsen lässt. Etwas Disziplinierung ist ja gut und schön, aber auf Dauer werden Sie dem Flirtpartner wahrscheinlich arg frustrieren.

♄ ☍ ☽

Durch Fasten kurieren

Eine ganz strenge Konstellation, die dafür sorgt, dass sich sie/er nur unter ganz bestimmten Bedingungen bei Ihnen wohl und angenommen fühlen wird. Sie müssen beide sehr viel Geduld und Einfühlungsvermögen für einander aufbringen, wenn Sie gemeinsam wirklich glücklich werden wollen.

♄ ☍ ☿

Zum Schweigen verpflichten

Für Ihre Verhältnisse redet der Flirtpartner einfach zu viel. Entweder führt es dazu, dass Sie den anderen total auflaufen lassen, oder sie/er gewöhnt sich eine ganze Menge Disziplin an. Für einen rein akademischen oder geschäftlichen Kontakt reicht diese Planetenverbindung jedoch ganz gut aus.

♄ ☍ ♀

Abblitzen lassen

Sie werden versuchen, den Charme des Flirtpartners zu bremsen, um eine dauerhafte und feste Bindung zu erreichen, oder Sie brechen den Kontakt sofort ab. Auf jeden Fall werden Sie den Verlockungen des Flirtpartners nicht so schnell erliegen und strenge Maßstäbe anlegen – wahrscheinlich zu strenge.

♄ ☍ ♂

Auflaufen lassen

Die Energie des Flirtpartners wird an Ihnen abprallen oder Sie zerbrechen. Dazwischen scheint es erst einmal nichts zu geben. Auf Dauer ist eine Trainer-Sportler-Beziehung zwischen Ihnen beiden möglich, wobei Sie die Vorgaben aussprechen und Ihrem Flirtpartner sich daran abarbeiten muss.

♄ ☍ ♃

Machbares erkunden

Notgedrungen oder aber aus reiner Freude werden Sie die Höhenflüge des Flirtpartners ständig abbremsen. Sie konfrontieren die Ideen und Pläne des anderen mit der grausamen Realität – zumindest mit derjenigen, die in Ihren Augen existiert. Reiben Sie sich lange an einander, kann vielleicht doch noch etwas Fruchtbares daraus entstehen.

♄ ☍ ♄

Gegenläufig

Sie haben beide unterschiedliche Ängste, stellen unterschiedliche Ansprüche an das Leben und wollen Unterschiedliches erreichen. In der Partnerschaft wird der Disziplinierte von Ihnen beiden den Blick in die Realität gerichtet halten, während der andere ganz allmählich anfängt, auszubrechen.

Ⓢ ♄ ☍ ♄ ♡

Harte Reibungen

Es ist zwischen Ihnen beiden ein ständiges Reiben und Knirschen um die Frage, ob man auf Althergebrachtem beharren sollte (Ihr Auffassung oder ob es besser wäre, ganz neue Wagnisse einzugehen (eher die Haltung des Flirtpartners). Entweder bekriegen Sie sich oder es gelingt Ihnen auf lange Sicht, Fortschritt durch allmählichen Wandel zu erreichen.

Ⓢ ♄ ☍ ♆ ♡

Torkelnde Entwicklung

Während Sie die Rolle des Realisten spielen, bleibt dem Flirtpartner überlassen, für die Sehnsucht nach Träumen und Paradiesen gerade zu stehen. Vielfach spielt bei solch einer Konstellation der Umgang mit Drogen eine Rolle. Die Frage der Ehrlichkeit muss auch immer wieder geklärt werden.

Ⓢ ♄ ☍ ♇ ♡

Betonhärte

Eine sehr ernste Verbindung zwischen Ihnen beiden mit schicksalhaftem Charakter. Es müssen schon viele andere harmonische Planetenaspekte hinzukommen, damit es genug Ausgleich für die gemeinsam erlebten Härten gibt.

Ⓢ ♄ ☍ ☊ ♡

Zwang zum Stillstand

Sie sehen zwar, wie sich sie/er bemüht und welche Kontakte sie/er hat, doch das gefällt Ihnen nicht. Sie stellen sehr große Ansprüche an Entspannung und Besinnung. Es ist die Frage, ob es sich für den anderen überhaupt lohnt, sich dort hineinzufügen.

♄ ☍ ⚷

Störende Irritationen

Eine schwierige Verbindung, denn kleine Fehler bei ihr/ihm werden Sie immer wieder aus dem gewohnten Trott bringen und verunsichern. Vielleicht gelingt es Ihnen. Sie/er mit Ihrer Selbstdisziplin anzustecken. Dann ist einiges erreicht. Dennoch wird es immer wieder zu störenden Irritationen kommen.

♄ ☍ ☽

Hart auf die Psyche

Eine recht ernsthafte Aspektierung, bei der Sie dem Flirtpartner recht stark an der impulsiven Auslebung von Trieben und Leidenschaften behindern könnten. Es ist jedoch eine solche Tiefe in diesem Planetenaspekt vorhanden, dass das Seelische in ihr/ihm irgendwann einfach ausbrechen will.

♅ ☍ Asc

Etwas schockierend

Das Auftreten des Flirtpartners entspricht in nichts dem, was Sie unter Individualismus verstehen – im positiven und im negativen Sinne. Sie müssen sich nun entscheiden, ob Sie dem Flirtpartner als Bereicherung Ihres Lebens empfinden wollen – oder als Nervensäge, mit der Sie absolut nichts zu tun haben wollen.

♅ ☍ MC

Bruch der Regeln

Beruflich verlangen Sie des Flirtpartners einfach Mut zum Eigensinn. Das kann den Flirtpartner im Kontakt zur Familie Probleme bereiten. Oder aber im Gegenteil: Gerade das Gewagte und die Selbstständigkeit sorgen für einen überraschend positiven Wechsel im Privatleben. Noch besser wäre es jedoch, wenn sich sie/er mit Ihrer Unterstützung privat vollkommen frei machen würde.

㉺ ♅ ☍ ☉ 💘

Kippen der Stimmung

Bevor Sie in Erscheinung traten, hatte das Leben für sie/ihn noch eine gewisse Überschaubarkeit. Nun aber kommen Sie! Keine Autorität wird mehr anerkannt, ständig fühlt sich sie/er unterbrochen und abgewürgt. Auf der anderen Seite sorgen Sie als vermutlich erster Mensch dafür, dass sie/er endlich mal so richtig herzlich über sich selbst lachen kann. Wenn das nichts ist!

㉺ ♅ ☍ ☽ 💘

Knick in der Geborgenheit

Gemütlichkeit was gestern. Seit Sie in das Leben des Flirtpartners getreten sind, findet diese Person so gut wie keinen Platz mehr, um sich auszuruhen. Und auch mit ganz entspanntem Kuscheln wird es nichts mehr. Dafür aber könnte es der Flirtpartner durch Ihren Einfluss endlich einmal wagen, Familienbande zu kappen und eine gewisse Unabhängigkeit von Herkunft und Wurzeln zu erreichen.

㉺ ♅ ☍ ☿ 💘

Übertragung der Gedanken

Ihre nervös-intelligente Spannung bringt den Flirtpartner dazu, die Dinge endlich einmal aus einer anderen Perspektive zu sehen. Dabei wirt sie/er kaum genug Zeit haben, um einen kompletten Gedanken zu formulieren, da Sie dem Flirtpartner permanent unterbrechen werden – schließlich glauben Sie zu wissen, was sie/er eigentlich sagen wollte (und treffen des Öfteren mal mit dieser Vermutung daneben).

㉺ ♅ ☍ ♀ 💘

Beziehung in der Ferne

In puncto Liebe verstehen Sie sich manchmal so gut, dass es schon fast wieder anstrengend ist. Deshalb wird einer von Ihnen beiden nach jeder innigen Begegnung schleunigst das Weite suchen. Dauerhafte Nähe werden Sie beide kaum erleben können.

♅ ☍ ♂

Kurze Reaktion

Ihre Gegenwart bewirkt, dass sie/er nicht mehr wie gewohnt handeln kann. Entweder stellt sich vor lauter Stress nun Dauernervosität ein, die blitzartig in Wut oder Aktionismus entladen werden muss, oder eine große Leere wird das Resultat dieser Begegnung sein. Suchen Sie gemeinsam nach aufregenden Abenteuern und erkämpfen Sie sich gemeinsam Freiheiten!

♅ ☍ ♃

Freude am Experimentieren

Wenn es darum geht, von einem Moment zum anderen eine Reise anzutreten, Last minute und mit unbekanntem Ziel, dann wäre das gemeinsam eventuell möglich. Die normalen Dinge im Leben werden Sie zusammen weniger gut meistern können.

♅ ☍ ♄

Zwang zur Harmonie

Es gibt Charakterzüge an Ihnen beiden, die sind so unvereinbar und so gänzlich gegensätzlich, dass sie einfach nicht unter einen Hut passen. Dieser Planetenaspekt deutet darauf hin, dass Sie gemeinsam versuchen werden, die aufkommenden Spannungen nicht unter den Tisch zu kehren.

♅ ☍ ☊

Überraschende Gäste

Durch den Flirtpartner kommen Sie mit Leuten zusammen, die in Ihren Augen die Vergangenheit symbolisieren. Diese Kontakte werden interessant, aber auch anstrengend sein.

Ⓢ ⛢ ☍ ⚷ ♡

Permanente Irritation

Diese Planetenverbindung lässt vermuten, dass Sie ungewöhnliche und ziemlich stressige Erlebnisse miteinander haben werden. Vielleicht entsteht am Anfang die Idee, dass sich alle Probleme wie von selbst lösen. Doch besser ist es, wenn Sie sich darauf einstellen, immer wieder neu zu improvisieren.

Ⓢ ⛢ ☍ ☾ ♡

Explosion des Natürlichen

Das Ursprüngliche und nicht Zivilisierbare in ihr/ihm wird durch Ihre Anwesenheit stark angesprochen und kann sich plötzlich eine Bahn brechen. Stellen Sie sich auf wilde Erotik, aber auch Streits ein.

Ⓢ ♆ ☍ Asc ♡

Mehr Gespür fordern

Mit Ihrer schüchternen und einfühlsamen Art werden Sie dem Flirtpartner schwerlich dazu bringen, sanfter aufzutreten, mehr Rücksicht auf andere zu nehmen und ein gewisses Gespür im Umgang mit anderen Menschen zu entwickeln.

Ⓢ ♆ ☍ Mc ♡

Feineres Privatleben

Auf eine ganz eigene Weise gelingt es Ihnen, die privaten Ziele des Flirtpartners in Richtung Kunst, Ökologie oder alternatives Leben zu lenken.

Ⓢ ♆ ☍ ☉ ♡

Schleier über der Sonne

Sie werden mit Ihrer fantasievollen Art auf den Flirtpartner einen kaum fassbaren Einfluss ausüben. Sie/er wird mit Eitelkeit und falschem Stolz bei Ihnen nicht gut ankommen, aber durch Feinsinn und vielleicht auch ein gewisses Verschleiern egoistischer Interessen doch noch den eigenen Willen durchsetzen wollen.

♋ ♆ ☍ ☽

Reich an Tränen

So viel Feingefühl, wie Sie dem Flirtpartner abverlangen, ist kaum aufzubringen. Sie spüren zwar, dass sie/er ganz einfach Liebe und Geborgenheit braucht. Doch das können Sie ohne Weiteres nicht einfach geben. In gewissen Momenten werden Sie gemeinsam Erlebnisse seelischen Zerfließens erleben. Dann könnten auch Tränen fließen.

♋ ♆ ☍ ☿

Verwirrende Gesten

Ohne Worte werden Sie schwerlich eine Verständigung erreichen. Zu unterschiedlich sind die Denkweisen, zu inkompatibel die Kommunikationskanäle.

♋ ♆ ☍ ♀

Tanz unter dem Schleier

Die Verführung des Partners kann auf Umwegen geschehen, durch Versteckspiel, Täuschung, Illusion und Einsatz sonstiger Hilfsmittel. Sie agieren auf einer spirituellen Ebene, suchen die Vereinigung mit allen Menschen, während sie/er ein konkretes Gegenüber in der Liebe braucht.

♋ ♆ ☍ ♂

Rauschhafte Erlebnisse

Während Sie in Traumwelten leben, kämpft sie/er ganz konkret im Hier und Jetzt. Sie könnten sich verletzt fühlen, während sie/er Sie für chaotisch hält. In gewissen Extremsituationen, in denen sich die Energien wie im Rausch entfalten, können sie sich begegnen.

♆ ☍ ♃

Die weite Welt

Sie streben intuitiv, ohne lange nachzudenken, nach Verständigung mit allem und jedem, während der Flirtpartner das gleiche Ziel mithilfe von Logik und Verstand erreichen möchte. Auf philosophischer Ebene können Sie sich zwischenzeitlich treffen, aber mehr ist selten drin.

♆ ☍ ♄

Ende der Illusionen

Es wird für sie/ihn nicht leicht sein, Sie auf einen konkreten Standpunkt festzunageln. Zu groß ist Ihre Schüchternheit und zu sehr sind Sie in Ihrer Traumwelt verfangen. Die Direktheit des Flirtpartners kann Sie verletzten. Und zudem dürften Sie Ihr Gegenüber in große Verwirrung stürzen.

♆ ☍ ☊

Kontakte zu Außenseitern

Flirt bewegt sich in einem Kreis von Leuten, die nach Ihrem Geschmack äußerst unkonventionell und verspielt sind und nicht recht mit beiden Beinen auf dem Boden stehen. Das kann inspirierend, aber auch höchst verwirrend enden.

♆ ☍ ⚷

Intuitive Heilung

Auf die tiefen Verletzungen und Kränkungen, die sie/er im Leben erlebt hat, reagieren Sie mit Mitgefühl und Verständnis. Das lindert bei ihr/ihm Schmerzen, kann aber nur langfristig zur Heilung führen.

♆ ☍ ☽

Verbunden mit der Natur

Sie fühlen sich sensibel in die urtümlichen Triebe und Begierden des Flirtpartners ein. Mit der Feinheit, die Sie dabei an den Tag legen, kann es ihr/ihm vielleicht sogar ermöglicht werden, tief verborgenen Gram und Hass abzulegen.

♇ ☍ ASC

Gegner der Angst

Durch das ganz spontane Auftreten des Flirtpartners und die äußere Erscheinung werden Sie tief berührt, sowohl in Ihren Ängsten als auch in Ihren verborgenen Sehnsüchten nach Eleganz und Diplomatie. Sie spiegeln sich derartig in ihr/ihm, dass es Ihnen schwerfällt, das konkrete Gegenüber und Ihre eigenen Projektionen auseinanderzuhalten.

♇ ☍ MC

Poker um Macht

Die Art und Weise, wie sich sie/er im Privatleben verhält, löst bei Ihnen ganz starke Bilder aus, die angstbesetzt sein können, aber auch große Stärke und Macht symbolisieren. Möglich, dass Sie dem Flirtpartner zu einem grundlegenden Wechsel im Kontakt zur eigenen Familie bringen.

♇ ☍ ☉

Theater der Schatten

Flirt wird durch persönliche Ausstrahlung starke innere Bilder bei Ihnen auslösen, die viel mit dem zu tun haben, wovor Sie Angst haben und wonach Sie sich zugleich stark sehen. In ihr/ihm lösen Sie den Wunsch nach Selbsthinterfragung und Veränderung aus.

☉♇ ☍ ☽♌

Urtümliche Instinkte

Ihre Art und Weise, wie sie mit den Gefühlen des Flirtpartners umgehen, löst starke Reaktionen aus. Diese reichen von absoluter Geborgenheit bis hin zu totalem Unwohlsein. Zwischen diesen Extremen gibt es so gut wie keine Abstufungen. Sie/er wird sich entweder erstickt oder umsorgt fühlen – auf jeden Fall aber die eigenen Gewohnheiten verändern müssen.

☉♇ ☍ ☿♌

Dunkle Bemerkungen

Ein gewisses Infragestellen schwingt immer mit, wenn sich sie/er in Ihrer Gegenwart äußert. Was zwischen den Zeilen geschrieben bzw. unterschwellig ausgesprochen wird, bekommt eine große Bedeutung. Das kann den Flirtpartner ziemlich befangen machen.

☉♇ ☍ ♀♌

Tabus und Anstöße

Sie wollen auf erotischem Gebiet ganz bestimmt mehr, al. Sie/er im ersten Moment akzeptieren wird. Doch die liebreizende Art des Flirtpartners hat bei Ihnen tiefe Instinkte geweckt. Sie werden sich gemeinsam an einigen Schamgrenzen reiben müssen.

☉♇ ☍ ♂♌

Gewalt und Macht

Die Art, wie sie/er die Dinge anpackt, versetzt Sie in Furcht und weckt in Ihnen das Bedürfnis, den Flirtpartner zu kontrollieren. Der Machtaspekt spielt eine große Rolle. Die Frage ist, wie weit sie/er bereit ist, sich in puncto Spontanität fremdbestimmen zu lassen.

♇ ☍ ♃

Krise des Glaubens

In religiösen Dingen knallen zwei Grundhaltungen auf einander. So wie sie/er die Beziehung zu Gott definiert, können Sie ganz einfach nur mit Sarkasmus oder Desillusionierung reagieren. In gewissen Zeiten werden Sie sich an Ihren unterschiedlichen Weltanschauungen reiben.

♇ ☍ ♄

Tiefe Gründelei

Tiefe psychologische Themen, die eventuell gesellschaftlich bedingt sind bzw. in der Familiengeschichte liegen, spielen in Ihrer Beziehung eine gewisse Rolle. Es hängt vor allem vom Flirtpartners ab, inwieweit sich hier die Fronten verhärten oder es zu einer grundsätzlichen Wandlung kommt.

♇ ☍ ☊

Ehrenwerte Gesellschaft

Flirt strebt den Kontakt mit gewissen Menschen an, die Ihrer Meinung nach ganz koscher sind. Sie werden damit konfrontiert und sind gezwungen, Stellung zu nehmen.

♇ ☍ ⚷

Tiefe Krisen

So wie sich Ihrer Meinung nach die Probleme bei ihr/ihm darstellen, muss es zu einer grundsätzlichen Veränderung kommen. Damit stoßen Sie bei ihr/ihm in eiternde Wunden. Haben Sie wirklich Lust, eine Operation am offenen Herzen vorzunehmen?

♇ ☍ ☾

Bestialische Lüste

Tiefe Gefühle sind in ihr/ihm verborgen. Sie spüren dies und haben nun die Wahl, all das zu unterdrücken. Oder aber Sie begeben sich in den Untergrund und ringen mit dem Teufel, ganz in der Hoffnung, nach dem Sieg einen Engel ans Tageslicht geleiten zu können.

☊ ☍ Asc

Seltsame Begleiter

Flirt nehmen Sie gerne zu den Leuten mit, die Sie für Außenseiter halten und einen ganz eigenen Lebensstil führen.

☊ ☍ Mc

Ins Private zurückziehen

Die gesellschaftliche Position, die sie/er einnimmt, passt kaum zu dem, was Sie im Leben für erstrebenswert halten und wozu Sie sich hingezogen fühlen.

☊ ☍ ☉

Loslassen können

Für all das, was für Sie Entspannung darstellt, kann den Flirtpartner Ihnen Kraft persönlicher Ausstrahlung verhelfen, zumindest ansatzweise. Ein positiver Einfluss, der nicht zu unterschätzen ist.

☊ ☍ ☽

Im Rhythmus sein

Auf eine ganz natürliche Weise passen Sie mit ihr/ihm zusammen, speziell im Privatleben. Sie können gemeinsam wunderbar regenerieren und sich Geborgenheit geben.

♌ ☍ ☿

Nicht sehr anregend

Auf intellektuellem Gebiet passt sie/er wenig zu jenen Kontakten, die Sie im Leben aufbauen wollen. Die geistige Anregung hält sich in Maßen.

♌ ☍ ♀

Entspannung durch Charme

Der Liebreiz des Flirtpartners kommt besonders dann zur Geltung, wenn Sie sich entspannen und an Dinge wagen, die für ihre Regeneration unbedingt notwendig sind.

♌ ☍ ♂

Deftig zupacken

Flirt hat so eine bestimmte Art, an die Dinge heranzugehen, das gefällt Ihnen manchmal nicht ganz so gut und bringt Sie persönlich auch selten weiter.

♌ ☍ ♃

Entmutigend

Flirt gelingt es kaum, Ihnen im rechten Augenblick Mut zu machen, besonders dann nicht, wenn Sie Dinge wagen, die vernünftig sind und der Entwicklung Ihrer eigenen Persönlichkeit dienen.

♌ ☍ ♄

Strenger Rückzug

Eine gewisse Skepsis schlägt Ihnen vonseiten des Flirtpartners entgegen, wenn Sie sich bemühen, Ihr eigenes Leben voranzubringen. Das kann motivieren, aber vor allen Dingen abschrecken.

☊ ♌ ☍ ♄ ♏

Stress im Rückzug

Nervosität und Distanziertheit erleben Sie, wenn Sie sich regenerieren wollen. Das ist ein anstrengender Partnerschaftsaspekt.

☊ ♌ ☍ ♆ ♏

Feiner Sinn

Mit viel Gespür für den richtigen Zeitpunkt und das entsprechend angepasste Auftreten unterstützt Sie dem Flirtpartner bei Ihren Bemühungen, sich von der Welt zurückzuziehen und zu regenerieren.

☊ ♌ ☍ ♇ ♏

Zwang zur Entspannung

Großes psychologisches Geschick setzt sie/er ein, um Sie bei Ihrer persönlichen Regeneration zu unterstützen. Sie müssen jedoch bereit sein, die eine oder andere Veränderung zu akzeptieren.

☊ ♌ ☍ ⚷ ♏

Kabinett der Kuriositäten

Durch den Flirtpartner kommen Sie mit komischen Vögeln und anderen merkwürdigen Zeitgenossen in Kontakt. Das kann Sie irritieren, in seltenen Fällen auch inspirieren.

☊ ♌ ☍ ☾ ♏

Vereinzelter Kampf

Flirt wird Sie mit Menschen in Kontakt bringen, die sich einfach nicht an die herrschende Zivilisation anpassen und völlig auf sich selbst gestellt ihres Lebens gehen wollen. Es ist manchmal eine Inspiration, oft aber auch eine Belastung.

⚷ ☍ Asc

Unperfekte Kontaktaufnahme

Wenn es in Ihren Augen jemanden mit Fehlern und Macken gibt, der trotzdem liebenswert erscheint, dann ist es ihr/ihm. Sie spüren genau die Ängste und Unsicherheiten der anderen Person. Sogleich aktivieren Sie Ihren Beschützer- und Helferinstinkt.

⚷ ☍ MC

Aussetzer in der Karriere

Kleine oder größere Störungen werden Sie schon in das Leben des Flirtpartners bringen, speziell was das Privatleben betrifft. Alles läuft nicht mehr ganz so wie geplant. Aber dafür macht sich eine gewisse Menschlichkeit breit. Und das ist doch auch gar nicht so schlecht.

⚷ ☍ ☉

Bockendes Ego

Was Stolz und Anerkennung betrifft, so wird der Flirtpartner in Ihrer Gegenwart gewisse Anpassungsschwierigkeiten haben. Sie schätzen Perfektion über alles und lösen damit beim anderen doch eine ziemliche Befangenheit und Verkrampftheit aus.

⚷ ☍ ☽

Unwohlige Gefühle

Die absolute Urgeborgenheit wird sie/er bei Ihnen nicht erleben. Aber dafür kommt sie/er in den Genuss Ihrer Hilfsbereitschaft. Das ist doch auch schon eine ganze Menge!

⚷ ☍ ☿

Wortreiche Versprecher

Flirt wird durch Ihren Perfektionsanspruch und Ihre Detailversessenheit ganz schön irritiert sein. Dadurch werden die Worte durcheinandergebracht und es kommt nicht mehr genau das über die Zunge, was man sich eigentlich gedacht hat. Aber mit etwas Humor und Witz kommt man sich trotzdem näher.

☉ ⚷ ☍ ♀ ♡

Macken in der Schönheit

Im Grunde gibt es überhaupt keinen Menschen, der äußerlich oder vom Wesen her perfekt ist. Sie/er wird durch Sie lernen können, dass das überhaupt nichts ausmacht. Ganz im Gegenteil: Erst durch gewisse charmante Fehler wird ein Mensch liebenswert.

☉ ⚷ ☍ ♂ ♡

Schwierigkeiten beim Start

Flirt braucht in Ihrer Gegenwart immer ein bisschen, um wirklich in die Gänge zu kommen. Das werden Sie wohl oder übel verzeihen müssen, denn wegen Ihrer überdeutlichen Detailversessenheit sind Sie in gewisser Weise auch ein Teil des Problems.

☉ ⚷ ☍ ♃ ♡

Fehlerhafte Koordination

Weil Sie zu sehr aufs Detail schielen, hat sie/er Schwierigkeiten, Ihnen größere Zusammenhänge zu vermitteln. Seien Sie toleranter! Dann klappt es vielleicht doch noch mit dem Flirtobjekt.

☉ ⚷ ☍ ♄ ♡

Krampfneigung

Mit Stress und einer gewissen Unruhe setzen Sie dem Flirtpartner ganz schön zu. Die Konzentration lässt nach. Sie/er ist gezwungen, zu akzeptieren, dass Sie auch nur ein Mensch sind.

⚷ ☍ ♄

Angst vorm Fliegen

Freiheit und Unabhängigkeit sind Ideale, die sich in Ihrem Beisammensein nicht reibungslos verwirklichen lassen. Wenn sie schon gemeinsam abheben wollen, dann überlassen Sie dem Flirtpartner die Führung und vergessen für einen Moment mal Ihre Bedenken.

⚷ ☍ ♆

Gestörter Schlaf

Manchmal machen Sie sich zu viele Sorgen und kommen aus dem Grübeln kaum heraus. Da wird Ihnen die Einfühlsamkeit und meditative Entspanntheit des Flirtpartners guttun.

⚷ ☍ ♇

Therapeutische Situation

Diese Konstellation deutet auf eine tiefenpsychologische Verbindung hin, die zwischen Ihnen beiden besteht. Ihre Analysefähigkeit und der Scharfsinn des Flirtpartners können Ihrer Beziehung einen therapeutischen Touch geben, der einzigartig ist, aber auch Probleme mit sich bringt.

⚷ ☍ ☊

Heilende Impulse

Sie werden gerade durch Ihre kleinen Fehler und Macken den Flirtpartner in eine Richtung bringen, die für sie/ihn nur von Vorteil sein kann.

⚷ ☍ ☾

Therapeutischer Ausgleich

Diese Planetenkonstellation kann für viele Missverständnisse zwischen Ihnen beiden sorgen. Und die sind so gut wie unlösbar. Doch gerade durch dieses Paradoxon ist es möglich, dass heilsame Energien zwischen Ihnen beiden kreisen.

☊ ☾ ☍ Asc

Aufreizende Begegnung

Flirt verkörpert für Sie so etwas wie ungebändigte Natur in Reinstform. Das kann Furcht auslösen, zugleich aber auch animalische Leidenschaft.

☊ ☾ ☍ Mc

Skandale zu Hause

Sie werden mit Ihrer ungeschminkten Art gerade auf die Karrierepläne des Flirtpartners einen großen Einfluss ausüben. Ob dies ein positiver oder negativer Einfluss ist, kann sich erst im Verlauf des weiteren Kontakts herausstellen.

☊ ☾ ☍ ☉

Infrage stellen

Flirt wird sich durch Sie im Selbstverständnis und Stolz möglicherweise verletzt fühlen, auf jeden Fall aber nicht jenen Applaus und jene Anerkennung erhalten, die sie/er normalerweise gewohnt ist.

☊ ☾ ☍ ☽

Verunsichernd wirken

In Ihrer Gegenwart wir. Sie/er aus dem gewohnten Trott kommen und eingeschleifte Gewohnheiten infrage stellen müssen. Dieser Umstand kann durchaus zu neuen Erkenntnissen führen.

☊ ☾ ☍ ☿

Verletzende Worte

Ihre Art wir. Sie/er aus den gewohnten Gedanken bringen. Das kann Ängste auslösen, aber eventuell auch zu neuem Tiefgang führen.

☉ ☾ ☍ ♀ ♡

Geschlechtliche Verletzungen

Der Liebreiz und die Eleganz des Flirtpartners werden Sie provozieren. Rational nicht erklärbare Gefühle werden bei Ihnen geweckt. Das kann, aber muss nicht auf sie/ihn verletzend wirken.

☉ ☾ ☍ ♂ ♡

Verletzende Provokation

Der Kontakt mit Ihnen kann bei ihr/ihm wilde Leidenschaft auslösen, die in gewissen Momenten die Konventionen der zivilisierten Gesellschaft durchbricht.

☉ ☾ ☍ ♃ ♡

Störung des Vertrauensverhältnisses

Die Art, wie sie/er normalerweise Optimismus verbreitet, kommt bei Ihnen überhaupt nicht gut an. Sie sind mit oberflächlichen Floskeln nicht zufriedenzustellen und wollen Echtheit – was auch immer das kosten möge.

☉ ☾ ☍ ♄ ♡

Ohne Disziplin

Mit starren Konventionen und antiquiertem Verhalten wird der Flirtpartner bei Ihnen nicht landen können. Das provoziert Sie, denn Sie wünschen sich mehr Natürlichkeit und sind nicht bereit, überflüssige Einschränkungen in Kauf zu nehmen.

☉ ☾ ☍ ♄ ♡

Verletzende Arroganz

Großartige Ideen von Freiheit und Unabhängigkeit kann den Flirtpartner Ihnen nicht ungestraft auftischen. Sie wollen Natürlichkeit und lassen sich von leeren Floskeln nicht blenden.

☾ ☍ ♆

Mystische Verletzungen

Sie stören die Träume des Flirtpartners und lehnen jegliche Scheinharmonie ab. Auf Verschleierungstaktiken reagieren Sie bissig. Dann fahren Sie Ihren Stachel aus und verspritzen etwas Gift.

☾ ☍ ♇

Tiefen der Psyche

Zu gewissen Zeiten werden Sie beide in den Urgründen des Seelischen wühlen und gewisse Konflikte heraufbeschwören. Gehen Sie diesen Konflikt bis zum Ende gemeinsam durch, werden Sie zu den Quellen vorstoßen.

☾ ☍ ☊

Bezweifelte Verbindungen

Sie werden die Kontakte und Ziele, die sie/er anstrebt, infrage stellen. Denn nur das, was wirklich echt ist und zur Natur der Seele führt, können Sie im Grunde akzeptieren.

☾ ☍ ⚷

Hilfelose Helfer

Sie stacheln gern und fühlen sich von der Hilfsbereitschaft bei ihr/ihm provoziert. Der Flirtpartner kann dies undankbar finden und wird letzten Endes doch nur feststellen, dass Sie sich von einem übertriebenen Helferkomplex nicht beeindrucken lassen.

Ihr eigenes Beziehungsmuster

Der Traum von einer perfekten Partnerschaft

Der Beziehungsalltag holt uns immer wieder auf den Boden der Realität zurück. Das ist bedauerlich. Warum kann das Leben nicht wie ein Hollywoodfilm sein, mit Happy End und all dieser Romantik, die wir so sehr lieben? Gehen wir doch zum Abschluss des Flirthoroskops ganz einfach davon aus, dass sich mit etwas Magie Ihr Idealpartner herbeizaubern lasst.

Asc ♈ Dsc ♎

Harmonische Begleitung

Sie handeln am liebsten spontan aus sich selbst heraus. Ihr Freiheitsdrang ist riesengroß. Da darf Sie wirklich niemand einschränken. Am besten wäre ein Partner, der Ihre Kraft bewundert und Ihnen die Initiative überlässt, sich an Ihre jeweiligen Stimmungen nahtlos anpasst und mitmacht - was immer Ihnen auch gerade einfällt. Ihr Traumpartner sollte einen großen Sinn für Harmonie haben und möglichst ungefragt Ja und Amen zu allem sagen. Vielleicht ist Ihre Einstellung ein wenig egozentrisch? Aber schließlich sind Sie doch bereit, sich selbst mit all Ihrem Mut und Ihrer Tatkraft für ihren jeweiligen Partner einzusetzen! Feige sind Sie keineswegs. Wer einen starken Beschützer braucht, ist bei Ihnen gut aufgehoben. Ein bisschen schwierig wird es, wenn Ihr Partner aktiv wird und seinen eigenen Kopf entwickelt, sich nicht mit dem Status eines schönen, aber doch etwas puppchenhaften Begleiters abfinden will.

Wie schön wäre es doch, wenn Sie wie ein Cowboy im Wilden Westen durch die Prärie reiten könnten, angehimmelt von ihrer Geliebten. Oder wenn Sie gleich einer Amazone auf Kriegspfad gingen, dann Zeit zu Zeit mit reicher Beute zurückkämen, die Ihr Lover natürlich (was auch sonst) mit strahlenden Augen dankbar entgegennimmt. Filmtipps: Rambo, Tarzan und Lara Croft.

Asc ♉ Dsc ♏

Leidenschaftliche Zweisamkeit

Sie wissen durchaus, was Sie wert sind und was man an Ihnen hat. Deshalb sollte Ihr Partner stets bereit sein, große Opfer auf sich zu nehmen, damit er in Ihrer Nähe sein kann. Ja, im Grunde soll er Ihnen gänzlich verfallen, sollte vollkommen bedenkenlos Leib und Leben für Sie einsetzen, wann immer es die Situation erfordert bzw. es Ihnen nach einem Beweis für seine Ergebenheit gelüstet. Geld muss der Idealpartner nicht unbedingt haben. Schön muss er auch nicht sein. Aber das gewisse Etwas sollte er schon besitzen. Etwas Magisch-Dämonisches vielleicht. Eine Aura von Macht wäre nicht schlecht. Tief in Ihre Seele sollte Ihr Traumpartner bzw. Ihre Traumpartnerin schauen können und Dinge sehen, die noch nie jemand zuvor erblickt hat, furchtlos und unerschrocken. Und begehrt wollen Sie werden. Sie wollen aus Augen angeschaut werden, die sich einfach nicht mehr abwenden können. Eifersucht? Warum nicht! Man sollte sich vor Eifersucht geradezu nach Ihnen verzehren!

Versetzen wir uns zurück in die Zeit der Oktoberrevolution, denken wir an Doktor Schiwago und die wunderschönen Plüschaugen Omar Sharifs. Beamen wir uns fort in Tausendundeine Nacht. Erleben wir Scheherazade, wie sie den Kalifen von Bagdad stets auf Neue verzaubert, auf dass der Herrscher eines Tages all seinen Hass und seine Rachegelüste vergesse. Mit Stier am Aszendenten und demzufolge auch Skorpion am Deszendenten wollen und brauchen Sie leidenschaftliche Affären.

Asc ♊ Dsc ♐

Tolerant und weltoffen

Sie brauchen einen Partner, der vor allem großzügig ist und Ihnen hilft, ihre innere Nervosität zu minimieren. Es reicht, wenn einer von Ihnen beiden sprunghaft ist: Sie natürlich. Wegen Ihrer Kehrtwenden auf der Stelle, wegen des ständigen Wechsels von Interessen, der Langeweile an allem, was nicht brandaktuell ist, und vor allem wegen des Überdrusses, eine angerissene Idee auch wirklich fortzuführen, brauchen Sie notwendig ein Gegenüber, das niemals die Nerven verliert und niemals meckert - und zudem allzeit mit einem großartigen Lächeln für Sie da ist. Zum Dank sind Sie auch gerne bereit, Ihren Partner zu ihrem persönlichen Guru zu erklären. Und überhaupt möge er bitte ständig auf Abruf stehen, um Ihnen die Welt im Großen und Ganzen sowie die globalen Zusammenhänge zu erklären, Ihre Nervenzusammenbrüche zu kitten, sich gleich einer Buddha-Figur grinsend im Lotossitz nicht von der Stelle zu rühren, und um die Richtung zu weisen. Auch sollte der Traumpartner vollstes Verständnis dafür haben, dass Sie mal wieder nicht wissen, welche Ihrer beiden Persönlichkeiten nun die wahre ist – und wie viele es sonst noch davon gibt.

Asc ♋ Dsc ♑

Ein vernünftiger und zurückhaltender Partner

Selbstverständlich ist Ihr Gefühlsleben ungeheuer beeindruckend, gerade was die ständigen Veränderungen betrifft. Launen können so faszinierend sein! Die Meinung sollte auf jeden Fall der Traumpartner haben, wenn er gesegnet ist, an Ihrer Seite zu stehen - möglichst stramm und in der Bereitschaft, jederzeit seine Pflicht zu erfüllen, d.h. Sie vor allen Unbilden der bösen Welt dort draußen zu beschützen.

Selbstverständlich sind Sie zum Dank bereit, Ihren Partner mit mütterlichen Gefühlen zu überschwemmen. Wahre Geborgenheit wird er nur bei Ihnen erleben. Sie allein wissen, was Sensibilität ist, wie ein Mensch von seinen Stimmungen und Launen beherrscht werden kann. Ihre kleine Welt hat etwas Kindliches an sich, was Beschützerinstinkte weckt. Sie ist wertvoll und könnte durch äußere Einflüsse Schaden nehmen. Deshalb muss Ihr Partner natürlich Zurückhaltung üben, darf sich nicht durch überflüssige Gefühlsduseleien in den Mittelpunkt stellen. So etwas würden Sie ihm auch kaum gestatten. Im Gegenzug sind Sie natürlich gerne bereit, ihn dort draußen in der Welt seinem Beruf und seinen Pflichten nachzugehen zu lassen.

In alten Märchen ist es meist eine Frau, die am Ende der Geschichte vom König auf Händen getragen im Märchenschloss einzieht. Im Zuge der Emanzipation können sich die Rollen auch umdrehen: Ein gefühlvoller Mann rührt zu Hause den Kochtopf und kümmert sich um die Kinderschar, während seine Königin den Staatsgeschäften nachgeht.

Asc ♌ Dsc ♒

Bewunderung muss sein

Es schlummern so viele Talente in Ihrer Brust. Sie sind eine derart charismatische Persönlichkeit, dass Sie lediglich eines Partners bedürfen, der Ihnen bewundernd die Opernbühne erbaut und dann dort unten im Publikum frenetisch Beifall klatscht. Anerkennung haben Sie auf jeden Fall verdient. Möglicherweise mussten Sie bis jetzt viel zu lange darauf warten, dass man sie Ihnen gebührend zollte.

Ein Partner wird so sehr damit beschäftigt sein, immer neue Facetten Ihrer faszinierenden Künstlerpersönlichkeit zu entdecken, dass Sie automatisch zum Mittelpunkt seines Lebens werden. Nicht im Traum wird er dran denken, sich selbst mal zu produzieren. Wozu auch? Und wo kämen wir dann hin? Sie allein sind unterhaltsam genug. Das reicht mindestens für zwei. Gnädig gestatten Sie Ihrer besseren Hälfte natürlich, sich als Muse, Manager oder Impresario zu beweisen. Ihre Talente müssen unbedingt gefördert werden, da ist eine ganze Menge Aufbauarbeit zu leisten. Die Welt muss erfahren, was in Ihnen steckt. Das erfordert selbstloses Management. Und dann gibt es auch noch die Mühsal der Alltagsgeschäfte! Wie gut, dass Ihr Traumpartner all dies von Ihnen fernhält. Nur so können Sie sich effektiv um die Ausgestaltung Ihrer eigenen Persönlichkeit kümmern.

Der Weg zum Olymp ist geebnet, sobald Ihnen die richtige Person den Weg bereitet. Die Berichte über Hollywood-Stars in der Regenbogenpresse sollten sorgfältig studiert werden. Dann kann nichts mehr schief gehen in der Partnerschaft – oder?

Asc ♍ Dsc ♓

Feinfühligkeit erwünscht

Sie sind ein absolut kompetenter Typ, der sich mit allen Details auskennt, bestens ausgebildet ist, über allergrößte Fachkenntnisse verfügt, jederzeit bereit, fundierte Kritik an den Mann zu bringen. Denn es könnte natürlich alles immer noch besser werden in Ihrem Umfeld. Jede Situation bedarf der Optimierung. Weder Zeit noch Ressourcen sollten verschwendet werden. Natürlich ist eine derartige Sachkenntnis vor allem bei Zeitgenossen gefragt, die selber so gut wie gar nicht mit dem Leben klarkommen. Denen können Sie dann komplette die gesamte Lebensplanung abnehmen. Sie organisieren, Ihr Partner passt sich an und führt aus. Natürlich wird er dies niemals so perfekt tun wie sie selbst. Das müssen Sie ertragen können, da müssen Sie halt durch. Äußerst hilfreich ist es, wenn Sie die Schwächen und Fehler Ihres Partners gründlich analysieren, tiefenpsychologisch natürlich. Das hat der Ihnen dann zu danken. Zum Ausgleich werden Sie in den Arm nehmen, wenn Sie selbst aufgrund der riesigen Nervenbelastung, unter der Sie wegen der ständigen Organisiererei leiden, nicht ein noch aus wissen. Gut dass Ihr Partner dann nicht mit der Diskutiererei anfängt, sondern wortlos spürt, was zu tun ist, damit sich Ihr innerer Druck löst. Vielleicht können Sie dann sogar entspannt weinen. Ein Papiertaschentuch muss natürlich immer in der Nähe sein.

Als Nachhilfeunterricht sei allen fleißigen Jungfrau-Aszendenten das Studium alter StarWars-Filme empfohlen, speziell das Zusammenspiel zwischen dem Roboter C-3PO und dem Fusselmonster Wookiee Chewbacca. Und für Stadtneurotiker sind natürlich die Woody-Allen-Filme ein absolutes Muss.

ASC ♎ DSC ♈

Etwas gemeinsam unternehmen

Sie gehören nicht unbedingt zu den Menschen, die ihre Kräfte sinnlos vergeuden oder sich mit Drecksarbeit besudeln. Wozu auch? Schließlich sind Sie in der Lage, Ihren Kopf einzusetzen - nicht nur, aber auch im Kosmetiksalon, auf Modemessen oder bei Herrenfriseur. Zudem beherrschen Sie diesen auffordernden Blick, stets mit ein wenig charmant-laszziver Enttäuschung gepaart. Wer wird da schon widerstehen können? Es gibt eine ganze Menge Trottel (so nennen wir sie natürlich nicht, wo kämen wir denn da hin!), die sich mit diesen einfachen Tricks um die Finger wickeln lassen. Und schon spuren sie, die Trolle bzw. die Helden und Heldinnen an Ihrer Seite. Es ist doch immer wieder erstaunlich, wie viele Menschen bereit sind, für einen bewundernden Blick absolut alles zu geben. Wozu also sich selber die Finger schmutzig machen?

Ein Partner, der nicht denkt (das soll er ruhig Ihnen überlassen), sondern für Sie handelt, der wäre ideal. Unter solchen Voraussetzungen sind Sie gerne bereit, sich verwöhnen zu lassen. Ist es nicht erstaunlich, wie wenige Muskelprotze es unter den Anführern und Lenkern dieser Welt gab - von Gouvernator Arnold Schwarzenegger mal ganz abgesehen. Die Welt wird mit dem Kopf beherrscht. Die schärfsten Waffen auf Erden sind bekanntlich nicht Maschinengewehr oder Atombombe, sondern Kugelschreiber und Papier bzw. heutzutage SMS, E-Mail und Facebook.

Wer Ihren Charme und Ihr Köpfchen bewundert, mit dem können Sie gemeinsam etwas unternehmen - oder präziser ausgedrückt: So jemand darf an Ihrer Seite mal zeigen, wie fleißig und mutig er sich für Sie ins Zeug legt.

ASC ♏ DSC ♉

Treue ist am wichtigsten

Sie haben nicht gerne Konkurrenten an Ihrer Seite. Spielchen lieben Sie auch nicht. In Abhängigkeiten zu geraten ist Ihnen absolut ein Graus. Sie hassen es, unter Druck gesetzt zu werden. Und wenn Sie nicht ganz genau wissen, worum es geht, dann lassen Sie sich überhaupt erst gar nicht ein. Absolute Kontrolle ist alles, darunter machen Sie es nicht. Am liebsten lassen Sie sich Blankoschecks ausstellen. Verträge unterzeichnet man nach der Anweisung »Inhalt später lesen« in Ihrer Gegenwart ohne überflüssige Fragen. Bei wichtigen Verhandlungen sitzen Sie am liebsten neben der Tür, um den Ausgang blockieren zu können, wenn Panik unter den Anwesenden ausbricht. In der Sauna beginnen Sie erst bei 120 Grad mit den Slibowitz-Aufgüssen.

Wer Sie trotzdem mag (Sie wundert das wohl am meisten), der sollte Ihnen treu sein oder sich zumindest nicht erwischen lassen. Als Gegenleistung kann man es genießen, umsorgt zu werden, und es wird einem sogar das Denken abgenommen! Das ist doch ein Angebot, das man einfach nicht ausschlagen kann ...

Ach ja: Ihr Lieblingsfilm ist natürlich »Der Pate« – alle drei Folgen, nonstop in Endlosschleife abgespielt.

Asc ♐ Dsc ♊

Jemand fürs Kleinklein

Sie sind äußerst großzügig und sehen gern über Fehler hinweg - vielleicht auch deshalb, weil Sie selbst eine gewisse Tollpatschigkeit in Alltagsdingen nicht unbedingt leugnen können. Wozu auch? Schließlich geben Sie die große Richtung vor. Auf gehts mit dem Schiff nach Indien! Sie kennen die Abkürzung. Wenn die Flotte unter Ihrer Führung zufälligerweise auf einem unbekannten Kontinent landet, dann haben Sie halt Indien entdeckt. Hoppla, was lacostet die Welt? Geld spielt keine Rolex. Und naht die Pleite, dann wird sich schon irgendwo ein Zwischenkredit auftreiben lassen. Für das restliche Kleinklein findet sich dann sicherlich noch ein williger Laufbursche. Man gönnt sich ja sonst nichts.

Gut sind Sie auch als Religionsstifter. Ihrem Partner weisen Sie natürlich die Rolle des Sektenjüngers zu. Was gibt es Attraktiveres, als Ihren Weisheiten zu lauschen! Solch ein Traumpartner darf sich für Sie nach Sponsoren umsehen, Ihre grandiosen Ideen in die Machbarkeit umsetzen, und bekommt zudem den Sinn des Lebens erklärt. Es ist doch immer gut, zu jemandem wie sie aufschauen zu können.

Nein, das Märchen von des Kaisers neuen Kleidern, das mögen Sie wirklich nicht. Man vergleiche Sie stattdessen lieber mit den Großen der Weltgeschichte. Dort sollte man Ihnen einen gebührenden Platz einräumen. Charlton Heston als Moses in „Die zwölf Gebote“, das ist ein Film ganz nach Ihrem Geschmack.

Asc ♉ Dsc ♋

Geborgenheit muss sein

Sie sind vielleicht etwas trocken im Umgang, um nicht zu sagen: unterkühlt. Emotionale Regungen Ihres Partners legen Sie vorzugsweise auf die Fensterbank zum Trocknen. Zu gegebener Zeit rauchen diese dann in der Pfeife. Mehr an Gefühl sollte man von Ihnen aber auch wirklich nicht erwarten. Schließlich sind Sie schon alt und weise auf die Welt gekommen. Generationen an Erfahrung haben Sie mitgebracht, möglicherweise aus vorherigen Inkarnationen als Pharao oder Königin. Wer weiß? Nun aber Schluss mit den Spekulationen, widmen wir uns den

Sachthemen: Ihr Traumpartner sollte sich wohlfühlen, wenn Sie ihn »Kindchen« nennen. Schließlich bedeutet dies, dass Sie nicht nur alles besser wissen (ja, wer denn sonst), sondern dass Sie ihn auch vor den Unbilden des Lebens beschützen - und vorsorglich gleich entmündigen. Hat das Kindchen erst einmal akzeptiert, dass Sie den Ton angeben, dass über Ihnen höchstens noch der liebe Gott (wenn es den denn gibt), die Frauengleichstellungsbeauftragte (für einige Steinbock-Aszendenten quasi gottgleich), der Gesetzgeber (das schon eher) oder der Steuerfahnder vom Finanzamt (Herrjemine, den gibt es wirklich!) stehen, der hat es gut bei Ihnen. Man kann sich an Ihrer Seite voll und ganz dem Haushalt widmen, ungestört einkaufen gehen und seine ganze Sorge auf den einen Moment ausrichten, wenn Sie dann zum Abendessen nach Hause kommen - um sich ob berufsbedingter Migräne natürlich sofort zurückzuziehen. Dafür hat man bzw. frau in Ihrer Seite natürlich Verständnis.

Ein Film? Mr. Präsident empfiehlt »Air Force One«. Wem das noch nicht reicht, der lese »Die Buddenbrooks«.

Asc ♒ Dsc ♌

Eine starke Schulter

Sie haben ganz großartige Ideen und es werden jeden Tag mehr. Kein Wunder, dass sich nicht alles davon verwirklichen lässt. Wozu auch? Erstens fehlt es Ihnen an Zeit und zweitens ernährt Sie der Kosmos sowieso. Mit dem positiven Denken klappt es auch schon ganz gut - zumindest mit den freien Parklücken, die Sie sich vor dem geistigen Auge visualisieren, bevor Sie in die Innenstadt fahren. Na ja, meisten nehmen sie dann doch den Bus. Man weiß ja nie. Außerdem ist es ganz wichtig, positiv zu bleiben und nicht in schlechte Laune abzurutschen.

Wie gut, dass Ihr Traumpartner Sie ständig unterstützt und seine starke Schulter bietet, wenn es Ihnen manchmal nicht ganz so gut geht. Natürlich kann er das auch gar nicht nachvollziehen, das mit Ihrer galaktischen Denkperspektive. Ihm würde dort oben ja ganz schwindlig werden vor lauter Höhenangst. Ihnen macht es natürlich nichts aus. Sie lieben den Schwindel, das Abenteuer, das Risiko. Im Grunde könnten Sie sich ganz von Lichtnahrung ernähren. Da Sie sich hauptsächlich um die Rettung der Welt kümmern und bei einem guten Dutzend idealistischer Organisationen engagieren, bleibt sowieso kaum Zeit zum Essen. Schön, wenn man bzw. frau dann einen Partner an der Seite weiß, welcher sich dafür schämt, noch materiell zu denken, einen aber dafür quasi zur Entschuldigung zum Wochenend-Shopping nach New York ausführt oder eine Insel in der Südsee kauft, samt einheimischer Dienerschaft, ganz nützlich einsetzbar unter anderem zum Reinigen des Süßwasser-Schwimmingpools von Hand - mit biologisch abbaubarer Seife natürlich!

Filmtipps: »Pretty Woman« und »Erin Brockovich«, dazu natürlich die Elben im „Herr der Ringe".

Asc ♓ Dsc ♍

Hilfe bei der Alltagsbewältigung

Sie empfinden Ihr eigenes Leben derart organisiert und aufgeräumt, dass Sie sich manchmal fragen, wozu es dann überhaupt noch einer Partnerschaft bedarf. Gehören Sie beispielsweise der katholischen Kirche an, dann werden sie nicht nur für jeden Namenstag die Leidensgeschichte des entsprechenden Heiligen parat haben, sondern sich auch bemühen, mindestens dreimal täglich zur Messe zu gehen - zumindest im Geiste. Zählen Sie sich hingegen zu den Verehrern der Hindu-Religion, dann wissen Sie nicht nur, dass das Weltall auf einem Elefanten ruht, der wiederum auf einem Elefanten ruht und sofort, sondern führen gewissenhaft Buch über ihre vergangenen dreihundert Reinkarnationen bis hin zu Atlantis.

Wozu in aller Welt brauchen Sie dann noch einen Partner? Für die Bewältigung des Lebens auf keinen Fall. Das haben Sie voll im Griff. Lediglich ein paar Kleinigkeiten hier und da wackeln vielleicht. Die Steckdosen leiden beispielsweise unter Kurzschluss, sodass ständig die Sicherung herausfliegt. Immer wieder kommen diese Briefe vom Amt. Die werden von Ihnen fein säuberlich unter dem Hausaltar in einer Pappkiste deponiert, die leicht durchfeuchtet, weil es von der Zimmerdecke tropft - irgendwas mit dem Nachbarn oder dem Dach halt. Und Ihre Zahnschmerzen werden in letzter Zeit durch Meditation auch nicht besser.

Aber das ist eigentlich nebensächlich. Wenn sich jemand darum kümmern möchte, bitteschön. Aber man verschone Sie mit Kritik oder logischen Argumenten. Wichtig ist in der Partnerschaft natürlich, dass sich diese ganzen Dinge regeln. Sie tun Ihren Teil dafür, indem Sie beispielsweise Räucherkerzen aufstellen, sanfte Musik einschalten und für geistvolle Getränke sorgen. Hm. Eine Affäre mit einer Zahnärztin oder einem Zahnarzt wäre vielleicht auch nicht schlecht. Aber nur unter Einsatz von Lachgas! Filmtipps: »Akte X« oder »Avatar«.

Anhang

⊗

Wenn der Funken trotz allem nicht überspringt

Diese astrologische Deutung wurde zwar nach den besten Techniken der Horoskopie erstellt. Zudem wurde nicht versäumt, Ihnen hier und da ein paar wirklich gute Tipps und Tricks für die Balz mit auf Weg zu geben - Rangehen an den Feind müssen jedoch ganz alleine, und letztendlich hören Sie in Herzensangelegenheiten natürlich auf Ihre innere Stimme. Trotzdem: Mancher Flirt bleibt auf halber Strecke stecken. Sollte das bei Ihnen der Fall sein, dann gehen Sie ruhig erst einmal in sich, bevor Sie einen zweiten Anlauf starten. Funkt es dann immer noch nicht zwischen Ihnen beiden, können Sie getrost den Sternen die Schuld geben. Die werden darüber gar nicht böse sein und weiter vom Himmel auf Sie herabzwinkern.

Und sollen Sie in Zukunft noch einmal in eine Flirt-Situation geraten, dann pirschen Sie sich ruhig an die Horoskopdaten des neuen Traumpartners heran. Sie wissen schon warum!

⊗

Bislang erschienen

Melanchthons Astrologie – Der Weg der Sternenwissenschaft zur Zeit von Humanismus und Reformation.
Katalog zur gleichnamigen Ausstellung im Reformationsgeschichtlichen Museum Lutherhalle Wittenberg
Drei Kastanien, Wittenberg 1997, ISBN 3-9804492-8-9

Astrologie der Reformationszeit
Faust, Luther, Melanchthon und die Sternendeuterei
Zerling, Berlin 1998, ISBN 3-88468-069-2

AstroEuros - eine gänzlich unwahre Geschichte
Spielfilm 90 min. Making-of 60 min. deutsch/englisch/polnisch
ArsAstrologica, Görlitz 2007, AN 0700621849186

Melanchthons Astrologie – Der Weg der Sternenwissenschaft zur Zeit von Humanismus und Reformation.
Katalog zur gleichnamigen Ausstellung im Reformationsgeschichtlichen Museum Lutherhalle Wittenberg
Neuauflage bei ArsAstrologica, Görlitz 2021, ISBN 978-9403622217

Astrologie der Reformationszeit
Faust, Luther, Melanchthon und die Sternendeuterei
Neuauflage bei ArsAstrologica, Görlitz 2021, ISBN 978-9403622200

Astronomia Teutsch – Himmels Lauff, Wirkung und natürliche Influenz

Mittelalter-Astrologie in moderner Transkription
ArsAstrologica, Görlitz 2021, ISBN 978-9403623627

ISBN 997-89403623900 Astronomia Teutsch
Himmels Lauff, Wirkung und natürliche Influenz
Mittelalter-Astrologie in moderner Transkription. E-Book 2021

Berufshoroskop - Jobchancen und astrologische Prognose
ArsAstrologica, Görlitz 2021, ISBN 978-9403623764

Lunarhoroskop - Die Geburt des Mondes
ArsAstrologica, Görlitz 2021, ISBN 978-9403623757

Flirthoroskop - Sterne in flüchtiger Begegnung
ArsAstrologica, Görlitz 2021, ISBN 978-9403623726

Astrologie-Kompendium für schnelle Horoskopdeutung
ArsAstrologica, Görlitz 2021, ISBN 978-9403623733

Astrologie-Kompendium für schnelle Horoskopdeutung
E-Book, ArsAstrologica, Görlitz 2021, ISBN 978-9403623900

In Vorbereitung

Der Astrologe - ein gänzlich unwahre Geschichte
Thriller, ca. 500 Seiten. Erscheint im Sommer 2021 als Hardcover, Paperback, eBook und Hörbuch, auch in Englisch und Polnisch.

Als Software

Zahlreiche Deutungstexte von JGH Hoppmann und Portierungen namhafte astrologischer Autoren wie Alexander von Pronay, Akron C.F. Frey und Dr. Baldur Ebertin wurden u.a. für die Softwareplattformen PCA Argus von Electric Ephemeris, Hermes, Sunlight Through Windows, Galiastro und AstroGlobe erstellt. Weiteres siehe Autorenwebsite.

Inhaltsverzeichnis

ArsAstrologica.com

Dieses Buch wurde in Übereinstimmung mit den GPSR-Richtlinien der EU zur Sicherheit von Produkten erstellt.

Die Verordnung über die allgemeine Produktsicherheit ist der aktualisierte Rahmen der Europäischen Union, um sicherzustellen, dass alle Verbraucherprodukte, einschließlich Bücher, für Verbraucher sicher sind.

Dieses Buch wurde von Libri Plureos GmbH gedruckt. Der Drucker hat Sicherheitszertifikate für die verwendeten Materialien wie Tinte, Papier und Kleber ausgestellt.

Die Produktkennung ist: 9789403623726

Der Autor ist für den Inhalt des Buches verantwortlich und hat das Buch von Bookmundo produzieren lassen.

Sollten Sie Fragen zur Sicherheit des Produkts haben, kontaktieren Sie uns bitte.

Bookmundo
Delftsestraat 33
3013AE Rotterdam
Die Niederlande
info@bookmundo.com